光明社科文库
GUANGMING DAILY PRESS:
A SOCIAL SCIENCE SERIES

·法律与社会书系·

助力应对城市化挑战
——转型社区老年文化服务行动研究

李艳华 | 著

光明日报出版社

图书在版编目（CIP）数据

助力应对城市化挑战：转型社区老年文化服务行动研究 / 李艳华著. -- 北京：光明日报出版社，2022.2
ISBN 978-7-5194-6296-3

Ⅰ.①助… Ⅱ.①李… Ⅲ.①老年人—群众文化—社区服务—研究—中国 Ⅳ.①G249.2②D669.6

中国版本图书馆CIP数据核字（2021）第178365号

助力应对城市化挑战：转型社区老年文化服务行动研究
ZHULI YINGDUI CHENGSHIHUA TIAOZHAN：ZHUANXING SHEQU LAONIAN WENHUA FUWU XINGDONG YANJIU

著　　者：李艳华	
责任编辑：许　怡	责任校对：李小蒙
封面设计：中联华文	责任印制：曹　净

出版发行：光明日报出版社

地　　址：北京市西城区永安路106号，100050

电　　话：010-63169890（咨询），010-63131930（邮购）

传　　真：010-63131930

网　　址：http://book.gmw.cn

E - mail：gmrbcbs@gmw.cn

法律顾问：北京市兰台律师事务所龚柳方律师

印　　刷：三河市华东印刷有限公司

装　　订：三河市华东印刷有限公司

本书如有破损、缺页、装订错误，请与本社联系调换，电话：010-63131930

开　　本：170mm×240mm	
字　　数：246千字	印　　张：15
版　　次：2022年2月第1版	印　　次：2022年2月第1次印刷
书　　号：ISBN 978-7-5194-6296-3	
定　　价：95.00元	

版权所有　　翻印必究

序

随着中国进入老龄化社会，社区居家养老成为人们首选的养老方式。这意味着绝大多数中国人退休之后生活的主要场所在自己熟悉的家庭、邻里和社区。李艳华老师的新作《助力应对城市化挑战：转型社区老年文化服务行动研究》紧紧抓住了这一社会生活的特征，对社区中生活的老年人开展了为期3年的长期跟踪行动研究。一方面运用"资产为本"的社区发展模式，通过文化服务增强社区老年人的自我价值感，提高他们晚年生活的质量；另一方面结合"村改居"这一独特的社区形态，将社区生活的适应和改变与城市化联系起来，从城市近郊"村改居"的变迁透视我国城市化的进程以及对社区老年人生活提出的挑战。这样，社区居家养老、"村改居"变迁、城市化这3颗原本孤立的珠子借助社会工作的文化服务被串联起来，形成环环相扣、层层递进、令人耳目一新的学术作品。

李艳华老师的这一新作之所以吸引人，是因为她始终践行自己的信念。书中的每一句讨论、每一个结论，都能看到她行动的影子，以及对社区生活中弱势人群的关怀和对生活改变的渴望。绝不是站在生活之外"坐而论道"，这是对生活的真正热爱，也是对真理的无限敬畏。尽管这条探索之路漫长不知尽头，但是值得人们"上下求索"。它给人们带来的不仅有知识的光辉，就像夜空中点点繁星，在黑暗中指引着人们前行的方向，还有温馨的情怀，就像寒冬中透射出来的家中暖暖的灯光，吸引着游子踏上回家之路。

把社会工作实践放在城市化的进程中考察，这是生活在转型社区居民的现实生活需要，也是人们在城市化进程中的普遍诉求。李艳华老师的这一实践探索回答了社会工作在中国本土何以可为的难题。社会工作到底在中国有什么用？到底哪里不可替代？尽管社会工作的职业化和专业化在中国已经有10多年快速发展的积淀，但是它的作用仍然不断面临来自多方面的质疑和挑战，包括政府、社会、居民，甚至社会工作者自身。如果把社会工作放在我国城市化的发展进程中，人们很快就发现，它的作用不是去替代政府完成行政性的管理任务，也不是在组织化的机构环境中做"纯粹"的专业服务，而是在城市化的进程中抗争因资本过度市场化带来的人与人之间情感的断裂、疏离和异化，或者因权力过度行政化产生的人与人之间信任的淡化、怀疑和漠视，让人们除了拥有城市化的生活便捷之外，还拥有掌控生活的满意感和获得感，在现实生活中找到心灵安顿之处。

童　敏
2021 年 1 月　于厦门大学海韵北区

目 录
CONTENTS

导 论 ·· 1
  一、研究背景 ··· 1
  二、研究目的与意义 ·· 4
  三、概念界定 ··· 7
  四、文献综述 ··· 9
  五、研究方法与研究过程 ······································ 25
  六、理论基础 ·· 35

第一章　城市化对老年人生活质量的挑战 ················ 40
  一、社区简介 ·· 40
  二、城市化对老年人生活质量的挑战 ······················ 41
  三、城市化挑战应对中的老年人需求 ······················ 56

第二章　文化服务：老年人应对城市化挑战的助力器 ··· 63
  一、文化服务在老年人应对城市化挑战中的促进功能 ··· 63
  二、S社区老年文化服务的问题审视 ······················· 69
  三、社会工作介入老年文化服务的积极意义 ············· 84

第三章　转型社区老年文化服务行动研究设计 ·········· 88
  一、梳理社区资产，确定行动目标 ························· 88
  二、助力应对城市化挑战的老年文化服务行动研究计划 ··· 90

第四章 转型社区老年文化服务行动研究的实施 ············ **101**
  一、初期阶段（2016年7月） ············ **102**
  二、推进阶段（2016年8—9月） ············ **103**
  三、继续推进阶段（2017年7—9月） ············ **118**
  四、深入发展阶段（2018年7—9月） ············ **133**

第五章 项目绩效评估 ············ **146**
  一、资源投入 ············ **146**
  二、服务产出 ············ **148**
  三、服务成效 ············ **151**

第六章 转型社区老年文化服务行动研究反思 ············ **169**
  一、转型社区老年文化服务的行动原则 ············ **169**
  二、转型社区老年文化服务的局限与制约因素 ············ **176**
  三、转型社区老年文化服务的理论思考 ············ **180**
  四、作为行动研究者的自我反思 ············ **182**

第七章 转型社区老年文化服务供给机制构想 ············ **186**
  一、老年文化服务供给目标 ············ **186**
  二、老年文化服务供给策略 ············ **187**
  三、老年文化服务供给模式 ············ **190**
  四、老年文化服务供给的保障机制 ············ **193**

结 语 ············ **196**
  一、研究结论 ············ **196**
  二、研究局限 ············ **197**
  三、研究展望 ············ **197**

附录一 城市化转型中老年人面临的挑战访谈提纲 ············ **199**
附录二 S社区老年文化服务状况与需求调查问卷 ············ **202**
附录三 家长告知书 ············ **207**

附录四 服务满意度评估表 ………………………………… 208
附录五 项目效果评估访谈提纲 …………………………… 209
附录六 项目实施图片 ……………………………………… 211
参考文献 ……………………………………………………… 221
后　记 ………………………………………………………… 229

导 论

一、研究背景

（一）研究背景

为健全城乡发展一体化体制机制，促进城乡协调发展，作为新型城镇化建设的重要举措，20世纪90年代我国开始实施"村改居"工程。"村改居"是以政府主导的方式将农村的耕种土地变成城市的规划用地，原有的农村村民委员会被撤销并改以城市社区居民委员会的形式出现，将城市的管理模式运用到原是农村的地区，城市的生产、生活、经济、科技、环境、社会、观念等因素向农村渗透，进而使农村社区逐渐扩进城市的统一规划管理中的过程。"村改居"是一种综合性的社会变迁，在社会空间上表现为城市对传统农村社区的接替，在制度层面表现为经济体制的转轨、社会结构的转型以及文化模式的转换，在社会主体层面表现为农民身份向市民身份的嬗变和转型，社区居民的生活方式转变、心理转型适应以及社会认同上的巨大变化。"村改居"社区是传统文化与现代文化、村落文化与城市文化双向演进之所，"亦乡亦城"是"村改居"社区的独特文化内核。

与城市社区相比，农村社区不仅经济形态发展速度不同，文化形态也有所不同。德国社会学家格奥尔格·齐美尔（Georg Simmel）的"城市精神生活理论"指出：农村生活节奏慢，感官刺激稳定；城市则像一个大万花筒，以其景象、声音、气味扰动着人们。"持续"的精神紧张、理智压倒情感、计算统摄一切的"城市生存原则""冷漠—反感—矜持（审慎）"的人际交往态度以及无意义感的个人存在（郭治谦等，2015），这些城市精神生活存在的问题使被动城市化①的社会群体——转型社区的老年人面临诸多挑战。第一，老年人一直受到农村文化的濡化②，沿袭农村生活方式，传承固有的文化观念和人际关系模式，城市化变迁使其以往的一些传统观念和生活经验不再适用，晚年生活质量也因此受到影响。第二，城乡分治格局在我国的长期存在制约农村教育发展，公共文化服务长期缺失，受教育程度较低等诸多因素导致老年人的精神文化生活单调，信息获取意识与能力不足，也对其适应城市化转型产生阻碍。第三，身心机能衰退和适应能力下降的老化处境使老年人在社会生产和家庭生活中的地位边缘化，更难以适应以现代文化普及为特征的城市化转型。第四，城市化进程中传统福利供给弱化、家庭伦理失范、社区人际关系疏离等风险增加，社会支持弱化，一些老人存在被家庭和社会忽视的倾向。因此，文化背景的差异、受教育程度制约、身心机能衰退、家庭与社会地位边缘化、社会支持弱化等因素使老年人群体在城市化进程中面临技能、制度和精神三个层面的挑战，容易因此导致自我价值感下降，生活质量受影响。

人类社会的发展历程是一个不断适应和改造外部环境的过程，人类个体的成长同样也是其与外部环境相互作用的过程。城市化不应以损害弱势群体的利益和生活质量为前提，一个公平的城市化发展战略应该关注城市化进程中年龄利益结构的变化，积极影响社会保障政策、公共服务、文化发展等领域的政策制定和实施，使老年人在城市化进程中能够平等享有发展资源和参与机会，这是老年人在城市化进程中共享成果和保障生活质量的重要制度性前提。因此，关注城市化变迁背景下的年龄不平等趋势，制订和实施恰当的服务方案协助老年人应对城市化挑战是提高老年人生活质量、增进老年人福祉必须面对的重要课题，也应该是社区自治组织和老年服务机构贯穿城市化过程始终的一项重要任务。

---

① 此处借鉴张海波等在《被动城市化群体城市适应性与现代性获得中的自我认同——基于南京市561位失地农民的实证研究》（载《社会学研究》2006年第1期）一文中提出的"被动城市化"一词。从产生逻辑来看，流动农民的城市化因个人的自愿选择而产生，可视为"主动城市化群体"；与因城市经济的吸引力和农村劳动力剩余的推力造成的流动农民的产生逻辑完全不同，因"村改居"而产生的在地城市化中的老年人群体属于非主动产生的城市化群体，是政府自上而下的制度安排所致，不是个人的自愿选择，其产生遵循的是政府行政主导的逻辑，因此笔者认为他们属于"被动城市化群体"。

② 濡化指的是文化对人的意识、行为、生活模式等的塑造。濡化可以使文化延续。

田馨滦等（2018）基于全国25个省（自治区、直辖市）301个村庄的观察数据分析后发现，在经济水平大幅提升的农村，文化服务满意度对老年人幸福感的影响程度已经高于收入，对文化服务的建设有利于提升农村老年群体的幸福感，帮助他们跨越幸福困境。景天魁（2007）指出，社区的发育以"社区文化建设为起点的逻辑次序开展，成本最低，效果最好"。杜鹏（2016）基于农村老年人协会的个案研究指出，文化性公共品的优势在于可以通过较低的成本达成较高的福利效应，且相对于物质性公共品而言具有更高的开放性。此外，在现代化、城市化与老龄化的浪潮中，传统性公共空间日益衰败而现代性公共空间缺失继而带来社会伦理危机（闫小斌，2017）的趋势，还使文化服务的开展具有营造公共空间和重构社会伦理的双重意义。综上，文化服务是推进社区文化建设的主要方式，可以成为助力转型社区老年人应对城市化挑战的可行路径。

（二）研究缘起

为完成云南大学人文社科青年基金项目"城市化进程中的少数民族社区养老状况变迁研究"，2012—2015年笔者在S社区开展了为期4年的田野调查，与社区居委会建立了良好的合作关系，也对老年人在城市化进程中面临的挑战有了深刻的体会和全面的认识。在田野调查中笔者发现，当老年人无法有效应对城市化挑战时，往往会陷入"现代化困局"而难以分享社会经济发展成果，出现家庭地位边缘化、自我价值感下降、社会支持不足等问题，导致晚年生活质量下降。基于前期研究基础，笔者于2015年申请的教育部人文社会科学研究项目"城市化背景下少数民族社区的晚年生活挑战与文化福利发展：以昆明市郊S白族社区为例"获准立项。该项目的田野调查于2016年完成，以此为基础笔者撰写出版《少数民族转型社区老年文化福利发展研究》一书。书中对"文化福利"概念进行理论阐释，分析其内涵、外延、功能与目标。笔者提出："文化福利指的是使人们实现幸福、正常生活状态的文化要素的总称，即能使社会成员的生活信念得以确立，归属感得以增强，获得尊严感与意义感，进而使生活保持幸福、正常状态的具有文化内涵的资源与条件。"作为增进幸福的一种途径，发展文化福利不仅追求对社会成员的基本文化权利加以保障，还关注更高层次的目标即满足人们的精神文化需求，增进其幸福。笔者将文化福利的外延划分为物质文化福利、制度文化福利和精神文化福利三类，提出精神文化福利主要蕴含在价值信念、宗教信仰、文化服务与活动三类文化要素当中（李艳华，2018：49）。

但是在研究过程中笔者感到，如果只局限于阐述文化福利概念的内涵与外延，构建文化福利理论框架，探讨城市化背景下 S 社区老年文化福利发展的理论意义、现实基础和建设路径，其现实指导性仍然不足。2015 年 5 月 S 社区居家养老服务中心建成，社区资产显著增加，开展助力老年人应对城市化挑战的文化服务的契机也在此时出现。因此，作为课题负责人，笔者带领社会工作专业硕士研究生和本科学生，运用前期研究构建的"文化福利"理论框架与老年文化服务路径与策略，于 2016 年 7 月至 2018 年 9 月在 S 社区开展助力老年人应对城市化挑战的文化服务，以期通过行动研究为转型社区老年文化服务供给提供更加可靠的依据和更有可行性、更具操作性的指导与借鉴。本研究要解决的问题就是：如何在发掘、运用社区文化资源的基础上，通过开展文化服务助力转型社区老年人应对城市化挑战，从而提高晚年生活质量，增进福祉。

二、研究目的与意义

（一）研究目的

为探讨文化服务在助力老年人应对城市化挑战中的可行性与实践路径，检验实践成效，2016—2018 年笔者先后带领 11 名社会工作专业学生在昆明市郊白族转型社区开展了共计 9 个月的老年文化服务。本书试图回答以下问题：文化服务的供给在助力老年人应对城市化挑战方面具有怎样的意义？在转型社区如何开展文化服务以助力老年人应对城市化挑战？面向老年人提供文化服务在转型社区可以产生怎样的效果，会受到哪些制约？老年文化服务在转型社区如何能够得到更好的推进？

（二）研究意义

在学术层面，本研究的开展可以丰富养老服务知识体系；在实践层面，本研究可以协助老年人应对城市化挑战，提高晚年生活质量，增进福祉，协助转型社区增能。

1. 学术意义

目前，我国养老服务规划和发展的重点仍然聚焦于养老服务场所和设施等硬件建设问题，以需求为导向的软件建设以及社区资产的优势发挥未得到重视。本研究探讨如何以"资产为本"的社区发展模式为指导，发掘、整合文化资源和社区资产，在此基础上将本土文化元素作为素材运用于文化服务，同时强化社会支持网络中的同辈群体、孙辈群体等非正式支持力量，更有效地运用非正式网络中的积极经验和优势资源协助老年人应对城市化挑战。研究的开展有利于丰富养老服务知识体系的内容，为中国探求经济、社会、文化协调发展的城市化实践提供新的可资借鉴的思想资源。

此外，探讨文化服务在助力老年人应对城市化挑战中的角色与功能，从微观、直接服务的层面探索老年文化服务的系统性供给路径与策略，有助于拓展和充实老年文化服务的内涵。老年文化服务属于准公共文化服务的范畴。根据国家相关政策的规定，目前行政村层面的公共文化服务主要包括广播电视进村入户（DSRH）、农村电影放映工程（DYFY）、以文化活动室为主的村庄基础设施建设（WHHDS）、文化信息资源共享工程（XXGX）、农家书屋（NJSW）五类（李兵园等，2016）。长期以来公共文化服务的评估标准偏重于"有多少设施"和"开展多少活动"，但是作为老年人基本需求的组成部分，精神文化需求不是单纯通过硬件设施建设和组织几次活动就能解决的。本研究将具有连续性、系统性、针对性和文化适宜性的动态文化服务供给纳入老年文化服务的范畴，对于拓展公共文化服务的内涵具有积极意义。

2. 实践意义

首先，本研究有助于提高转型社区老年人的晚年生活质量。一直以来 S 社区的老年文化福利主要由社区社会组织和非正式网络供给，民间拥有丰富的文化资源。但是由于未对老年文化福利进行系统建设，缺乏多元主体参与，老年文化服务的规范性、系统性、持续性不足，本地传统文化要素的福利功能未得到充分发挥，无法全面、有效地满足老年人的精神文化需求。通过发掘老年人群体及社区的优势和潜能，本研究开展一系列符合"村改居"转型社区老年人需要的文化服务与活动，强化同辈支持和代际支持，让老年人有机会看到自身的潜能与价值，并有意识和能力在城市化转型中进行积极调适，从而更好地满足自己的精神文化需求，提高晚年生活质量。

其次，本研究尝试构建老年文化服务体系，寻找提高老年文化服务效能的实践策略，为探索具有资源契合性和文化适宜性的转型社区居家养老服务发展路径积累经验和提供借鉴。当代物质生活水平的提高和社会养老观念的转变使生活照料成为社区居家养老服务的核心，但是对老年人的精神关怀相对缺失。本研究结合不同类型社区资产的形式与特点开展老年人服务，从工作理念、关系建立、服务方法与技术运用等方面为转型社区居家养老服务的内涵深化提供可资借鉴的经验，弥补其文化服务不足的缺陷。

再次，本研究为"运动式"老年文化服务转变为具有持续性、针对性的老年文化服务提供了可能性和介入路径。董娟（2018）谈道，"石家庄市群艺馆和老年大学招生一度爆棚，老年人不仅争先恐后报名，甚至已经学成的毕业生还赖在群艺馆和学校迟迟不肯离开"。这一现象说明，精神文化需求的满足是贯穿个体整个生命历程的人生任务，获得文化服务不是阶段性需求，而是老年人保持身心健康、生活充实和精神愉悦的常规性、必然性需求，因此，仅仅依靠组织几次大型活动或开展几次运动式教育培训无法系统、持续满足老年人的精神文化需求。赵迎芳（2016）指出，文化惠民应常态化，"春风化雨，润物无声"，于潜移默化中启迪民智、教化于众，而不能仅仅依赖运动式、口号化的大兴大建。只有构建系统性的供给体系，完善各类要素，有规划地了解需求、设计服务、实施方案和评估成效，方能切实、有效地满足老年人持续、普遍的精神文化需求。本研究希望对老年文化服务的系统化、常态化供给模式进行深入探讨。

最后，本研究也是对转型社区基层治理创新的积极探索。转型社区是乡土文化与现代文化交汇的复合文化场域。转型社区的多元属性决定了其治理并非乡土逻辑下的非正式化运作，而是基层政府、社区自治组织、社会服务机构、社区社会组织和社区居民基于公共利益和社区认同共同参与管理社区公共事务、满足社区需求、优化社区秩序的正式化过程。因此，应构建以社区党组织为核心、以社区居委会为主体、以社区专业性服务机构为依托，社区居民广泛参与其中的"新型转型社区治理制度"，做到小政府、大社区与高服务，在平等协商和良性互动中实现转型社区的利益平衡与和谐安定（陈华，2011）。助力应对城市化挑战的老年文化服务行动研究通过多元合作治理的模式，依托社会工作专业人才和志愿者队伍，发掘社区文化资源的生命力，组织开展多种形式的老年文化服务与活动，推动老年人和社区居民在参与老年文化服务的过程中构建本社区特有的互动机制与人文精神，一方面增加了转型社区内公共文化服务的数量，提高了质量，更加有效地满足老年人不断增加、更加多元和更高层次的精神文化需求；另一方面也拓宽了老年人表达诉求的渠道，从传统与现代两类文化的结合出发将离散化的老年人转化为具有归属感和凝聚力的文化群体，初步构建起促进老年人社区参与，增加文化自信，增强文化认同，培育公共意识，营造社区文化的平台。因此，本研究中的老年文化服务实践探索能够将文化政策同社会政策衔接起来，扎根老年人自身熟悉、认同的文化资源和社区资产来满足其精神文化需求，推进转型社区的基层治理创新。

三、概念界定

本研究涉及文化、老年文化服务和文化资源三个关键性概念。

（一）文化

英国文化人类学创始人泰勒（Edward Burnett Tylor）把文化归纳为生活方式的总和。他指出，"文化或文明，就其广泛的民族学意义来说，乃是包括知识、信仰、艺术、道德、法律、习俗和任何人作为一名社会成员所获得的能力和习惯在内的复杂整体"（庄锡昌，1987：99—100）。美国文化人类学家L. A. 怀特（Leslie A. White，1988）认为文化是一个整合的、一体化的系统，它由技术系统、社会系统和思想意识系统三个亚系统组成。技术系统由物质、机械、物理、化学诸手段，连同运用它们的技能共同构成，如生产工具、生计手段等；社会系统由表现于集体与个人行为规范之中的人际关系构成，如亲缘、伦理、专业等；思想意识系统由语言及其他符号形式所表达的思想、信念、知识等构成，如神话与神学、哲学、科学等。吴文藻先生在20世纪30年代提出"文化三因子"（物质因子、社会因子、精神因子）的看法，并认为文化的三分法有多种长处，在社会学和人类学界颇为流行，且中西学者所见略同（吴文藻，1990）。李亦园也将文化表述为"物质文化或技术文化""社群文化或伦理文化""精神文化或表达文化"三个层次（何星亮，1999）。张霁雪（2014）指出，生存的起点是"善假于物"，处理的是人与外在环境的关系，生成的是时空文化；成为万物灵长的优势在于"人能群也"，处理的是人与群体的关系，生成的是交往文化；群体发展的必经阶段是形成"社会组织"，处理的是人与组织的关系，生成的是制度文化；在这一条文化实践的主线之上，人对诸多方面的行为选择期望保有文化自觉与自信，从而平衡自我的内心世界，生成的将是相对恒在的理念文化。借鉴张霁雪（2014）以社会学的学科范式对文化外延进行的划分，本研究从大文化观理解"文化"，将文化视为由人类所创造的物质文化、制度文化和精神文化的总和。物质文化是文化的物质基础和外部表现形态，以有形的事物为存在形式，体现为工具、住所、艺术品等；制度文化是各种社会关系的总合，体现为人际交往、民风习俗、伦理秩序和社会组织等；精神文化指人类以社会成员的身份习得的文化心理和社会意识，体现为科学、艺术、道德、思想观念、宗教信仰等。

（二）老年文化服务

连向娜（2016）认为老年公共文化服务供给是为满足公民及组织的文化需求，保障其文化权利的实现，在政府、市场与社会的互动关系的影响下，以政府为主导的公共部门或准公共部门向60岁及以上老人、老年社会组织提供文化性或娱乐性产品或服务的过程。彭桂芳（2017）将老年人社区公共文化服务界定为在政府的主导下，以保障和实现老年人基本文化权利、满足老年人基本文化养老需求为出发点和立足点，结合社区特点，面向社区老年群众提供的各种公益性文化服务。方巍（2014）指出，文化养老不属于基本社会保障的范围，是适度普惠范畴下的社会福利内涵的扩展，是随着社会经济发展水平的提高、社会福利从选择性和维持性向适度普惠性发展的结果。笔者对"老年文化服务"的理解与方巍（2014）对"文化养老"的看法较为一致。在本书中，老年文化服务指的是整合文化资源，推动文化养老的功能发挥，从而保障老年人文化权利的实现，满足老年人精神文化需求的社会服务。老年文化服务属于准公共文化服务的范畴，因为随着社会经济的发展以及社会保障从维持基本生活水准向适度普惠的目标发展，社会福利水平必将得到提高，文化福利会逐渐成为法定福利的基本内涵，老年文化服务将是文化福利的基本供给方式。通过将社会服务与公共文化服务、传统文化资源与现代社会服务理念及方法相结合，老年文化服务的概念有助于拓展公共文化服务的原有内涵限定，打通公共文化服务与老年人服务之间的藩篱，使之更加契合我国的养老服务模式与老年福利供给体制。老年文化服务的供给主体多元，包括政府相关部门、事业单位、社区自治组织、社会服务机构、社区社会组织、企业、家庭和老年人自身。

（三）文化资源

马林诺夫斯基（Malinowski，Bronislaw Kaspar）指出，文化是"一个满足人的要求的过程，为应付该环境中面临的具体、特殊的课题，而把自己置于一个更好的位置上的工具性装置"（庄锡昌，1987）。在此，文化被视为人类应对外在环境变化的一种处境化经验，将人类需要作为文化生产的原动力。"本土文化作为一定地域内人民的物质财富与精神创造，不仅为当地人民提供了特定的历史背景和生活空间，而且还构成了巨大的、无形的文化场域，以一只'看不见的手'制约和规范着人类的道德观念、价值取向、思维方式与审美情趣等，并对每个人的精神需求、行为动机与意志品质等产生潜移默化的影响"（王艳黎等，2017）。上述学者的观点表明，文化对于改善人的生活、提高满意度、增强幸福感具有重要意义，因而是一种重要的福利资源。因此，文化资源指的是能够满足人类需求，增进人类满足感与幸福感的物质、制度与精神的各类文化要素。始祖神话、宗教信仰、风俗习惯、民族节日、民间文艺活动、联姻形式、房屋建筑、家居摆设、服饰技艺、生计方式等都是文化资源的体现。

四、文献综述

（一）老年人城市化转型适应研究

老年人应对城市化挑战的本质是适应城市化转型。国外关于老年人转型适应的研究主要关注某些特殊群体（Hersen M，1995），也有关于老年人移居的研究（Diepen，2009），其中迁移理论和移民融入理论得到较多运用。总体而言，因为国情不同，在我国因协助子代照顾孙辈而形成的老年人"乡—城"移居现象和在"村改居"政策推动下形成的"被动城市化"情况在国外不多，因此国外学界关于老年人城市化转型适应的研究不多。在我国，探讨老年人城市化转型适应问题的研究其对象主要有两类：一类是移居老人，也有学者称为"老漂族"或"随迁老人"（李珊，2011；付敏红，2013；陈盛淦，2015；曹钧，2017；王建平等，2018）；另一类是失地老年人（叶继红，2007；叶静雯，2017）。其中关于移居老年人的城市化转型适应问题得到较多关注，而涉及失地老年人的探讨不多。老年人城市化转型适应研究主要关注城市化对老年人的影响以及老年人城市化转型适应的现状、问题、模式、过程、影响因素和促进策略等议题。

1. 城市化对老年人的影响

Trivedi等（2008）的研究证实了心理疾病与城市化的相关性：城市化使心理疾病如沮丧、社会病态、物质滥用、酗酒等增加，同时会降低人们的幸福感。Turan等（2008）的研究表明，城市化导致劳动分工和人类行为改变，也会引起生活压力事件、社会交往减少等问题，这些问题可能成为影响心理健康的因素。Harpham（1994）对老年人心理健康影响因素、范围和结果进行多学科的研究，发现在发展中国家，城市化改变了老年人的社会支持和生活事件，从而影响他们的心理健康，主要表现为抑郁和焦虑。Ineichen B. (1998) 的研究表明，中国城市化带来的人口和社会学变化，如寿命的延长、家庭小型化、女性就业增加等因素使年轻人的孝顺观念衰落，农村年轻人进入城市生活后，留守在农村的老年人生活上孤立，情感上孤单，容易患老年痴呆症。

2. 老年人城市化转型适应的现状

苗瑞凤（2012）从经济供养、生活照料和情感慰藉三个方面考察老年流动人口的城市适应状况，发现在经济供养和生活照料方面老年流动人口的满意度较高，但对精神生活有近90%的老年人感觉不满意。陈盛淦（2015）的研究显示，随迁老人城市适应主观判断的总体平均得分介于比较不适应和一般适应之间，偏向比较不适应多些。付敏红（2013）指出，在移居老年人群体内部，不同子群体之间也存在城市适应的差异。王建平等（2018）从健康状况、社交网络和满意度三个方面进行考察，发现上海"老漂族"的社会适应现状良好，但务工"老漂族"和随迁"老漂族"两类群体存在差异。

3. 老年人城市化转型适应的问题

Carlson J E（1998）指出，代际冲突是老年人移居遇到的特殊适应问题，也是其适应的重要影响因素。首先，经济方面的代际冲突消减社会资本，令迁移老年人缺少代际之间的经济援助，迁移老人会因经济基础不牢固而适应困难；其次，日常生活照料方面的冲突也影响迁移老人的适应，主要负责家务工作的迁移老人容易因为很少得到代际之间的照护而面临家庭矛盾；最后，在情感方面，观念的差异与生活方式的不同使流动家庭常常出现代际隔阂现象，彼此难以达到情感上的共鸣。

在我国，移居老年人群体虽然也有适应城市生活的想法，却因为学历低、年龄大、传统观念强等原因而在适应过程中遇到许多困难（樊宝华，2014）。第一，移居老年人面临生活适应问题，也有学者概括为生活环境适应问题、生理适应问题、生活困境（付敏红，2013；何惠婷，2014；许加明，2017；曹钧，2017），包括身体不适、水土不服、寝食难安（许加明，2017），以及住房问题和养老问题（范盛，2014）。第二，移居老年人在城市适应中面临角色转变适应的问题（付敏红，2013）。陈盛淦（2015）的调查结果显示，子女家"局外人"身份和城市社区"陌生人"身份的双重尴尬使随迁老人感到孤独、压抑甚至无助，并怀有城市生活"过客"的心态，不能很好地适应和融入城市生活。第三，人际交往适应、社会适应问题或社交困境（付敏红，2013；何惠婷，2014；许加明，2017；曹钧，2017）也是移居老年人在城市适应中常常面临的问题，体现为社会支持网络薄弱、人际交往障碍等。第四，移居老年人面临心理适应、心理困扰或精神健康问题（曹钧，2017；覃元林，2019），包括孤独自卑、消极脆弱、自尊感和价值感缺失（许加明，2017）。何惠婷（2014）指出心理适应最难完成。第五，文化适应困境，包括语言交流困难、休闲方式单调、价值观念冲突（许加明，2017）。第六，户籍壁垒、非平等性的社会福利等制度障碍也阻碍着老年人的城市适应（曹钧，2017；覃元林，2019）。

对于"村改居"社区的老年人或失地老年人，魏国芳等（2015）指出，城市化导致居住模式改变，原有人际交往改变，人际交往减少使老年人在心理上更容易产生孤独感、寂寞感。城市化、现代化进程的快速推进使社区面临传统性公共空间日益衰落而现代性公共空间又未及时建立的局面，这在现实中带来社会伦理的危机（闫小斌，2017）。农村公共空间在整合农村社会秩序、培育农村社会伦理、传承农村文化等方面发挥着无可替代的作用，它是形成公共舆论、促进公共参与、培育公共精神的重要载体，具有消除分歧、缓解紧张、达成共识、文化整合的社会功能（张良，2013）。社会伦理危机的出现使老年人的城市化转型适应缺乏制度保障和非正式支持。

4. 老年人城市化转型适应的影响因素

根据现有研究，移居老年人（老年流动人口、随迁老人等）的城市适应过程受到个人、家庭、社区、政策制度和文化五类因素的影响。个人层面的影响因素包括年龄（叶继红，2007）、身体健康状况（郭璇，2013）、个体性格（王丽英，2013）、受教育程度（李珊，2011）、经济收入（李珊，2011；郭璇，2013）、居住年限（李珊，2011）、社会关系网络（李珊，2011）、地区归属感（李珊，2011）、生活满意度（李珊，2011）、心理状态（郭璇，2013）等。在家庭层面，家庭照料的满足状况（郭璇，2013）、夫妇有无一起随迁、家庭代际关系（郭璇，2013；陈盛淦，2015）、代际间生活方式的差异（苗瑞凤，2012）、代际观念的冲突（王丽英，2013；何惠婷，2014）等影响老年人的城市适应。在社区层面，移居老年人主要受到居住环境的变化、人际关系和社会资本（付敏红，2013；郭璇，2013；王丽英，2013）、社区组织

（郭璇，2013）等因素的影响。政策制度层面，李雅静（2014）认为中国社会特有的户籍制度对老年人在陌生的城市生活中是否能正常进行社会角色的转化和完成自身的社会身份认同产生影响。文化方面的影响因素则包括语言交流的流利程度等（陈盛淦，2015）。

5. 老年人城市转型适应的促进策略

迁移是老年人晚年生活中的重大事项，需要他们自身采取积极措施加以应对，这对他们的健康具有重要意义，此观点在国外得到普遍认同（Diepen A，2009）。国外相关研究指出，老年人适应迁移的主要措施有：迁移之前制订计划、做好准备；积极熟悉生活空间如公共场所、公共设施、社区居民等；社区对迁移老年人开展健康教育，引导他们适应迁移后的生活；社会支持网络尽量满足老人各方面的合理需要；对严重适应不良的老年人进行筛选并对其给予特殊照顾（Sanders S et al.，2003）。快速的城市化改变了家庭结构和家庭照顾系统，削弱了过去传统的家庭关系，而核心家庭、独居家庭和空巢家庭呈递增趋势，因此取而代之的宗教和世俗形式的社会参与是提高老年人生活满意度的关键因素。老年人可以通过世俗形式的社会支持、个人社交能力和社区参与来增加主观幸福感（Kodzi I A et al.，2011）。Gong P 等（2012）认为，国家应改革社会保障体系，为缺乏家庭支持的老年人提供更多的社会支持。社会工作领域则通过社区工作和小组工作帮助迁移后适应不良的老人，如联系政府为迁移人口争取资源与福利，组织流动人口小组活动以开展语言、健康、饮食等方面的培训，与本地居民建立联系（Toseland，2011）。

老年人城市化转型适应的促进策略在我国也得到较多探讨。首先，老年人群体自身积极主动调整、提高适应能力的重要性得到强调（曹钧，2017）。廖春苗（2013）提出定期辅导、疏导情绪、满足老人的倾诉欲望等策略。陈盛淦（2015）主张随迁老人需要改变在农村原已形成的行为规范和价值标准，重新确立适应城市的新的行为规范和价值标准，这个过程也是随迁老人再社会化的过程。刘庆（2012）主张通过社会工作介入帮助"老漂族"消除对城市社会的陌生感和疏离感，从而更好地适应城市生活，具体策略包括运用个案工作介入困境解构，运用小组工作介入意义建构，运用社区工作介入资源建构。许加明（2017）则主张综合运用个案工作、小组工作和社区工作三大专业方法，缓解老年人的身心不适，增进文化互融，重建社会支持网络，加快社会角色认同，从而使他们在城市环境中达成新的适应状态。其次，很多学者主张改善老年人所处的环境系统。曹钧（2017）认为家庭应加强沟通交流，注重精神赡养；社区需要调动社区资源，营造和谐氛围；政府应健全服务制度，破除户籍壁垒。叶静雯（2017）运用"失地老年人城市适应训练方案"提升失地老年人的城市适应，并在改善其心理健康状况方面取得一定成效。

（二）老年文化服务研究

在老年文化服务研究领域，老年文化服务的积极意义、供给模式、服务现状、形式与内容、存在问题、产生原因以及老年文化服务的完善策略等问题得到探讨。

1. 老年文化服务的积极意义

国外学者发现，文化服务的开展不仅有利于满足老年人的需求，促进他们的身心健康，提升他们的能力，还可以缩减资源需求和促进社区发展。阿伦（Allen）的研究表明，老年人有着多元化的需求，不仅是健康、生活等，还需要专业的纾解压力的照护，以及对文化的需求（Margaret Gibelman，1998）。Craig Talmage（2015）指出，学习关于保持身体健康、生活技能以及新技术的课程有助于老年人适应社会变迁。Groombridge 指出，教育可以增强老年人的自尊心，促进他们的身心健康和自立，从而缩减对公共和私人资源的需求（Swindell R，1990）。Maria Chiara Fastame 等（2014）的调查发现，社区文化生活丰富的老年人会对城市社区发展有更大的参与积极性和贡献。以上国外研究成果显示，老年文化服务具有满足老年人多元化需求的积极意义，其中包括促进老年人适应社会变迁。

我国学者也指出，无论在个体还是社会层面，老年文化服务都具有重要价值。从个体层面看，老年文化服务首先可以传授新知识，保障老年人的文化权利，提高老年人的知识水平（董娟，2018），让他们学会适应高新技术和社会生活的新方式，使其精神生活与时代同步、与社会共进（王菁，2018）。其次，老年文化服务可以促进老年人的身心健康（董娟，2018）。黎文普等（2014）指出社区体育文化服务可以丰富老年人的文化娱乐生活，使其精神世界"吐故纳新"，并享受在体育文化生活中人际交往带来的情感滋润。吴燕（2014）指出，精神生活的丰富可以弥补物质生活的不足，促进老年人的身心健康。欧阳忠明（2019）等指出，第三年龄学习可以帮助老年人从对社会过度依赖的心理枷锁中解脱出来。再次，老年文化服务可以满足老年人的人际交往需要。肖雪等（2009）指出阅读在老年人的精神生活中不仅可以满足文化娱乐需求，还在不同层次上满足了老年人对知识信息、情感慰藉、价值尊严和社会交往的需要，保障了充实、健康、有尊严的老年生活。再其次，老年文化服务有助于促进老年人的自我完善，实现老有所为（董娟，2018）。吴燕（2014）指出，通过接受教育服务，农村老人的整体素质提高，能够更好地承担起孙子女的教育抚养责任，通过自身价值的发挥实现"老有所为""老有所乐"，进而增强生命意义感。最后，老年文化服务有助于提升老年人的幸福感。肖雪等（2009）和王秋惠（2017）指出，精神文化生活与物质生活成为衡量老年人晚年幸福的两大主要指标，提高精神生活质量能够相对弥补物质资源的不足，提升老年人的主观幸福感。田馨滦等（2018）的研究甚至表明，文化服务满意度对农村老年人的幸福指数具有比收入更显著的影响。从社会层面看，1999年时任国务院副总理的李岚清指出，加强和丰富老年人精神文化具有特殊重要意义，是关系到社会的稳定、发展与进步的重大问题（尹鸿祝，1999）。李东光（2013）指出，丰富老年人的精神文化生活是文化大繁荣不可忽视的组成部分。

老年人对文化服务的显著需求也提示了文化服务的重要性。台湾三项读书统计指出，老年人是阅读的主要族群。浙江省图书馆4万持证读者中有近1万名是60岁以上的老年人，而且老年读者还正以每年近千名的速度递增，老年人构成图书馆的三大读者群之一（肖雪等，2009）。中国老龄科研中心对中国城乡老年人口状况的追踪调查结果显示，六成多的农村老年人愿意参加老年人文化娱乐活动（伍小兰，2009）。彭桂芳（2017）在武汉市的实证研究表明，老年人基本认同社区公共文化服务在精神养老方面的重要性。郑新等（2018）指出，人口老龄化与生活水平提高双重因素使老年教育需求快速膨胀。

2. 老年文化服务的供给模式

由于具有消费的非排他性与非竞争性、产权的公共性和影响的持久性等特征，老年文化服务属于准公共文化服务的范畴。以"公平""正义"理念为指引，西方发达国家公共文化服务经历了从"文化行政"向"文化服务"的历史转变，形成了三类供给模式。在以美国和加拿大为代表的"市场主导型"公共文化服务供给模式下，不存在统一的文化行政部门，政府只通过政策法规的制定去约束市场主体的行为，公共文化服务的运营全部交由市场上的各类文化团体、非政府组织等完成（周晓丽等，2008）。在以英国和澳大利亚为代表的"一臂之距"协作式公共文化服务供给模式下，政府与非政府组织、文艺团体等进行合作，政府负责战略和资金的投入，公共文化服务的供给则由相关组织具体负责。在以法国和日本为代表的"政府主导型"公共文化服务供给模式下，中央和地方文化行政部门负责制定文化发展战略和政策，以此带动非政府组织、文艺团体等的发展（陈波等，2017）。

我国公共文化服务供给体系先后形成了"政府垄断型"供给模式和"社会多元型"供给模式（王余生，2017）。"政府垄断型"供给模式于中华人民共和国成立初期到改革开放前在城市推行。在此模式下，政府对公共文化服务的种类、数量、范围和人群等拥有绝对主导权，文化主管部门将资源分配至下一级文化行政主管单位或是对应的事业单位，再由这些单位进行资源的再分配（王余生，2017）。同一时期，农村的公共文化服务则主要实行农村集体经济或村民成本分担机制（段小虎等，2016），供给内容包括以意识形态教育为目的的思想改造、以扫盲为目的的识字教育以及农机推广、广播宣传、文艺创作等，文化基础设施与服务整体上处于较低水平（闫小斌等，2018）。改革开放到20世纪80年代末，城市形成以财政分级包干为主的公共文化供给机制，即一级政府负责建设和管理本级公共文化设施；而家庭联产承包责任制的推行削弱了农村原有的集体经济保障基础，公共文化服务不但没有得到改善，反而出现了责任主体不明、供给与服务水平下降、城乡失衡加剧的趋势（段小虎等，2016）。20世纪90年代初期，国家开始通过公共财政并以专项建设方式增加农村公共文化服务供给，先后实施文化扶贫战略、万村书库建设工程、文化科技卫生三下乡活动、万里边疆文化长廊建设、文化信息资源共享工程等。但是总体而言农村公共文化服务供给还缺乏体系化的制度保障，供给内容也较为单一、匮乏，更谈不上有明确的顶层设计和战略计划（闫小斌等，2018）。在此过程中，公民对公共文化服务处于被动接受的地位，无法进行有效选择和参与绩效评价，少数弱势群体只能享受最基本的公共文化服务。老年文化服务则长期处于政府供给体制之外，主要依靠血缘、亲缘、地缘等非正式支持体系供给。

近10年来，老年文化服务供给开始被纳入国家制度保障，顶层设计的不断完善有力地推动了老年文化服务的发展。2012年中组部等16家全国老龄委成员单位联合印发《关于进一步加强老年文化建设的意见》（全国老龄办发

〔2012〕60号），要求加强老年文化建设的指导思想、目标任务、基本原则、主要内容和保障措施。2015年1月中共中央办公厅、国务院办公厅印发《关于加快构建现代公共文化服务体系的意见》（中办发〔2015〕2号），明确提出要将老年人等特殊群体作为公共文化服务的重点对象，积极开展公益性文化艺术培训服务、演展和科技普及活动。2016年国务院办公厅印发《老年教育发展规划（2016—2020年）》（国办发〔2016〕74号），提出发展老年教育的五项主要任务。《"十三五"国家老龄事业发展和养老体系建设规划》（国发〔2017〕13号）提出"繁荣老年文化"的要求，指出要"完善覆盖城乡的公共文化设施网络，在基层公共文化设施内开辟适宜老年人的文化娱乐活动场所，增加适合老年人的特色文化服务项目"。2018年修正的《中华人民共和国老年人权益保障法》第七十一条提出老年人有继续受教育的权利，要求把老年教育纳入终身教育体系，鼓励社会办好各类老年学校，各级人民政府对老年教育应当加强领导，统一规划，加大投入；第七十二条提出，国家和社会采取措施，开展适合老年人的群众性文化、体育、娱乐活动，丰富老年人的精神文化生活。从以上政策文件精神的发展脉络可以看到，我国老年文化服务的供给模式经历了从国家包揽、供给驱动（闫小斌等，2018）的"政府垄断型"供给模式到多方参与、供给驱动与需求引导相融合的"社会多元型"供给模式的变迁，基层政府逐步承担起提供基本公共文化服务的职能，同时鼓励企业、高校以及社会组织广泛参与。彭桂芳（2017）基于武汉市的实证研究指出其社区公共文化服务属于在政府的指导下以社区群众自主供给为主、社区居委会"要素式"扶持为辅的发展模式。

3. 老年文化服务的内容

关于老年文化服务的内容，国外学界探讨较多的议题包括老年教育、图书馆老年人服务和社区老年文化活动。首先，老年教育是国外老年文化服务的重要内容。20世纪70年代，由法国开始，全球掀起了一场第三年龄大学（University of the Third Age，简称U3A）运动。澳大利亚第三年龄大学不仅为学员提供形式多样的日常课程，还举办丰富多彩的文娱活动和社会活动，如第三年龄合唱团、周年纪念活动、短途旅行、圣诞节聚会、系列讲座等（欧阳忠明等，2019）。西方国家老年大学的办学模式注重老年人的自立与互助，启迪老年人智慧，开发老年人的潜能，让老年人在文化创新中发展，实行再就业计划，实现老年人的价值，促进代际交流合作，协助老年人融入社会等。

办学主体多元是西方国家老年教育发展的又一特点，包括政府投资、自主自治、民间力量、高等院校等，但政府办学和高等院校办学较少（王秋惠等，2016）。其次，图书馆老年人服务也是国外老年文化服务的重要内容。美日澳等发达国家从20世纪40年代就开始关注和改善公共图书馆对老年人的服务，并通过制定政策法规和发展规划，建立完善的服务体系、实施策略和保障制度，确保老年人在公共图书馆享有其应有的权益和服务（王瑜等，2014）。在澳大利亚新南威尔士州（NSW），公共图书馆的广泛分布为老年人等特殊群体走进图书馆提供便利，成为老年人最常去的公共服务场所。在基础设施方面贯穿无障碍设计理念，安装方便、适合老年读者的设施设备等（王瑜等，2014）。服务方面，为特殊老人提供家庭式服务（Joseph M，2006），为行动迟缓的老年读者拿取和放置读物，为不同语种的老年读者提供语言信息服务，与社会团体、组织机构合作为老年人安排和制定有针对性的服务项目，为老年人提供志愿者工作并对其进行知识技能培训（王瑜等，2014）。再次，许多国家的老年文化服务主要在社区层面开展。美国社区活动丰富，政府鼓励居民进行文化展示、在公共建筑室内外进行壁画和雕刻布置。英国居民提出的想法和要求对村庄规划编制设计人员来说十分重要；此外英国村庄管理者鼓励居民开展从身体活动到智力发展等各类文化体育活动，包括桥牌俱乐部、茶吧、移动图书馆等，使居民通过参与社区活动产生归属感。1990年日本开始颁行"家乡1亿元之创生计划"，把建设家乡的工作交由居民，同时每个乡镇或村落在建设上保有传统特色（任朋朋，2012）。日本许多乡村都设有乡村博物馆，几乎每一个乡村都有几座或十几座古老的民居被列为文物保护单位，政府定期拨款给民居主人，鼓励居民进行修缮保护（露邯淞，2017）。以上社区文化活动都有老年人的参与，对他们具有特殊的意义。

在我国，《国家基本公共文化服务指导标准（2015—2020年）》列出的基本文化产品服务项目包括读书看报、收听广播、观看电视、观赏电影、送地方戏、设施开放和文体活动七大类。目前，我国城乡地区已经实现公共文化服务体系的基本覆盖，以三馆一站、农家书屋以及正在建设的基层综合性文化服务中心为主的设施网络体系正在形成，组织机构运行、文化活动开展等也取得一定成效。我国学界探讨较多的老年文化服务内容包括书籍报刊类服务（连向娜，2016）、广播电视类服务、文体娱乐类服务（黎文普等，2014；连向娜，2016；路邯淞，2017）和老年教育类服务（王菁，2018），供给主体包括图书馆、老年活动中心、文化馆、博物馆、体育馆和老年大学等。

图书馆老年人服务在我国得到较快发展。2005年台湾多县市办理"推动银发族亲善阅读师资人才培训研习班"。在上海、北京等多个城市的图书馆里，阅读的"时间储蓄"活动得到推行，招募低龄老年人为高龄老年人阅读报刊、送书上门（肖雪等，2009）。董娟（2018）的研究显示，石家庄市10个图书馆分馆通借通还，为老年读者提供电话预约和送书上门服务，免费举办讲座，开创手机图书馆，举办老人保健专题讲座。

老年教育也是我国老年文化服务的重要组成部分（郑新等，2018），既包括老年大学这类正规老年教育，也包括社区教育、网络教育、社团教育等非正规老年教育（杨庆芳等，2014；王英等，2009）。截至2016年年底，我国共有老龄事业单位1828个，老年法律援助中心1.9万个，老年维权协调组织7万个，老年学校5.4万个，在校学习人员710.2万人（欧阳忠明等，2018）。一个全方位、多层次、多学科、多功能、开放式的老年教育体系已经形成（齐伟钧，2014：209）。

老年文化活动方面，根据董娟（2018）的研究，石家庄市群艺馆免费开设艺术培训项目，干部每个月深入乡村、社区开展演出、展览、培训等公共文化服务活动，在全市建立15个基层文化活动辅导基地，结合当地特色文化开展艺术辅导，组织特色项目；县区文化馆和老年大学开设文化培训辅导班，提供活动场地，举办广场舞大赛、专场文艺演出，实行广播电视村村通工程，免费放映电影，试点推行免费或优惠观看戏曲、演出、电影、展览，免费借书等文化活动的"文化惠民消费卡"。这些文化活动的开展让老年人能够更好地融入社区集体活动，丰富精神文化生活，提升居家养老水平。

在我国，与老年文化服务内涵相近的另一个概念是文化养老。文化养老也应被视为老年文化服务的内容之一。学界对文化养老内涵的认识主要反映在养老价值取向和对老年人精神需求满足两个方面。刘建国（2013）将其界定为通过旨在体现传统文化与当代人文关怀的养老方式，从传统注重物质赡养到当代注重精神孝养，使得老年人"老有所教、老有所学、老有所乐、老有所得、老有所为"。王秋惠（2017）提出所谓"文化养老"就是体现人文关怀与传统文化的一种养老方式。这种养老方式主张在老年人物质需求得到保障的基础上，通过思想交流、情感沟通、促进身心健康等服务尽量满足其精神方面的需求，让老年人享受快乐、崇尚独立、愉悦精神、张扬个性，具有较强的共享性、互动性、群体性以及广泛性。穆光宗（2015）认为，文化养老的力量是建立起代际传统的伦理，使得越来越多的新旧老年人能够享受到文化养老的果实。方巍（2014）认为，文化养老应该是反映特定的价值取向，以满足老年人的精神需要为主，借助文化活动实施的养老服务及其制度体系。综合现有界定，文化养老是以传统文化与当代人文关怀为核心（王毅力，2009），以各种文化娱乐活动及其服务为载体（潘继军，2011），以满足老年人的精神文化需要为目的（唐晓英，2011）的一种养老方式。从狭义的角度来说，文化养老特指满足老年人精神需要的各种文化服务活动；从广义的角度来说，文化养老不仅包含这些具体的文化服务形式，而且还包含组织和实施这些文化服务的制度安排，以及支撑这些制度和文化服务的价值取向。在内容上，文化养老既反映了传统的孝道，同时又体现了当今社会经济发展背景下积极老龄化的新价值取向，表现为"老有所教、老有所学、老有所乐、老有所得、老有所为"的精神赡养和人文关怀。

4. 老年文化服务存在的问题

Yeatts D E 等（1992）指出，是否缺乏知识、距离远近和参与意图是影响老年人参与社区文化服务体系建设和影响老年人享受公共文化服务的重要环节。Bruce K. Alexander（2001）认为，社区老年人文化发展的诸多问题是文化错位（Cultural Dislocation）造成的，即社区与文化发展的非关联性，存在着脱节的情况。Zhang Xuetai（2002）认为，社区文化服务体系覆盖的老年群体有限，且提供的服务多是普遍化、大众化的，缺少专业性，从而导致大部分老年人未能享受到充分的社区文化服务。Jan Walker 等（2004）的研究证实了这一点，他们认为老年人对社区文化服务体系建设的信息匮乏、对专业内容不了解等是他们使用社区文化服务的关键性障碍。澳大利亚第三年龄大学则因为老年人多元化的学习诉求与当前教育供给难以满足而陷入困境（欧阳忠明等，2019）。此外，Ellis B J（2009）还指出，"老年人相互教学"的原则容易成为"年龄隔离的教育形式"，错过代际交流学习所带来的种种好处。

相关研究显示，我国的老年文化服务也有很大的发展空间，老年人尤其是农村老年人的精神文化需求尚未得到有效满足。《中国老年人生活质量发展报告（2019）》（党俊武等，2019：22）指出，当代是中国有史以来老年群体生活质量迈入最高水平的新时代，但仍然存在"精神文化生活单调"的问题。休闲观念落后和休闲技能缺乏使老年人的休闲生活单调、乏味，无归属感

（马惠娣等，2002）。吴燕（2014）对陕西648份调查问卷的分析显示，受地域、经济条件、文化娱乐设施等因素的影响和制约，农村老年人口的精神生活质量整体不佳。李越等（2014）认为，在经济社会转型的过程中，城镇化引发的农村留守老人的精神赡养问题、现代住宅方式造成的老年孤独问题等，使得农村老人的精神需求问题更加凸显。

概括起来，我国的老年文化服务主要存在五个方面的问题。第一，老年文化服务供给总量不足（陈长平，2013），主要体现在：老年公共文化设施建设亟待完善（王瑜等，2014；王秋惠，2017）；老年人文化阵地"僧多粥少"（徐晓阳，2013；韦庆辛，2012）；老年人的学习需求"井喷式"增长但老年教育资源短缺（郑新，2018；党俊武等，2019：11—12）；图书馆设置少、距离远、设备缺乏（肖雪等，2009），适合老年人阅读的文化产品有待研发和拓展（王瑜等，2014）；社区老年人精神文化服务所需资金和物质资源匮乏（高圆圆等，2018）；能够为老年人提供健康咨询、技术指导、文化教育及文体服务的专业人才缺乏（张梅等，2017；高圆圆等，2018）；社区老年人精神文化服务组织和老年人文化团体发展滞后（徐晓阳，2013；高圆圆等，2018）。第二，老年文化服务供给质量不高（陈长平，2013），具体体现为：社区老年人精神文化服务建设主要集中于基础设施建设（高圆圆等，2018）；公共文化设施发展水平较低，普遍缺乏吸引力，功能单一，作用群体较为固定（路邯淞，2017）；社区老年人精神文化服务活动层次低、形式单一，缺乏心理疏导、精神慰藉等精神文化服务（高圆圆等，2018）；供给频率和信息传达还存在较大改进空间（彭桂芳，2017）；老年教育课程体系设置不完善（郑新，2018）；图书馆服务内容不完善，延伸服务几乎没有开展（肖雪等，2009）。第三，老年文化服务的供给模式单一（陈长平，2013），包括社会力量在老年文化服务供给中的参与不足（张晓明，2018），图书馆与社会合作互利的老年人服务模式有待加强（王瑜等，2014；杨楠，2016），民族地区老年教育机构相对单一（张鹤等，2019）等。第四，老年文化服务的供需结构失衡（韦庆辛，2012；陈长平，2013）。一方面，供给与需求不匹配。需求评估与跟踪机制尚未建立，文化服务未与老年人多样化、个性化的需求产生联动，回应性较弱。例如，尽管各地有不少老年大学，基层也有老年人科技协会，但基本上还停留在书法绘画、种花养鸟的兴趣爱好层面，真正从老年人基本生活需求出发的不多（程群，2011）；另一方面，老年文化服务供需结构失衡还体现在供给的城乡分布失衡。城乡二元结构在我国的长期存在导致以城市为中心发展文化事业的倾向，这使老年文化服务存在突出的空间不均衡问题，农村老年文化服务的可及性不足。根据 2015 年《第四次中国城乡老年人生活状况抽样调查》（党俊武等，2019），中国有 36.6% 的老年人感到孤独；分城乡看，43.9% 的农村老年人感到孤独，29.9% 的城镇老年人感到孤独，农村老年人感到孤独的比例高于城镇老年人。这些数据说明，农村老年人的精神慰藉服务严重不足。闫小斌（2017）还发现，城乡差别的根深蒂固造成对农村的诸多偏见，包括公共图书馆在内的许多公共服务设施长期缺位，而在建设农村图书馆时往往只注重阅读服务，忽略了图书馆对于农村社会的公共空间功能。张鹤等（2019）则指出，民族地区老年教育服务供给体系中存在教育内容和形式相对松散、教学模式两极化严重等问题。第五，老年人在文化服务实践中缺位（陈长平，2013；路邯淞，2017）。老年人参与公共文化服务的需求及偏好的表达意愿程度低，参与公共文化服务供给绩效评估工作热情不足（连向娜，2016）；现有公共文化服务主要由基层政府供给，遵循"行政逻辑"即对上负责而非"服务的逻辑"，导致公共文化服务沦为地方政府的一项政绩工程（吴理财，2012）；老年人被动型参与较多、自觉型参与较少，享乐型参与较多、服务型参与较少，参与热情普遍不高，动力不足，义务意识不强。

老年文化服务不完善受到多方面因素的影响。首先是观念问题，包括对老年文化服务重要性的认识不到位，宣传引导不够（韦庆辛，2012；陈长平等，2013），以及对老年人主体地位的忽视（陈长平等，2013）。王迪（2017）还指出，我国公共文化服务供给与群众需求之间的矛盾反映了国家视角下治理理念的局限性：一方面公共文化项目的推行依循着标准化、均等化、清晰化、简单化的方式，忽略了文化复杂性、族群异质性、地方差异性和个体多样性，造成均等化供给满足不了差异化需求的结果；另一方面上级政府借助数字化、集合性的、静态的事实对下级进行考核，以建构性的事实掩盖了供给与需求之间真实存在的鸿沟。其次，老年文化服务存在诸多问题还缘于制度缺失，包括供给模式不完善（陈长平等，2013），长效机制不健全（韦庆辛，2012），"涉老"部门缺乏协调整合（徐晓阳，2013），文化服务组织虚化（陈长平等，2013）等。供给主体的社会化程度严重不足，私人部门、社会组织整合民间资本和社会资源提供公共文化服务的格局尚未形成，导致目前的公共文化服务具有"计划性"特征和"刚性"色彩，难以灵活地满足老年人多元化的精神文化需求（路邯淞，2017）。最后，遭受市场竞争冲击也导致老年文化服务存在诸多问题。周伟文（2000）指出，市场竞争、孝道文化受到挑战、老年群体文化需求受到冷落、老年文化娱乐场所受冲击、老年文化生活供给不足等是影响老年人精神文化生活的主要因素。

5. 老年文化服务的发展策略

关于如何发展和完善老年文化服务，我国学者从理念、制度、保障和服务等多个层面提出对策建议。

理念方面，王迪（2017）指出应消解国家与社会之间简单的二元对立，强调治理过程中的多主体参与和相互依赖，促进政府与社会组织、社区民众之间的协调整合，营造公共文化事业中的"强国家—强社会"的局面。方巍（2014）主张发挥政府在文化养老中的主导作用，并且认为应该鼓励和吸收社会组织、企业及个人等社会力量参与公共文化服务体系建设，此观点在廖华等（2016）、高圆圆等（2018）的研究中也得到强调。李兵园等（2016）指出，以政府为主导的供给模式和市场介入的供给模式所固有的失灵风险是村民进行参与的空间所在，村民在公共文化服务中的参与角色不仅仅局限在决策者、监督者和校对者的角色范围内，甚至可以充当生产者的角色。

制度方面，周伟文（2000）主张营造精神养老的文化环境；陈长平等（2013）提出应创新运作机制，实行多元化支持模式，积极培育文化服务组织；李越等（2014）认为，一方面应该强调并发扬传统孝文化以及尊老敬老等社会美德，另一方面要致力于丰富老年人的文化娱乐生活，健全老年人公共文化体育设施的配套，鼓励老年协会等组织发展；连向娜（2016）认为需要改革老年公共文化服务供给模式，形成多元的供给主体。可以看到，通过制度完善构建政府主导下的多元主体参与机制和营造良好的文化环境是学者们较为一致的看法。

为推动老年文化服务的可持续发展，在保障方面，廖华等（2016）和高圆圆等（2018）认为应创造良好的政策环境，在规划建设、税收、贷款等方面对其给予优惠扶持，激发社会团体进入社区建设事业的热情。张红娟等（2012）、连向娜（2016）、郑新等（2018）指出完善老年公共文化服务供给需要加大资金投入力度，拓宽资金供给渠道。王秋惠（2017）认为应积极扩大老年公共文化设施覆盖面，鼓励各级各类博物馆、剧院、体育场、美术馆、科技馆、纪念馆、公共图书馆以及文化馆等公共文化服务设施向老年人免费开放，根据城市、社区及村镇老年人口规模和需要布点老年公共文化设施种类及数量，开辟丰富多彩的老年公共文化活动场所。张红娟等（2012）提出科、教、文、卫等多部门协作，加强文化人才队伍建设以构建老年人公共文化服务体系。廖华等（2016）、段晓月（2017）主张培养和发展文化志愿者，建立时间累积和绩效评价等保障激励机制。田馨滦等（2018）提出应建立健全文化服务满意度测评制度，根据测评结果及时做出反馈和改善，保障文化服务效果的有效呈现，切实满足老年人的精神需求。

关于老年文化服务的供给方式和内容，连向娜（2016）提出需要创新供给途径，采取更加灵活的供给手段。杨楠（2016）提出不单纯依靠文化主管部门，还应积极将文化的触角延伸到医疗、旅游、体育、养老等领域，使社区文化治理不局限在社区里和文化活动相关的文化，而是"治理"更为广阔领域内的"文化"。王秋惠（2017）主张开办针对老年人的电影、剧场文艺演出、画展等公益性流动文化服务，开展科学健身知识讲座等全民老年健康服务；增加老年特色文化服务项目；建立文化遗产传承发展人才队伍，发挥老年人在文化遗产传承发展中的作用。

在图书馆老年人服务中，肖雪等（2009）主张要秉持平等与尊重、区别服务、倡导"悦读"等理念；在图书馆法规中充实关涉老年人的内容，在图书馆评估中加入服务老年人的项目指标；建立图书馆与社会力量合作的协调机制，制定老年读者参与图书馆活动的机制。程大帅（2017）提出图书馆应为老年人组织开展文化志愿服务。朱捷英（2016）指出，图书馆为弱势群体服务的办法包括：找准服务弱势群体的"适合度"、提升服务弱势群体的能力、扩大服务弱势群体的半径、寻求服务弱势群体的合作共享。孔文群（2005）主张从开设传统的文献借阅室、举办兴趣爱好培训吸引老年读者，给老年读者施展才华的舞台，加强文化交流等方面开展社区老年读者文化服务。

老年教育方面，欧阳忠明等（2019）对完善我国老年大学模式的建议是：坚定全覆盖愿景，扩大参与范围；拓宽沟通渠道，开展国际化合作；打破传统刻板印象，共建资源共享多级体系；更新传统教学理念，丰富课程体系内容。老年大学在设置课程体系时既要考虑到民族性，开设具有本民族特色的本土化课程，又要注重世界性，为老年人介绍当下热门的全球化议题；既要赋予艺术性，开设声乐、舞蹈、乐器等课程，又要体现技术性，帮助学员学习电脑操作、手机应用等技能。与此同时，还应举办主题丰富的讲座，组织各类丰富多彩的文娱活动，帮助学员们在学习知识之余结识伙伴、拓展思维，实现积极老龄化。张鹤等（2019）主张立足老年教育规划，健全教育服务供给体系；立足民族区域文化，突出民族老年教育特色；依托民族教育布局，构建老年教育支持体系。

关于社区老年文化服务，方巍（2014）主张提供包括文化养老在内的居家养老服务，并充分发挥家庭在文化养老服务中的应有职能；梁立新（2014）认为要提升公共文化服务有效性，体现民意，需要鼓励公众参与，关注公众声音，并充分发挥基层群众的"草根性"智慧和力量；王秋惠（2017）主张推进老年人参与公共文化服务的能力建设，吸引更多的老年人进行自我及互助服务；郭蕊（2016）、路邯淞（2017）等认为应将自组织文化活动纳入公共文化服务范围，由文化站点进行支持和引导，由专业人员进行指导和培训；张霁雪（2014）提出，新型城市社区应当是这样一种有机共同体的存在："安定有序的生活秩序，整洁美观的审美体验，和睦友爱的人际交往，丰富多彩的文化生活，积极向上的社区精神，回归家园的内在体验，充满希望的发展远景。"这一社区理想类型需要在时空体验、睦邻运动、本土性资源的再造基础上探索社区文化的第三种发展之路。

（三）文献评述

老年人城市化转型适应和老年文化服务相关研究在理念、方法与策略等方面对文化服务助力老年人应对城市化挑战行动研究具有重要的借鉴意义。相关研究提示，城市化在一定程度上改变了老年人的家庭结构和家庭照顾系统，由此增强社会支持是助力老年人应对城市化挑战和提高老年人生活质量的重要途径。此外社会工作领域关于运用个案工作介入困境解构，运用小组工作介入意义建构，运用社区工作介入资源建构等促进老年人城市化转型适应的具体策略，张霁雪（2014）提出的社区文化第三种发展之路等，对于转型社区老年文化服务目标与发展策略的制定具有参考价值。

但是在城市化转型适应研究领域，目前国内学者主要关注农民工、流动儿童、少数民族流动人口和移居老年人群体的城市适应问题，国外学界主要关注跨国移民群体或乡—城移民群体，较少对"村改居"社区中处于被动城市化状态的老年人的转型适应问题进行深入探讨。关于转型社区老年人群体的研究，主题较为分散，研究的系统性不足，大多停留在经验描述和理论分析层面，探讨应对城市化挑战、促进老年人城市化转型适应服务实践的行动研究很少，实践经验与理论反思的结合不足。

在公共文化服务领域，学界大多从面向全体公民的公共文化服务体系层面开展研究，针对特殊人群的公共文化服务研究不多，专门面向老年人群体，系统性强、有深度的文化服务研究更少。公共文化服务法规政策对于如何具体设计和实施老年文化服务项目缺乏指引。有关老年文化服务和文化养老的研究大多探讨需求，而对于微观层面如何供给老年文化服务——理念、目标、流程、规则、策略、技术、保障等探讨较少，所以关于老年文化服务如何得到可持续发展的问题未得到足够关注。正如高圆圆等（2018）指出的，养老服务研究内容偏重于物质生活和收入维持方面，部分学者已经关注老年人精神文化生活领域，形成了分析框架，但是仍存在理论与实践脱节的问题，没有探究其具体可行的实施策略和项目规划。

面对陌生的城市文化和现代文化，应对城市化挑战是转型社区老年人要解决的重要问题，是其享受城市化成果、提高晚年生活质量的保障。本书以国内外相关研究长期忽视的转型社区老年人群体为研究对象，呈现他们在城市化转型中面对的挑战，基于行动研究探讨助力其应对城市化挑战、提高晚年生活质量的文化服务路径与策略。

五、研究方法与研究过程

（一）研究方法

本书运用行动研究法探讨"村改居"社区老年人面临的城市化挑战，在此基础上探索通过文化服务助力老年人应对城市化挑战、适应城市化转型的路径与策略。

1. 行动研究法

行动研究源自20世纪初期的社会开发领域。1946年美国心理学家勒温（Kurt Lewin）在人际关系研究中最早提出"行动研究"（Action Research）概念，并指出行动研究具有"民主性、参与性"，对社会知识及社会变化同时具有贡献（金辉，2012）。20世纪60年代教育界掀起"教师即研究者"运动行动研究，使行动研究再次得到复兴，发展成为变革社会、帮助解决实际社会问题以及促进个人专业发展的有效途径（黄甫全等，2012）。王思斌（1999）将行动研究定义为局内人（研究者和传统意义上的被研究者）以共同的实践活动为载体的自我反省式研究，其核心特质是"边行动、边研究，改进行动"。笔者选择行动研究方法主要出于以下原因：

第一，行动研究强调成果的应用价值和持续改进策略，有助于保障服务品质。行动研究的研究观是"实践—反思—实践"，它的研究过程是一个"计划—行动—观察—反思"的螺旋式上升的循环探究过程。以实践中的问题为研究起点，行动研究的过程就是解决问题的过程，研究的方向与重点则随着解决问题的需要逐步调整，所以其目的不是为了研究而研究，而是在实践行动中探索解决问题的有效途径，进而切实解决实际问题。这一特点使行动研究比较适合回答如何通过文化服务助力转型社区老年人应对城市化挑战、促进城市化转型适应的问题，有助于保障服务品质。

第二，行动研究帮助笔者体会服务对象的处境。行动研究需要运用人类学的"深描"等理念和技术添加社会服务行动的"肉"，既勾勒服务对象的形象，呈现个人、家庭、社群的身心社灵特点，也描写分析社区生态样貌，展示社会服务实践的环境，还阐述研究者在社会服务实践中的角色及其与服务对象的互动关系。因此，行动研究能够帮助笔者从主位和客位两个角度体会服务对象的处境，理解不同系统间的动态关系。

第三，作为社工教师，开展行动研究有助于笔者反思老年文化服务实践，培养"双师素质"。首先，行动研究为服务对象与笔者创造对话的可能，使笔者能够与服务对象形成合作关系。双方的充分沟通使笔者能够敏感于服务对象的世界观、人生观和价值观，达到反思传统老年文化服务的目的。其次，行动研究注重深入细致地阐释发生了什么变化，改变的点在哪里，改变是怎样发生的，以及行动者自己对上述问题为什么会有那样的理解。这些反思更能增强笔者基于已有知识与经验在行动中学习新知识和不断成长的能力。再次，行动研究中批判性的反省探究是笔者以研究者的眼光审视和分析老年文化服务实践面临的各种问题和困难的过程，可以帮助笔者找出自身的专业化水平同老年文化服务发展对师资要求上的差距，从而对自身差距进行反思和修正。因此，行动研究是笔者进行自我认识、自我突破和职业认同的重要途径。

第四，行动研究注重对理论的反思批判，有助于笔者的专业成长。行动研究让笔者有机会结合特定的社会文化情境、服务对象面临的特殊问题及特有资源，反身框定原有专业知识体系对特定概念、方法的界定，使老年文化服务行动更能适应不同的社会文化情境，也更有利于发掘、运用本土资源，这使文化服务助力转型社区老年人应对城市化挑战的实践能够通过凝炼经验、形成模式和提高理论化程度而得到深化。

综上，行动研究是一种有助于提高实践的合理性和科学性的研究范式，其特点是"为行动而研究，由行动者研究，在行动中研究"（张民选，1992），这与社会工作对教师的观念与素质要求具有很高的契合性，有助于解决理论与实践脱节的问题，是开展社会工作实践与研究的应为和可为之策略，是研究文化服务助力老年人应对城市化挑战的恰当方法。郑金洲（1997）将行动研究分为三类：用科学的方法对自己的行动进行的研究、为解决自己实践中的问题而进行的研究、对自己的实践进行批判性反思。本研究同时具有这三个方面的特征，希望最终能够实现提高老年文化服务质量，抓住"村改居"转型社区居家养老服务的核心问题与关键任务，有效实现助力老年人应对城市化挑战、促进城市化转型适应的服务目标，并在此基础上凝炼实践经验和反思理论基础，丰富转型社区老年文化服务知识体系。

根据参与研究的成员成分不同，行动研究可以分为合作模式、支持模式和独立模式三类（郑金洲，1997），本研究属于独立模式。在项目实施过程中笔者带领的项目团队既是实际工作者也是研究者。2016年、2017年和2018年3年的7—9月，笔者带领云南大学民族学与社会学学院社会工作系的11名实习学生（2016年2人、2017年6人、2018年3人）居住在昆明市郊S社区，每年开展为期两个半月的老年文化服务。笔者与实习学生、社区居委会、社区居家养老服务中心员工、服务对象合作，采用边实践边研究的策略，协同攻关，进而实现理论与实践间的有效转换。研究程序能够体现"实践—反思—实践"的螺旋式上升，理论与实践、定性与定量相结合的特点。

本研究将S社区作为研究环境，但以社区居家养老服务中心作为统摄研究全过程的枢纽。作为行动研究的成果，本书力图体现如下三个特点：第一，对服务背景、介入思路、服务细节、互动关系和行动过程进行深描；第二，对笔者自己在老年文化服务实践中的角色定位，原有的价值观和知识体系，社会服务实践所处的家庭、社群、社区、社会政策、社会制度、社会结构等不同层次系统的原有理解进行反身性思考；第三，分析老年文化服务实践对个人、家庭、团体组织、社区、社会等产生的影响和具有的意义，揭示老年文化服务实践具有的功能。

2. 资料收集技术

在助力老年人应对城市化挑战的文化服务行动研究过程中，项目团队运用个别访谈、问卷调查、参与式观察、服务日志、照片资料五种技术收集资料。

（1）个别访谈

个别访谈是介于结构式访谈和无结构式访谈之间的一种资料收集技术，在开始访谈之前根据研究问题和访谈目的，事先设计好访谈提纲作为访谈方向的引导工具。为了解老年人面对的城市化挑战，笔者采用异质性抽样与滚雪球抽样相结合的方法确定访谈对象，对S社区的42位老人进行个别访谈。异质性抽样的标准为：按照经济状况，选取贫困老人1人、经济条件一般老人1人、经济条件较好老人1人；按照健康状况，选取患慢性病的老人1人、身体状况良好的老人1人；按照生活自理能力，选取失能老人1人、生活能自理的老人1人；按照社会参与状况，选取社会参与少的老人1人、社会参与积极的老人1人；按照家庭关系状况，选取存在较突出家庭关系问题的老人1人、家庭关系良好的老人1人。在对异质性抽样所确定的对象进行访谈的基础上，请受访者推荐符合访谈要求的其他老人作为下一步的访谈对象。当从受访者那里听到的信息重复、没有新信息的时候，就停止访谈，最终在S社区共访谈42位老人。

表1 个别访谈对象

编号	姓名	性别	年龄	受教育程度	民族	婚姻状况	健康状况
1	ZZ	女	63	小学二年级	白	已婚	肺气肿、骨神经痛
2	HCL	女	63	初中	汉	已婚	糖尿病
3	ZLZ	女	92	无	白	丧偶	高血压、胃病
4	ZHX	女	91	无	白	丧偶	胃病、头疼、浑身疼
5	YCY	女	72	小学	汉	丧偶	良好
6	ZGX	女	87	无	白	丧偶	高血压、咳嗽、糖尿病
7	ZMZ	女	86	无	白	已婚	胃病、腰痛
8	HCY	女	85	无	白	已婚	听力差、视力差
9	ZYZ	女	70	无	白	丧偶	膝盖痛
10	BXM	女	81	小学	白	丧偶	良好

续表

编号	姓名	性别	年龄	受教育程度	民族	婚姻状况	健康状况
11	ZS	男	77	初中	白	已婚	良好
12	ZHF	男	64	小学三年级	白	已婚	良好
13	ZHL	女	87	无	白	未婚	听力差
14	DJH	男	71	小学	白	已婚	良好
15	LJX	男	70	小学一年级	白	已婚	良好
16	ZYL	女	67	小学二年级	白	已婚	脚痛
17	DSQ	女	80	无	白	已婚	胃病、心脏病、低血压
18	YSY	女	63	初中	汉	丧偶	高血压
19	ZPL	男	67	初中	白	已婚	良好
20	LSL	女	66	无	白	丧偶	甲亢
21	YSF	女	75	小学	汉	丧偶	胆结石、风湿
22	ZH	男	69	小学四年级	白	已婚	中风
23	LCXA	女	74	无	白	丧偶	腰痛、膝盖痛
24	ZMH	女	69	初中	白	丧偶	肾结石
25	WHY	女	73	无	白	已婚	先天性失明、关节痛
26	ZLY	女	69	无	汉	已婚	失明、风湿、腰椎间盘突出
27	ZWL	男	78	小学四年级	白	已婚	高血压
28	ZLS	男	86	初中	白	已婚	良好
29	ZYF	女	63	初中	白	已婚	胃病
30	HQL	女	68	小学五年级	汉	已婚	良好
31	LSY	女	78	无	汉	丧偶	脑梗、高血压
32	LCXB	女	74	无	白	已婚	高血压
33	LFL	女	76	小学一年级	白	已婚	高血压、风湿
34	DGF	女	75	小学	白	丧偶	胃炎、胆囊炎、风湿、肩周炎
35	LGC	女	75	小学三年级	汉	丧偶	风湿、腰椎间盘突出

续表

编号	姓名	性别	年龄	受教育程度	民族	婚姻状况	健康状况
36	XWQ	男	86	无	白	已婚	失能卧床
37	LMY	女	79	小学二年级	白	丧偶	良好
38	ZLM	女	75	无	白	已婚	高血压、脑瘤
39	XXL	女	60	无	汉	已婚	腰痛
40	DDA	女	80	无	白	已婚	高血压
41	DDB	女	89	无	白	丧偶	良好
42	LDM	女	68	小学	白	已婚	高血压

2016年7月项目团队还对4位老人子女和4位街道办事处、社区居委会和社区居家养老服务中心的工作人员进行个别访谈。老年文化服务的过程评估和结果评估采用半结构化访谈的方式进行。结构化访谈的问题主要围绕服务目标的达成情况来设计；在对受访者提出问题后，非结构化访谈的问题主要用于请他们再做进一步的解释，从而对收集什么样的信息保持开放，给受访者留下提问的空间。2018年8月，项目团队通过对S社区40位老人的个别访谈开展了项目效果评估。

（2）问卷调查

2016年7月，项目团队采用偶遇抽样和滚雪球抽样相结合的方式对S社区老年人开展"老年文化服务状况及需求"问卷调查。共计发放问卷135份，回收问卷135份，其中有效问卷130份，有效回收率为96.3%。样本构成情况见表2。

表2 问卷调查样本老人的主要特征概况

特征描述		人数	比例
性别	男性	44	33.85%
	女性	86	66.15%
年龄	60~69岁	50	38.46%
	70~79岁	44	33.85%
	80~89岁	33	25.38%
	90岁及以上	3	2.31%

续表

	特征描述	人数	比例
民族	汉族	37	28.46%
	白族	93	71.54%
受教育程度	未接受正规教育	58	44.62%
	小学	47	36.15%
	初中	20	15.38%
	高中（中专）及以上	5	3.85%
合计		130	100%

调查问卷的内容包括五个部分：一是性别、年龄、民族、受教育程度等基本信息；二是个人综合状况；三是老年文化服务参与状况；四是老年文化服务需求；五是当前本社区老年文化服务存在的问题及完善建议。

（3）参与式观察

参与式观察就是研究者深入研究对象的生活场景中，与研究对象在共同生活圈中所进行的观察。在本研究中，参与式观察的主体为项目团队中的社会工作师生。参与式观察的内容包括三个方面：第一，2016年7月至9月项目团队居住在S社区的JL寺中；2017年和2018年的7月至9月项目团队居住在S社区居家养老服务中心院内。入驻社区的这段时间，社工师生与社区居民"同吃同住同活动"，对社区居民日常生活的感同身受让大家时刻处在一个观察的情景之中，对居民的观念、行为和生活方式有了更多的直观感受。对社区居民日常生活的参与式观察让项目团队能够根据居民的态度、反应、行为等收集第一手研究资料，发现社区的文化资源。第二，项目团队对S社区老年文化服务设施及其使用情况进行参与式观察。第三，进行参与式观察意味着注重行动研究的过程管理。项目团队借助各种手段如服务记录、服务日志等对老年文化服务行动的过程、结果以及行动者的特点进行观察、监控与记录，加以反思和解释，以期获得深刻的描述，作为修订行动研究计划和进行下一步反思的基础。在开展服务时，项目团队成员有不同的分工。除了负责提供服务与带领活动的成员，其余成员担任外部观察者。观察者使用的技术包括拍摄照片、做详细的服务记录，最后通过团体督导让服务提供者与观察者会谈并让服务提供者了解上述记录。

(4) 服务日志

服务日志不是对情境的"纯事实"的报告，而是包含"观察、情感、反映、理解、反思、奇想、假设"等的服务者个人记录。对于老年文化服务过程中的会话内容，对于在与事件、环境的相互作用中产生的情感、态度、动机的理解，对当天所收集资料及所开展服务的系统思考和记录，对情境进行理论认识的新方法，对于在行动研究的范围内出现的问题的陈述等数据和信息，项目团队都通过服务日志的方式进行收集。

(5) 照片资料

照片能够捕捉到情境的视觉信息。老年文化服务行动研究的照片包括"合作性参与者"沟通会照片、服务与活动现场照片、服务督导照片、服务对象通过参与活动获得的成果等照片。照片可以呈现服务的现场、服务提供者"背后"发生什么、服务场所的物质设备、服务提供的组织模式等。照片由不带领活动和提供服务的"局外观察者"[①]拍摄，通常由"局外观察者"与服务提供者在督导过程中进行讨论和总结反思时使用。

在整个行动研究过程中项目团队运用三角互证法从服务提供者、服务对象和"局外观察者"三个角度收集关于服务情境、服务提供者与服务对象表现的观察和解释信息，并对它们进行比较。三角互证法"要求行动研究者不仅用不同的技术去研究同一问题，而且应该从不同的角度，让不同的人去分析评价同一现象、问题或方案，他们观点之间的一致性和差异对行动研究的结果都极为重要"（洪明，2003）。在 S 社区老年文化服务的评估中，具体提供服务的项目团队成员处在最易获得有关服务目的和意向方面的内省资料的位置；作为服务对象的老年人处在解释服务者开展的服务与活动如何影响自己的最佳位置；"局外观察者"处在收集服务提供者与服务对象互动特点资料的最佳位置。最后通过比较从三种不同立场获得的资料，三角互证法中的每一方都可以获得更加充足的资料来测试和修正自己的观点。

（二）研究过程

由图 1 可知，行动研究是计划、实施、效果评估和下一步行动紧密衔接的螺旋循环过程。它具有开放性，总结和调整贯穿其中，从而使研究和解决实际问题双向共赢并相互促进。

---

① 未具体开展某项服务的社工教师、实习学生和社区居委会、社区居家养老服务中心员工为"局外观察者"。

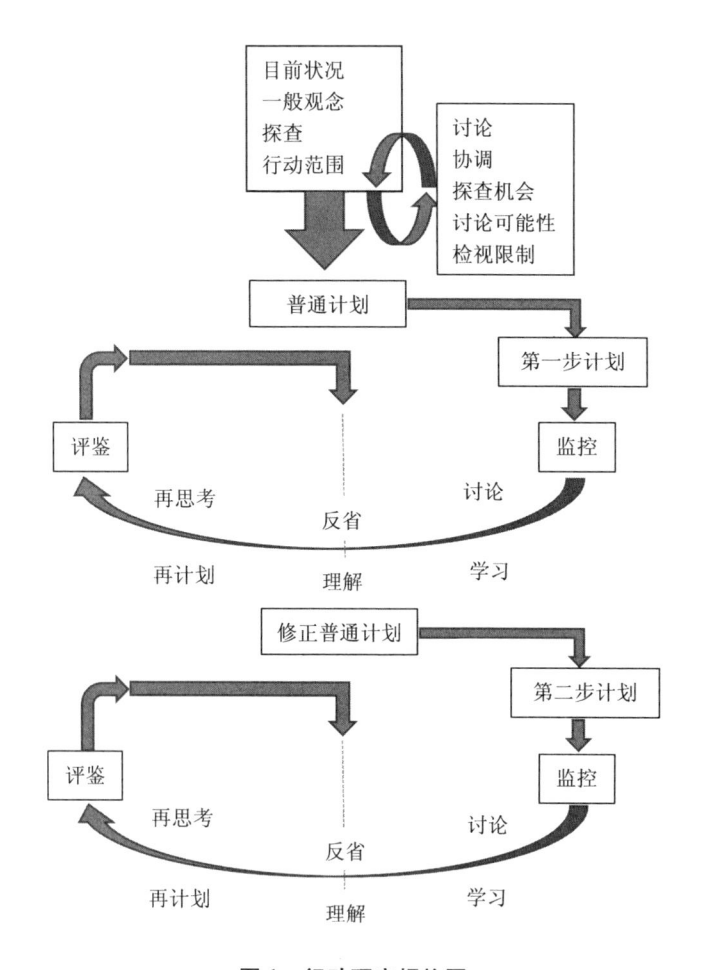

图 1　行动研究螺旋图

（来源：LEWIN K. Action Research and Minority Problems [J]. Journal of Social Issues, 1946 (2): 34-46. 转引自：黄晓燕. 城市新移民社会融入的行动研究：以天津市华章里社区为例 [J]. 晋阳学刊, 2011 (1): 52-56.）

概括而言，行动研究的具体步骤包括：最初通过观察和审视发现实践中存在的问题并做出诊断；通过一定的分析制订出解决该问题的行动计划；接下来是将行动计划付诸实施，在实施过程中不断地观察和分析实施效果，做出效果评估，并根据实施的结果调整和修正原定计划（高文，2000）。文化服务助力老年人应对城市化挑战行动研究的操作程序参照行动研究的步骤而设置。以 S 社区老年人为研究对象，项目团队首先开展实地调查，将所获数据作为第一手资料深入分析老年人的生活质量在城市化进程中面临的挑战。其次了解S社区老年文化服务存在的问题，结合实际情况探究出现问题的原因。再次开展社区文化资源的调查，获取丰富的资料并进行分析。最后以"资产为本"社区发展模式为指导，设计服务方案，通过社会工作介入开展老年文化服务。服务力求抓住制约老年人城市化转型适应的关键要素，通过文化服务整合社区文化资源，优化外部环境，从而协助老年人应对城市化挑战，提高其晚年生活质量。助力老年人应对城市化挑战的文化服务行动研究过程如图2所示：

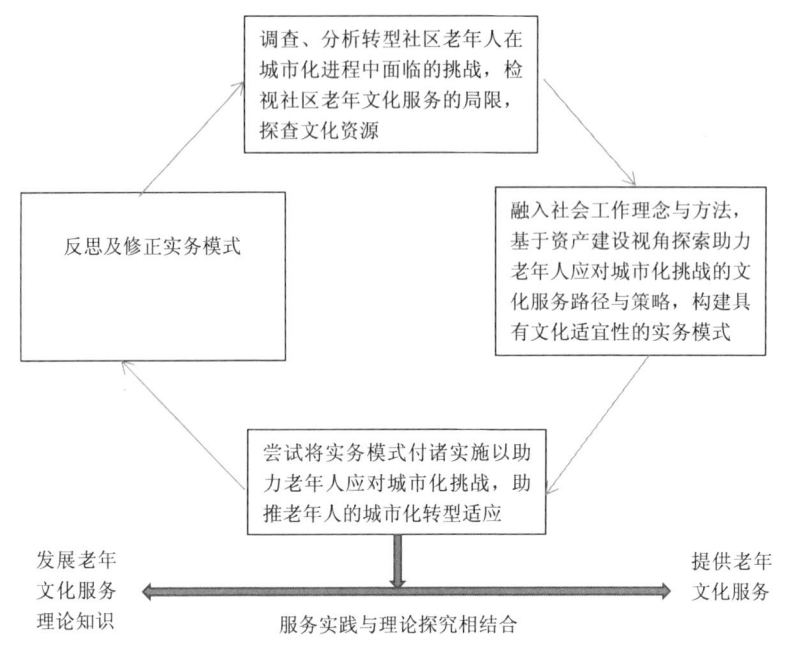

图2 从行动研究中发展实务模式

助力应对城市化挑战的老年文化服务行动研究过程包括以下八个步骤。(1)通过个别访谈和参与式观察了解S社区老年人面临的城市化挑战的特征、影响与服务需求。(2)通过问卷调查了解S社区老年文化服务的现状与问题。(3)针对S社区的养老空间、养老设施、养老传统、老年人自组织①、居民互动情况等进行个别访谈和参与式观察，了解可用于开展老年文化服务的社区文化资源，探查可以从哪些方面进行资产发掘和建设以开展助力应对城市

---

① 哈肯（Haken H, 1988：11）将"自组织"定义为"如果一个体系在获得空间的、时间的或功能的结构过程中，没有外界的特定干涉，我们便说该体系是自组织的"。

化挑战的老年文化服务，并制订服务方案。（4）合作双方——社会工作师生与社区居委会、社区居家养老服务中心就项目目标及实施方案达成共识，签订项目合同。（5）通过对"资产为本"社区发展模式的运用，开展旨在助力老年人应对城市化挑战的文化服务，丰富S社区居家养老服务的内容；服务过程中进行过程评估和总结反思，以此为依据不断调整、完善服务内容，改进方法技术。（6）以老年文艺队为基础，以积极老龄化和助人自助为理念，发挥老年文化骨干的作用，推动老年人自组织能力建设，建立S社区老年人自我服务与自我管理机制。（7）服务结束后评估行动成果、总结服务经验、反思行动局限、探讨制约因素，并通过督导和研究的方式进行实务反思和理论探讨。（8）结合S社区老年文化服务实践，提炼转型社区老年文化服务供给策略，探索老年文化服务模式。

六、理论基础

本研究的开展以多中心治理理论、赋权增能理论、"资产为本"社区发展模式和社会支持网络理论为指导。

（一）多中心治理理论

多中心治理理论（multi central government theory）是以美国诺贝尔经济学奖获得者埃莉诺·奥斯特罗姆（Elinor Ostrom）为代表的制度分析学派在迈克尔·博兰尼（Michael Polanyi，1951）社会秩序思想的基础上提出的公共管理理论。"多中心"是指多个权力中心和组织体制治理公共事务，提供公共服务（王兴伦，2005）。该理论主张公共产品并非仅仅依靠政府这个单一主体提供，而应由政府、非营利组织、私营机构、社群以及个人等多个决策中心在一定秩序的约束下以多种形式共同行使主体性权力，共同承担。该理论强调在相互信赖和相互合作的基础上加强国家与社会、政府与民间的协作，提倡多个主体民主地治理公共事务，以政府权力的下放、多元化的治理主体、人性的治理目标来改变政府权力高度集中和治理主体单一的现实。

在政府主导和市场介入的公共文化服务供给模式中，村民扮演的角色主要是消费者，即接受政府和市场提供的公共文化服务产品（李兵园等，2016）；而在多中心治理思维下，村民的角色已经发生变化，不仅是公共文化服务产品的消费者，也是产品供给的生产者、决策者、监督者和校对者。在本研究中，作为社会力量的社会工作师生与街道办事处、社区居委会、社区居家养老服务中心组成多元供给主体合作开展老年文化服务，其理念就来自多中心治理理论；与此同时，多中心治理理论使老年人通过自主治理参与文化服务供给也具有了理论依据。遵循多中心治理的理念，在社区调查、需求评估、服务筹备、服务实施和服务评估等老年文化服务供给的所有环节，项目团队都邀请S社区老年人参与其中，让其扮演决策者、供给者和监督者的角色。与此同时，"多中心体制设计的关键因素是自发性"（迈克尔·麦金尼斯，2000），多中心治理体制以自主治理为基础，强调自发秩序和自主治理的基础性和重要性（王兴伦，2005）。该观点提示S社区老年人的自组织能力培养对于他们参与文化服务供给具有基础性作用。在S社区老年文化服务行动研究中，鼓励老年人参与文化服务供给，提高老年文艺队成员的内部协商与民主决策能力，推动社区居委会和社区居家养老服务中心认可老年人自组织的合法性，接纳其自主治理规则并为老年人自组织提供物资保障和制度支持，也是对多中心治理原则的贯彻。

（二）赋权增能理论

为保障老年人的文化权利并增强老年人应对城市化挑战的能力，本研究使用了赋权增能理论。赋权增能理论由巴巴拉·索罗门（Barbara Soloman，1976）在《黑人赋权：受压迫社区中的社会工作》一书中最早提出。阿马蒂亚·森（Amartya Sen，2002）指出，个人的可行能力会严重地受到经济、社会、政治等方面的影响，对此有必要强调政府和社会创造稳定外部环境，以便发挥个人可行能力，更重要的是，提高弱势群体的自身能力，通过自身努力摆脱困境（周俊山，2018）。陈树强（2003）认为，"在社会工作文献中，权力通常等同于个人的适应能力或才能"。一个人的权力感和作为人类的积极的自我概念、自尊、尊严感、福祉感密切相关。"无权"是缺乏相应的资源和能力，往往会内化到人们的心中，使人们越来越看低自己，产生消极悲观情绪，更加缺乏适应和改造环境的动机和愿望，从而进一步陷入无权的状态（付敏红，2013）。赋权指的是通过充实主体运用社会资源的权利，以获得掌控自身相关事务的力量，激发主体的权利意识，从而提高应对不利外在环境能力的过程。所谓"增能"，是指为了挖掘主体自身潜能，主体要与外在环境积极互动，在此过程中获取外界力量，提高掌控生活的能力和运用社会资源及机会的能力，从而改善生活条件（周俊山，2018）。也就是说，增能强调人们拥有能影响和控制自己生活的能力，这种能力不仅客观存在，而且会影响人们的主观感受，是人们自尊感和幸福感的重要来源。根据笔者的田野调查，在技能层面，转型社区老年人面对生计技能转型困难、现代化困局以及自我保护、自我照护技能缺乏等困境；在制度层面，他们面对居住方式改变导致社会隔离、家庭地位边缘化、情感支持和社区舆论监督功能弱化等困境；在精神层面，转型社区老年人面对精神生活单调和自我价值感下降等困境。因此，赋权增能理论指导下的老年文化服务可以协助转型社区老年人维护文化权利，发掘潜能，获取社会资源，从而改善精神文化生活。

Perkins 和 Zimmerman（1995）认为，增权涉及个人、组织和社区三个层面。在个人层面，增权包括参与行为，施加控制的动机、效能和控制感；组织层面的增权包括共同领导、发展技巧的机会、扩展有效的社区影响；社区层面的增权由受到增权的组织构成，包括公民参与社区决策的机会、容许在冲突期间公正地考虑等多种观点（陈树强，2003）。文化服务助力老年人应对城市化挑战的增权策略涉及个人、组织和社区三个层面。个人层面的增权体现在两个方面：一是协助老年人通过知识技能的学习获得应对城市化挑战的自我发展能力，这是一种知识和技巧策略；二是引导老年人调整消极的自我概念，接纳自我，发挥自己的优势，这是价值观与信念策略。组织层面的增权采用共同经验确认策略，即促进人际互动，强化社会支持网络，增加社会资本，实现集体目标，使老年人获得社会支持，消解家庭地位边缘化与无权感的恶性循环。对社区增权采用的是情景创设的行为策略，体现在使社区居家养老服务中心这个平台更为开放，让老年人方便参与并拥有发言权。老年人群体既是文化服务的消费者、受益者，同时也是文化服务的生产者和创新者，老年文化服务的供给中也应该有老年人的参与，不能机械地将老年人与"被供养人""消费者""服务对象"完全画上等号。

（三）"资产为本"社区发展模式

社区资产的有效运作与管理可以使社区依靠自己的力量助力老年人应对城市化挑战，发掘、运用社区资产和文化资源是转型社区老年文化服务行动研究的重要策略，这来自对"资产为本"社区发展模式的思想借鉴。John Kretzmann 和 John McKnight（1993）在《社区建设的内在取向：寻找和动员社区资产的一条路径》一书中指出，传统社区发展的"需求"导向模式已经面临诸多挑战，进而提出资产为本的社区发展新模式，"资产为本"的社区发展随之在美国广泛推开（周晨虹，2014）。"资产为本"社区发展模式是一种优势视角下的社区发展新模式，主张从社区本身出发，动员社区的资产、优势、能力，促进社区发展才是长久之计。在本质上，以资产为基础的社区发展是社区居民发现、评估和调动社区内所有的本地资产，推动社区发展的过程（文军等，2008）。该模式具有资产为本、内在取向和关系驱动三个特征。"资产为本"即社区发展以社区现有资产或优势为介入重点，包括居民、当地的团体和机构等方面的资源，而不是从社区缺乏的、有问题的或社区的需要出发，个人、团体和机构是社区资产中最重要的三大类资源。内在取向即社区发展首先培养本地居民、团体及机构解决问题的能力。关系驱动即社区发展需要不断地建立当地居民、团体和机构内部及其之间的关系（Hashagen S，2002）。

"资产为本"社区发展模式在本研究中的运用体现在三方面。首先，在了解 S 社区老年人的生活质量面临城市化挑战和介入需求后，项目团队即着手考察社区资产、调查文化资源。对 S 社区老年人、老年人家庭、老年人自组织、社区居家养老服务中心和社区居委会现有的物质资产、非正式支持优势和文化资源进行发掘、整合和运用，让老年人了解自身以及社区的资产，增强文化自信。在此过程中，来自外部的社会工作师生并不会因为"专业介入"而改变老年人之间的关系模式，而是将 S 社区老年人的代际之间、小伴①之间的相互依赖和互惠互利习俗视为制度层面的文化资源，通过文化服务的开展，巩固这些文化资源，使老年人在城市化转型适应中得到更加强有力的非正式社会支持，增强服务效果。其次，"资产为本"理念要求把老年人当作有能力及乐于积极参与的公民，这有助于提高老年人个体的自我效能感，增强自我价值感。再次，"资产为本"理念的贯彻意味着在社区内部建立有利于协助老年人应对城市化挑战的关系网络是一个重要策略，因此项目团队基于原有文化资源协助老年人增强同辈支持，促进隔代沟通与互动，推动代际间的信息共享与知识互助，改善老年人群体与社区居委会、社区居家养老服务中心之间的关系。

（四）社会支持网络理论

20 世纪 70 年代，"社会支持"作为专业术语首先在精神病学文献中提出，后逐渐被其他学科引用。社会支持是一种形成于特定文化背景之下的源

---

① 注：指同龄的关系较好的朋友。

远流长的社会关系，具有通过人际间的社会互动来分享经济与社会资源，从而提供安全保护的意涵。心理学和流行病学最早使用"社会支持"这一术语分析与身体健康有关的社会因素，良好的社会支持有利于身心健康是社会支持研究领域的共识。社会支持能够给社会成员个体带来心理上的安全感、情感上的支持和物质上的保障，并促进社会融合，因而对社会成员的福利提升具有重要意义。信任与社会支持是不丹 GNH 幸福观所涵盖的终极价值诉求之一。就社会学语义而言，社会支持是一定社会网络运用一定的物质和精神手段对社会弱者进行无偿帮助的一种选择性社会行为。在目前已有的社会学文献中，社会支持的理解大致可以分为两类：一是客观的支持，包括物质上的直接援助和社会网络、团体关系的存在和参与；二是主观的支持，即个体所体验到的情感上的支持，也就是个体在社会中受尊重、被支持、被理解因而产生的情感体验和满意程度（陆一琼等，2006）。

社会支持可以通过增加社会资本①存量而得到增强。社会支持网络理论认为，应当重视在问题中个人的社会网络以及获得支持的程度，协助个人发展或维持社会支持网络，以提升其因应生活压力事件的资源。资源可分为个人资源与社会资源。个人资源包括个人的自我功能和因应能力等；社会资源指个人的关系网络广度与网络中的人能够发挥支持功能的程度。在本研究中，增强社会支持是协助转型社区老年人应对制度层面的城市化挑战的重要策略，对于化解因居住方式改变产生的社会隔离问题，消减老年人因家庭地位边缘化导致的自我价值感下降问题，应对情感支持和社区舆论监督功能弱化问题都有特别的价值。简而言之，将社会支持网络理论运用于老年文化服务的目的在于增加老年人的社会资源，增强老年人个体的社会整合度，从制度层面协助他们解决精神文化需求满足中面临的问题。

---

① 社会资本概念由美国学者格拉诺沃特（Granovetter）和林南（Lin Nan）在关于社会网络的研究中最早提出，主要用以阐述个人的社会网络与其拥有的社会资源的关系。此后科尔曼用社会资本来表示个人拥有的、主要存在于人际关系和结构之中、可为结构内部个人行动提供便利、表现为社会结构资源的资本财产。

第一章

城市化对老年人生活质量的挑战

一、社区简介

(一) 社区概况

S社区地处滇中高原，位于昆明市西北部，距离主城区16千米，辖区内有国道和旅游专线穿过，交通便利。社区面积为20.01平方千米，下辖10个自然村、7个居民小组。2009年管辖S社区的SL乡撤乡改为街道办事处，S村委会改为社区居委会，在地城市化进程由此开启。"村改居"后，居民由农村户口转为城市户口，中青年人在社区附近为蔬菜、花卉、药材种植公司打工的机会增加，但田地依然由社区居民使用。2016年年末S社区的各项经济指标情况为：农村经济总收入5236万元，其中农业706万元、林业21万元、畜牧业1253万元、渔业64万元、建筑业300万元、交通运输业885万元、商饮业1400万元、其他收入600万元。[1] 可以看到，包括农林牧渔在内的农业经济收入为2044万元，仅占S社区经济总收入的39.01%。农业收入占比不足40%提示着S社区产业结构的转型。社区居民从事农业、建筑业、服务业、交通运输业等，收入主要来源于劳务、土地流转、种植养殖业等，2016年年末人均纯收入为7576元。[2]

(二) 社区历史

S社区是一个远离以洱海为中心的白族聚居地的语言岛，白族人口占总人口的80%。关于该地白族的来源，史料、学者及民众所持观点不一。《西山区民族志》《白族简史》和S社区居委会干部ZGQ认为该地白族是滇池地区的土著；民众普遍认为本地白族为元代时从大理迁来；还有观点认为白族居民

---

[1] 资料来源：S社区居委会。
[2] 资料来源：S社区居委会。

自明代随沐英迁入,其中一种说法是从中原迁入,另一说法则是从大理迁入。经过对关于地名、建制的文献和金石材料的考证,结合对语言特点的分析,王锋(2012:7)认为第三种说法比较可信,即 SL 白族是元代以后从大理分期分批迁入昆明,到明代已定居在 SL 等地。作为一个从相对独立、封闭的地理单元走向经济开放与文化交融的"村改居"转型社区,汉文化、城市文化对 S 社区白族文化的影响日渐加深。

(三)社区人口

2016 年年末 S 社区有常住居民 883 户,人口 2996 人,流动人口 177 人。其中 60 岁及以上老年人 472 人,占总人口的 15.75%。按照国际关于 60 岁及以上人口占总人口的 10% 即进入老龄化社会的标准来衡量,S 社区已属老龄化社区,其人口老龄化低于全国水平,但高于云南省水平。[①] 在老年人口中,60~69 岁老年人 264 人,70~79 岁老年人 129 人,80 岁及以上老年人 79 人。从年龄结构来看,60~79 岁的中低龄老年人占老年人口总数的 83.26%,80 岁及以上高龄老人占老年人口总数的 16.74%。老年人口中有失能老人 7 人、残疾老人 44 人、贫困老人 18 人。S 社区有工作人员 15 人、志愿者近 50 人。

二、城市化对老年人生活质量的挑战

作为城市郊区的转型社区,S 社区处于乡村与城市的过渡地带,在社会服务、福利供给等核心资源的配置上还有发展空间,因此老年人面临着不确定性、高波动性和高风险性增加的集体命运,这使他们的晚年生活质量面临挑战,主要体现在技能、制度和精神三个层面。

(一)技能层面的城市化挑战

在技能层面,转型社区老年人面临的挑战主要有三个方面。一是在生计方式转型背景下,老年人难以掌握具有适应性的生计技能;二是在生活技能方面,因为不会使用现代生活用具和电子设备,老年人面临"现代化

[①] 根据民政部公布的《2016 年社会服务发展统计公报》,截至 2016 年年底,全国 60 岁及以上老年人口 23086 万人,占总人口的 16.7%。根据官方公布的数据,截至 2016 年年底云南省 60 岁及以上老年人口达到 570.1 万人,占总人口的 11.95%。

困局"①；三是自我保护、自我照护技能缺乏的困境。它们对老年人获得城市化带来的便利和分享现代社会发展成果产生着制约。

1. 生计技能的城市化挑战

城市化转型使S社区的中青年人有了更多的谋生选择和打工机会，也使他们的眼界更为开阔，有机会凭借自己的知识和技能从多个渠道获得收入，增强经济实力，进而提高对生活的掌控能力。DLJB（女，50岁）谈道："这阵，政策好。你要去干一天就有三五十块钱，你要买哪样就可以买；以前你有劳动力都没得出。那几年还要去外面找工，这几年我们这里就有要小工的，哪儿钱多就去哪儿干一阵。有些人家来问，有些要自己去找。招聘启事也会贴，有些是叫村子里面的人来喊。拿着回来，你买点米还是要吃好几天呢。"城市化的推进使打工也成为S社区老年人向往的一种生活方式，因为打工不仅能获得经济收入，还可以扩大社会交往范围。但是生计方式从农业转移到非农产业也对人们的知识和技能提出新的要求，体能制约和知识技能不适应常常成为S社区老年人以打工方式增加收入、参与社会和打发时间的障碍。

花卉、蔬菜种植的规模化、专业化发展，家禽家畜养殖的商品化程度提高是当前S社区农业发展的新趋势，苗圃、园林公司和水果蔬菜基地专门聘请大学毕业生担任管理人员。老年人属于信息弱势群体（李阳等，2015），信息资源获取和利用能力较弱，并且由于从事传统生计方式的时间较长，过去掌握的农业知识和生产技能似乎不再那么有用，老年人在现代农业及其管理等方面的工作机会竞争中明显处于劣势。所以即便城市化带来很多打工机会，老年人也缺乏足够的知识和技能来把握住这些机会，对生活的掌控力反而下降了。DDA大妈（女，80岁）谈道："前几年有力气没得做处；这两年村子里就可以打工了，人家又嫌你老，不要了。我就说这些年轻人，干得动赶紧去干，像我们这样人家就不要了。"如表3所示，每天从事有收入的工作的老年人仅占S社区接受调查老年人的12%。

---

① 于程群. 生活观察：高科技产品让老年人成为"恋旧一族"[EB/OL]. 新华网，2011 - 02 - 10.

表3　S社区老年人的职业活动

职业活动（多选）	①每天	②经常	③有时	④偶尔	⑤从不
有收入的工作	12%	0%	0%	0%	88%
做农活	27.5%	5.9%	13.7%	5.9%	47%
家务劳动	66.7%	2%	5.9%	3.9%	21.5%

（资料来源："S社区老年人文化服务状况与需求"问卷调查，时间：2016年7月。）

2. 生活技能的城市化挑战

对于"村改居"社区的老年人，城市化的挑战更为突出地体现在不熟悉甚至不了解现代社会中必需的生活技能。虽然城市拥有更好的医疗设施、更全面的社会服务资源和更多样的休闲娱乐场所，交通、通信便捷，但是要从这些优势获益，除了城市空间无障碍、经济基础稳固和社会支持体系有力，老年人自己还需要掌握现代社会的诸多生活技能，方能有效处理医疗、交通、银行、通信等领域与个人生活息息相关的业务，这使S社区老年人原有的知识技能和生活经验在城市化变迁形成的新情境中面临"现代化困局"的巨大挑战。第45次《中国互联网络发展状况统计报告》显示，截至2020年3月，我国60岁及以上网民占比仅为6.7%，也就是说将近2亿老人没接触过网络，这意味着建基于网络的智能服务都与他们无关。城市密集的传媒，遍布都市的图书馆、剧场、科普长廊、公园、体育馆、休闲场所、医院等公共设施使老年人可以获得更多的信息、技术和服务，满足更高层次的精神文化需求，但是转型社区老年人常常因为缺乏适应现代社会的生活技能而在文化服务获取方面受到制约。

表4 42位受访老人应用社会设施的生活自理能力（IADL）情况

项目 （7天内的表现）		不费力		有些困难		做不了	
		频次	百分比	频次	百分比	频次	百分比
应用社会设施的生活自理能力（IADL）	处理普通家务（如扫地等）	31	73.81%	6	14.29%	5	11.90%
	日常购物（食物及家庭用品）	32	76.19%	4	9.52%	6	14.29%
	膳食准备（做饭）	35	83.33%	3	7.14%	4	9.52%
	洗衣	34	80.95%	4	9.52%	4	9.52%
	提起20斤重物	26	61.90%	4	9.52%	12	28.57%
	财务管理（平衡账目及日常开支）	35	83.33%	2	4.76%	5	11.90%
	药物管理（按时、定量服药等）	36	85.71%	5	11.90%	1	2.38%
	使用电话、手机	19	45.24%	5	11.90%	18	42.86%
	使用交通工具	24	57.14%	3	7.14%	15	35.71%
	使用家用电器	28	66.67%	5	11.90%	9	21.43%
	办理银行、通信业务	14	33.33%	12	28.57%	16	38.10%

（资料来源："城市化转型中老年人面临的挑战"访谈，时间：2016年7月。）

如表4所示，因为受教育程度较低、常年不出远门、行动不便等原因，接受访谈的42位老人中，42.85%的受访老人不能独立乘坐交通工具（包括做不了或有些困难），66.67%的受访老人不能独立办理银行、通信业务（包括做不了或有些困难）。不断更新的福利输送手段对老年人的已有知识技能储备带来挑战。当养老金通过银行发放之后，银行业务的办理成为S社区老年人面对的一个难题。DGF大妈（女，75岁）领取养老金的存折不见了，想去补办一个。她向社区居委会的工作人员要来开户银行的地址信息，却仍然找不到银行，到了银行也不知道如何办理相关业务。DGF大妈向家人求助，结果二女儿没有空闲；大女儿读书少，不会填写银行的表格；孙子大学毕业已经在昆明工作，却没空陪同DGF大妈去银行补办存折，所以老人不知道该怎么办才好。了解到DGF大妈的困难，笔者和一名实习生陪同DGF大妈乘车到昆明市区补办了养老金存折。在这样的情况下,无论城市拥有何等先进的设施与条件,"现代化困局"仍然是 S 社区老年人获取城市化潜在优势资源的巨大障碍。此外,城市化还推动家庭生活的现代化,家用电器和电子设备大量进入"村改居"社区的家庭。然而现代科技产品在日常生活中的运用和普及使视觉、听觉功能下降,生活节奏较慢、接受能力相对较弱、受教育程度较低甚至不识字的农村老年人群体日益边缘化,难以获取城市化的潜在优势资源。如表 4 所示,33.33% 的受访老人不会使用洗衣机、电磁炉等家用电器(包括做不了和有些困难);54.76% 的受访老人不会使用电话、手机(包括做不了和有些困难)。DDB 大妈(女,89 岁)每天都出去走走,到寺庙里玩玩,自己煮饭吃,但不会使用电饭煲,不敢插电,一直使用蒸笼、铞锅煮饭。尽管家里有电话,但 DXL(女,58 岁)不会使用,每次有需要都得请隔壁邻居用手机帮忙打电话。YSF 大妈(女,75 岁)打算购买蛋糕在晚上敬月亮时使用,恰好遇到蛋糕店关门。她想按照蛋糕店门口粘贴的联系方式给老板打电话,咨询什么时候可以买到蛋糕,却不会使用随身携带的手机,于是请笔者帮忙拨号。此类现象在 S 社区很常见,老人们在通信工具的学习与使用方面能够获得的帮助十分有限。应用社会设施的生活自理能力(IADL)较弱使他们对现代生活难以掌控,不得不更多地依赖中青年人。对于那些独居、空巢或家庭关系疏离的老年人,代际间的支持薄弱会使他们在生活和心理两方面同时受挫。

3. 自我保护、自我照护技能的城市化挑战

城市化变迁使城乡人口的交流互动增多,诈骗风险也随之增加。因为普通民众缺乏医学专业知识,医疗等专业技术领域的服务中存在"信息不对称"问题,人们难以做出最适合自己的判断和决择,因此处于比较不利的地位。现代家用电器的普及使得用电、火灾等居家风险隐患增多。城市化进程中的社会风险增加要求老年人具有自我保护、自我照护意识,掌握自我保护、自我照护技能,从而避免人身伤害和财产损失,保障晚年生活质量。然而 S 社区老年人的自我保护、自我照护技能同样面临城市化挑战。

首先,识别和防范诈骗的意识和技能不足导致因受骗而损失钱财的情况在 S 社区老年人身上时有发生。YCY 大妈(女,72 岁)在昆明市区逛街时被人告知自己的女儿有危险,说只要用红纸包上 3000 元钱送去给他们念念经就可以消灾。YCY 大妈照做后,骗子告诉她回到家以后才能打开念过经的红包。回家打开红包后 YCY 大妈才发现,里面所包的现金被换成了废纸。在 42 位受

访老人中，有38位老人曾经被骗或差点被骗，占总人数的90.48%。可见，外出活动时的防骗意识与能力不足使被骗成为S社区老年人常见的安全问题。

其次，信息获取渠道匮乏、受教育程度低、辨别力不足以及担心产生高额医疗费用等因素的影响使S社区老年人容易在诊疗、购药时偏听偏信，导致贻误病情。WHY大妈（女，73岁）说起曾因自己乱买药导致老伴病危的事仍然心有余悸："我嘛又憨。老倌儿说是腿疼，卖花的告诉我说在花街上买泰国药来吃。五十块钱，买来的药有胶囊也有颗粒。他吃了，脚就好了。但是吃了一段时间就引起胃疼，伤着他的胃了。送去医院，（诊断）是胃溃疡，大出血，花掉一万八呢，就是因为脚疼吃跌打损伤的药引起呢。我说'老倌儿，我坑着你了！'我吓得把药丢在粪草塘。"

最后，居家风险防范的意识和能力不足。入户探访时，项目团队发现老人家中大多存在安全隐患。在征得老人同意对其家中的安全隐患进行排查时发现，老年人面临的居家安全隐患类型多样。电线杂乱无章地盘在家中，未按规定使用家用电器，存在火灾、触电等安全隐患；家里的楼梯过高过陡，有些未安装扶手；家中地面常年湿滑，老人跌倒的情况不时发生；物品摆放过高并且不稳当，容易出现物品倾倒或掉落而导致老人受伤的危险。在项目团队入户探访的30位老人中，有25位老人曾经跌倒，占探访老人总数的83.33%。在曾跌倒的老人中，跌倒致伤或是致残的人数为14人，占跌倒人数的46.67%。其他形式的居家安全事故发生率为：曾发生用药安全事故的老人占探访总人数的40%，曾经历电器安全事故的老年人占探访总人数的30%。

（二）制度层面的城市化挑战

文化反映在制度层面就是一些社会组织和规约制度（叶继红，2010）。从传统制度文化向现代制度文化、从乡土气息厚重的制度文化向趋近城市制度文化转变过程中，居住方式改变导致社会隔离、老年人家庭地位边缘化、情感支持和社区舆论监督功能弱化等趋势都对转型社区老年人的生活质量产生不利影响。

1. 居住方式改变产生社会隔离

在传统农村时期，S社区老年人和他们的子代居住在同一屋檐下，或是住在靠近子女及其他亲属的地方。城市化、现代化进程使居住方式发生变化，人际疏离也开始出现。越来越多的子女在成家后与老人分开居住，或者离开老人到更远的地方居住、工作，老年人与他们的子女彼此独立、四散各处的可能性增加。如表5所示，S社区接受问卷调查的130位老人中已经有

14.62%处于独居状态，23.08%的老年夫妇不与子女共同居住。

表5 S社区老年人的居住方式

居住方式	频次	百分比
独　居	19	14.62%
与配偶居住	30	23.08%
与子女居住	58	44.62%
与配偶和子女共同居住	22	16.92%
其他（与孙子/孙媳妇共同居住）	1	0.77%
合　计	130	100%

（资料来源："S社区老年文化服务现状与需求"问卷调查，时间：2016年7月。）

　　社会纽带断裂使老年人面临的孤立和社会隔离风险增加。当他们遇到困难或需要帮助时，子女、邻里不再能够像以往那样给予有效支持和及时帮助，原有的支持系统在经济互助、生活照料、情感支持等方面的功能弱化。那些在高龄时期因为种种原因无法依靠子女照料的老人更容易陷入孤立无援的境地。百岁老人的女儿DLJA（女，60岁）在谈到母亲独居期间摔伤后无人发现的经历时非常伤感："那么大的年纪，跌着就没有人去瞧她，一个人都认不得。以前是老房子，有多少人住，后来家家盖房子就搬走了。她摔伤后我去服侍两个月才好。后来我把她接到我这，给她吃个饱、穿个热乎，她跌着，我望得见她。这阵老房子那个门锁着，没人住。我家那个老房子是格子花的门，就像翠湖那种老式的大格子门，门头雕龙画凤的。她来这里没多长时间，我回去瞧瞧，那些格子门都被人撬掉、偷走了。"百岁老人独居时面临的困境显示，身处城市化进程中的老年人也在身不由己地被推向个体化时代的风口浪尖，血缘、地缘性的社会纽带不再如往昔般牢固，他们不得不面对更多不确定性与社会风险，尤其是个体孤立的风险。要安全、安心地度过晚年生活，老年人比历史上任何时期都更需要、更依赖于社会支持体系的完善。

　　2. 老年人家庭地位边缘化

　　城市化带来生活观念和生活方式的现代化，孝观念和传统家庭生活中老年人的主体地位随着代际关系的物质化、理性化发展趋势而日渐式微，家庭地位边缘化成为城市化变迁中影响老年人生活质量的显著因素。

首先，孩子在家庭中比老人更受重视。社区居委会干部ZGQ谈到，过去儿女孝顺老年父母是天经地义的事情；但如今人们更多关注子女一代。在S社区流传的俗语"宁愿擦小孩的屁股，不愿擦老人的胡子"也投射出当代孩子比老人受到家庭更多的重视和关照，相较之下老人被忽视是社会现实。

其次，老年人在家庭决策中的参与日渐边缘化。在S社区的很多家庭中，老年人能否参与家庭事务的决策，取决于其是否拥有资源。关于影响亲子关系最主要的因素，42位受访老人中有36位认为是"经济"，占受访老人总数的85.71%。7位受访老人谈到，如果老人有钱，在对重要事情做决策时子女就会找父母商量；如果老人没有钱，子女就不找老人商量。DDA大妈（女，80岁）感叹："老人有钱，子女就会找老人商量；如果没有钱，跟你商量一阵，你也拿不出一分钱给他们做什么，还不是白商量。"老年人在生产劳动中的日渐退出和在社会生活中的边缘性位置决定了他们中的很大一部分人不可能拥有太多用于交换的资源，这令老年人在家庭决策中的地位边缘化，出现"老人不管事，老刀不砍树"①的现象。正如ZLS大爷（男，83岁）所言："老人没有劳动力了嘛，还管哪样。"

3. 老年人的情感支持弱化

情感支持是通过向某人提供咨询和讨论个人问题的方式来达到支持对方的目的。研究表明情感支持比物质支持和经济支持更能够促进老年人的精神健康（Heller K，1991）。良好的情感支持能使老年人感知到潜在的实际支持，增强其安全感和对未来的信心，提升其角色掌控感，从而对其生活满意度产生积极的影响（王萍等，2011）。在中国传统社会，血缘、亲缘、地缘等非正式网络都为人们的晚年生活提供社会保护与情感支持，老年人尤其渴望天伦之乐。融洽的代际关系是子女对父母地位的认可，父母在亲情交流中得到安慰并实现自我价值，因此良好的家庭环境与亲人的关怀是老年人重要的精神寄托。但在城市化进程中，代沟深化、家庭关系疏离和子女面临的生计方式转型压力都使S社区老年人能够获得的情感支持弱化。

首先，代沟深化和家庭关系疏离弱化家庭对老年人的情感支持。代际间不同的时空生活环境与生命历程体验造就了文化隔阂与代沟，常常导致

---

① 注：S社区流传的一句俗语。

家庭关系疏离。代沟的深化首先体现为代际间的观念差异。DDB大妈（女，89岁）谈道："那阵我们挑柴、背松球上昆明去卖。早起去，12点走到昆明。纯走路，不容易啊！说给他们年轻人，他们不相信。他们没见过，怎么整呢！"代际间在行为与生活方式上的差异增大也提示着代沟的深化。近年来，现代洋房在S社区一幢幢立起，但是大门一关，人际交往就被隔断。看电视、上网等年轻人的休闲娱乐方式更趋于独立化、个体化，不需要面对面互动；老年人则依然延续着在社区公共区域闲坐、找小伴聊天的传统休闲方式。闲暇生活方式的差异产生更大的代际分隔，代际间面对面交流互动的空间与机会减少，部分老人在家庭生活中面临"精神空巢"的困境。即便子孙与老人共同居住，三代人天天见面却缺少沟通交流甚至无话可说的情形并不少见。ZHX大妈（女，91岁）感叹："唉，电视等到二世瞧去。儿子有一台，姑娘有一台，哪个会买一台来给你瞧？儿女倒是有，人家各家瞧各家的电视，孙子和儿媳妇娘仨瞧着一台。晚上家家守着电视机瞧，我在外面坐一阵，马虎就回家睡着。（儿孙）从外面回家人都见不着一个。"这说明ZHX大妈虽然与子代及孙辈共同居住，却没有精神层面的交流与互动，依然感到寂寞。此外，城市化变迁使家庭中代际互动的功利化、形式化色彩变浓，人际关系由密切转向疏远，也使部分老年人难以从家庭中获得情感支持。

其次，子女面临的生计方式转型压力使家庭对老年人的情感支持弱化加剧。随着城市化进程的加速，田地出租使社区的剩余劳动力增多，外出务工的人数增加，子女对老年人给予情感支持也面临更多困难。如表6所示，2015年12月外出务工人数已经占S社区劳动力人口的45.03%。

表6　2015年12月S社区人口从业情况　　　　单位：人

项目	总人口	劳动力人口	从事家庭经营	其中：从事第一产业	外出务工	其中：常年外出务工	(1)乡外县内	(2)县外省内	(3)省外
人数	2974	1941	1067	184	874	874	680	193	1

（资料来源：S社区居委会。）

当老人们纷纷说起不敢去昆明逛，怕自己找不到回家的路而走丢时，笔者问道："儿子、女儿有时间陪你们出去玩吗？"老人们的回答大都是："他们不得闲啦""没得时间啦"。城市化进程要求子女群体花费更多时间、精力、金钱去学习、巩固新的生计方式,这使得他们的注意力都集中在自己身上,无暇顾及家中老人,代际关系出现疏离之势。在42位受访老人中,5人感到寂寞,9人偶尔感到寂寞。

4. 社区舆论监督功能弱化

贺雪峰教授将社区舆论的监督功能视为"社会性价值",指的是个人对他人评价的感受,从人与人的交往与关系中产生。社会性价值让村庄中有了舆论力量,有了面子压力,有了正确与错误的评判标准(贺雪峰,2007)。S社区的舆论曾经发挥着重要的监督功能,对于社区秩序的维护、人们晚年生活的保障都具有极为重要的意义。

然而,城市化进程使传统乡村以亲情和道德为基础的约束力逐渐减弱。当被问及"如果老人受到不好的对待是否有人管?"时,42位受访者中有7位回答说这是别人家的事情,不敢管。一方面人们的自主意识增强,不愿意外人"干涉"自家内部事务,从邻里、朋友等人际关系中获得的社会承认和社会评价不再像传统社会那般举足轻重;另一方面对于他人的行为,人们也有了越来越多的顾虑,即便违背伦理道德也不太愿意公开评价或谴责。项目实施期间笔者曾试图动员S社区一位60多岁的老人成为项目团队的志愿者,负责定期探望、陪伴和帮助他的邻居——一位无法出门的失能老人。刚开始老人已经答应,但是过了两天,老人犹豫再三还是决定不承担这项工作,原因是害怕失能老人的儿媳不愿意别人插手她家的事情而怨恨自己。这些现象显示社区舆论的正面导向功能有所弱化。

(三)精神层面的城市化挑战

在S社区,老年人在精神层面遭遇的城市化挑战主要体现在知识观念和精神生活两个方面。

1. 知识观念的城市化挑战

知识与观念影响着人们的语言、行为、生活乃至人生。行为需要知识观念的支持,但没有任何知识观念在所有情况下都有效。伴随着乡土性向现代性的转换,城市化转型令老年人的生存及生活方式发生变革,也使他们的传统知识与固有观念遭受冲击。

(1) 保健知识与健康观念挑战

现代医学模式认为,影响人类健康最大的因素是关于健康的认知与观念。保健知识与健康观念反映的不仅是认知和观念,更是一种生活方式。拥有必要的保健知识和正确的健康观念可以使老年人实现身心灵的平衡和达到幸福的状态。然而,接受访谈的 S 社区老年人存在一些与当代风险社会中的身心健康保障要求不相适应的生活方式,体现出保健知识的不足与健康观念的缺乏。

①保健知识与健康观念欠缺

在接受"S 社区老年文化服务状况与需求"问卷调查的 130 位老年人中,44.62% 未接受过正规教育,36.15% 只读到小学。受教育程度低、信息闭塞和缺少接受健康教育的机会使很多老年人缺乏自我保健意识,存在不恰当的健康观念,影响疾病诊治和健康保持。

一是习惯拖延就医。37.69% 接受调查的 S 社区老年人患有高血压,但即便通过体检查出疾病,自我保健意识不足和健康知识缺乏也使一些老人不及时诊治。LDM 大妈(女,68 岁)说:"光是说血压高点,我也没有注意,没吃降血压的药。我说头又不疼不晕,就不吃了。头要是难过嘛,就要吃了。"高血压被称为隐性杀手,会在没有症状的情况下发病,本应早发现早治疗。当病人开始感觉到不舒服的时候,病情已经比较严重。缺乏自我保健意识和对医疗保健知识不了解,不利于他们培养健康的生活方式。WHY 大妈(女,73 岁)谈到,平时身体不舒服就自己买点药吃。这让接诊的医生感到震惊,问她是不是不要命了,拖那么重才去瞧。生病之后要拖到吃不下、动不了才去医院就诊,这在 S 社区老年人当中也很常见。拖延就医的不良习惯虽然是一部分老年人在经济拮据条件下采取的"理性"策略,却隐藏着巨大的健康风险。

二是盲目自我诊治。S 社区的 3 位受访者都提到,生病时一些老人首选的治疗方式是吃头痛粉。XZA(女,36 岁)告诉笔者:"我奶奶小感冒都很少,感冒的时候吃包头痛粉就好了。你认得那种'何济公'吗?一角钱一小包。"出于节省诊疗费用的考虑,头痛粉以其低廉的价格和较好的止痛效果受到 S 社区老年人的青睐。但是含有咖啡因、容易掩盖病情、干扰正确诊断、易使服用者产生依赖等弊端意味着老年人盲目自我诊治的观念和习惯反而会给他们带来更大的健康风险和财务风险。

三是缺乏安全食用药品、食品的意识和知识。很多老人没有定期检查和清理食品、药品的习惯，对于腐坏的水果、过期的食物和药品仍然留存甚至食用，这些习惯容易给老年人的身体带来危害。

②生活方式的改变隐藏健康风险

城市化导致原本以务农为主的生活方式发生改变，与生活方式有关的疾病如肥胖、糖尿病和高血压发病率增加。国内外研究显示，城市化对老年人在躯体健康方面的影响主要表现在饮食改变、体力活动减少以及久坐不动的生活方式加快了慢性病患病率的增长（魏国芳等，2015）。对S社区130位老人的问卷调查结果显示，慢性病的患病率并不低。

表7　S社区老年人慢性病患病情况

疾病名称	骨关节疾病	高血压	心脑血管疾病	慢性呼吸系统疾病	糖尿病	高血脂
患病率	60.77%	37.69%	13.08%	10.77%	10.00%	7.69%

（资料来源："S社区老年人文化服务状况与需求"问卷调查，时间：2016年7月。）

从表8则可以看到，S社区老年人每天参与的文娱兴趣活动方式占比从高到低排列依次为：看电视、聊天、听山歌、看花灯、诵经、听滇戏、看书、打麻将，均为体力消耗较少、久坐不动的活动。这些文娱兴趣活动方式与老年人自身的身心功能退化和健康观念欠缺都有关系，也在事实上隐藏着健康风险。

表8　S社区老年人的文娱兴趣

活动频率 文娱兴趣	①每天	②经常	③有时	④偶尔	⑤从不
看电视	58%	4%	10%	8%	20%
聊天	44%	10%	24%	16%	6%
听山歌	14%	24%	20%	12%	30%
看花灯	12%	23%	16%	16%	33%
诵经	10%	2%	2%	6%	80%
听滇戏	8%	14%	8%	10%	60%

续表

活动频率 文娱兴趣	①每天	②经常	③有时	④偶尔	⑤从不
看书	8%	8%	10%	2%	72%
打麻将	6%	2%	4%	2%	86%
参加文艺演出	0%	4%	6%	2%	88%
下象棋	0%	0%	4%	4%	92%

（资料来源："S社区老年人文化服务现状与需求"问卷调查，2016年7月。）

(2) 自我保障意识的城市化挑战

由于缺乏正式的社会养老体系，一直以来家庭都是S社区老年人最重要的养老支柱，子女提供经济供养是老年人在劳动能力下降后的生活保障，"养儿防老"观念在老人们的思想中根深蒂固。S社区老年人大多持有"以家庭、儿女为生活重心"的传统观念。这种观念的积极意义在于使家庭成为老年人归属感的重要来源，也使老年人通过为子女、孙辈付出而获得自我价值感，从而，家庭成为满足老年人自我实现需要的重要来源。但是城市化对家庭养老功能的削弱使得过分倚重家庭和子女会导致老年人自身的抗风险能力不足。

完全以家庭、儿女为生活重心使人们形成老年期单纯依靠家庭照料与子女赡养的观念，在行为上体现为劳动年龄时期的无保留付出，希冀通过对子女的投资来换取晚年生活的保障。然而家庭的养老保障并非完全没有风险：如果老年人依然像过去那样将自己所有的资源都投入子女身上，则子女最后能否感恩和回报难以预测。这样的观念与行为容易导致老年人自身的资源储备不足，对晚年风险不具有防范能力。LCXA大妈（女，74岁）的经济状况较差，自己没有一点积蓄，除了每月70元的养老金再没有其他收入，儿子、女儿也没有能力给老人提供经济保障。她这样描述自己的生活："没有考虑过以后的养老问题，白拉拉①地考虑，考虑也没有用。家里住房条件很差，是土基房。经济好的，人家不住土基房了，我们是没有条件无可奈何。子女嘛，自己负担自己都过不下去。你去打工人家又不要。身体好点就盘点蔬菜，整点自己吃吃；哪天不能动，就等能动了再去种了吃。"社会环境和家庭条件的

---

① 指浪费精神。

局限使农村老年妇女在生命早期缺少受教育机会，因此也没有稳定的工作和收入来源。老年妇女做家务、照料孩子等对家庭的贡献在时间方面难以具体衡量，在经济方面没有报酬，这使她们无从积累财富，家庭地位和社会地位均低于老年男性，因此在经济方面不得不依赖配偶或子女。一旦劳动能力下降、健康状况恶化、配偶去世，如果子女不愿意或没有能力承担养老责任，毫无积蓄和资源储备的老人就可能陷入极其窘迫的境地。

（3）信任观念的城市化挑战

城市化意味着从传统社会到现代社会的转换，也意味着社会服务体系的日渐完善以及老年人面临挑战时援助主体的多元化。西方现代社会服务的价值基础建立于由宗教信任、普遍信任和制度信任构成的信任文化之上。但在中国，宗教信任不具有深刻的社会基础；受到传统文化的影响，普遍的高社会信任关系尚未形成；社会工作刚刚起步使得相关制度不健全甚至缺乏，制度信任也无从谈起（彭小兵等，2018）。信任文化的缺乏使社会服务的发展缺少良好的环境和足够的支持，作为新型福利供给主体，社会服务机构要为老年人提供帮助和支持也受到制约。

2. 精神生活的城市化挑战

S 社区老年人在精神生活中面临的城市化挑战主要体现在精神生活单调和自我价值感下降两个方面。

（1）精神生活单调

精神生活单调、精神文化生活质量差在高龄、失能老年人群体中体现最为突出。行动不便使失能老人与外界的接触机会减少，其社会交往与精神文化需求不容易得到满足。城市化进程让子女外出工作的时间增加，对高龄、失能老人的照料和陪伴减少，令其精神生活单调问题进一步加剧。此外，高龄、失能老人能够从同辈群体获得的情感支持也在日渐减少。首先，随着小伴们的年龄增长，去世者增加；其次，高龄、失能老人自己和小伴均行动不便，见面越来越困难；再次，曾经的小伴因子女在新址建房后随之搬走而导致老人们的居住地相隔甚远，相互走动也不方便。这些原因都使高龄、失能老人从同辈群体获得的情感支持越来越少。XWQ 大爷（男，86 岁）左眼看不见，幼年时摔伤腿却因父母无钱医治而导致腿部残疾，无法正常行走。一年前从床上掉下将腿摔伤后完全卧床，单独躺在一间小屋里。按照当地的"分养制"习俗，三儿子负责给 XWQ 大爷养老，二儿子负责给其母亲 ZYZ 大妈（女，72岁）养老。ZYZ 大妈腿部有残疾，行走不便，听力较差，语言表达也较为困难。曾经每天早上 ZYZ 大妈从二儿子家走到三儿子家为 XWQ 大爷洗脸擦身子，但是半年前因三儿子家搬入新房，三儿媳与 ZYZ 大妈之间出现矛盾，ZYZ 大妈便不再与 XWQ 大爷见面和提供照料。自此以后，白天三儿子外出开车，中午三儿媳做好饭送给 XWQ 大爷吃，晚上三儿子工作结束回家后再进房间看看 XWQ 大爷和询问情况。这就是 XWQ 大爷每天的人际交往情况，生活内容除了吃饭、睡觉就是发呆。搬家前 XWQ 大爷偶尔看看电视，搬家后房间里没有网络，电视看不了。刚瘫痪时，XWQ 大爷还用播放器收听滇剧，后因播放器损坏无法再收听。瘫痪一年多没人看望，甚至受访的两位同村男性老人还用不屑的语气说，是 XWQ 大爷自己怂才造成今天的局面。XWQ 大爷告诉笔者他有两个愿望，一是希望自己和老伴都能获得经济上的补助，二是希望出去到外面看看村子的变化。从 XWQ 大爷的案例可以看出，精神生活单调是影响其晚年生活质量的重要因素，而城市化进程中家庭养老功能的弱化则加剧了高龄、失能老人的精神生活单调问题。

（2）自我价值感下降

在传统农村社区，当孝文化传统占据支配地位时，老年人被珍视和得到尊重。老年人的价值至少在四个方面会得到社会价值观的认可。首先，老年人可以继续提供有用的服务，如从事农业生产和参与家务劳动。其次，老年人有能力帮忙照看孙辈从而让成年子女去从事生产劳动。再次，老年人在传统农村社区常常是领导者，也是在政治、医学、宗教、歌曲和舞蹈方面最有知识的人，还掌握熟练的手工技巧，懂得甚至擅长制作生产工具和生活用具。最后，传统农村社区中的老年人是一个巨大的信息存储库，他们历经艰难困苦而形成的人生智慧和积累的知识与经验可能会是整个社会面临危机时存亡的关键。老年人的作用与价值决定了社会对待老年人的态度，孝道文化让尊重并支持年迈父母成为约定俗成的社会文化价值观而代代相传。

然而文化普及、知识存储与传播技术的飞速进步，城市化进程的加速推进使老年人没那么"有用"了，他们不再是"知识宝库"。当年轻人需要知识和信息时，他们更习惯从书籍里查找或是上网搜索而不是请教老人。老年人感到自己原本掌握的技艺贬值了。HCL 大妈（女，67岁）谈到，原来会的手工技艺现在没什么用了，年轻人也不想学。智慧、经验和技艺发挥作用的渠道减少使老年人的自我价值感下降。

综上所述，由于在地城市化模式不存在空间位移，所以"村改居"社区老年人不会面临气候、饮食习惯等生活方式的改变带来的不适应，但是"现代化困局"的存在使老年人在生计技能和生活技能方面面临挑战，居住方式改变、老年人在家庭中的地位边缘化、情感支持弱化、社区舆论的监督功能弱化使老年人在制度层面面临城市化的挑战，知识观念与精神生活方面的城市化挑战则使老年人的精神生活质量欠佳。如果得不到足够关注和有效协助，则老年人在心理上会产生压力感、焦虑感及无能感，势必影响其晚年生活质量，降低幸福感。

三、城市化挑战应对中的老年人需求

应对城市化挑战的实质是个体在保持文化自信的前提下接纳城市化及获得现代性的过程。作为被动城市化群体，老年人需要外部的支持与帮助方能更加有效地应对城市化挑战，切实从城市化转型中受益。在此过程中，老年人的需求体现在技能挑战应对、制度挑战应对和精神挑战应对三个层面。

（一）技能层面城市化挑战应对的老年人需求

阿马蒂亚·森指（2002：3）出："财富、收入、技术进步、社会现代化等固然可以是人们追求的目标，但它们最终只属于工具性的范畴，是为人的发展、人的福利服务的。"当代科技与信息的发展使服务行业的工作更加高效，人们的生活更为便利，转型社区老年人群体却难以将其转化为增加生活便利、提高生活质量的资源，反而在通信工具与家用电器使用、公共服务获取等方面遇到更多新的障碍，制约了老年人生活质量的提高。因此学习新的生活技能，减少现代科技对晚年生活质量提升的阻碍是转型社区老年人的重要需求。

教育培训是形成和发展人的能力的重要条件，是实现从农村生活技能系统向城市生活技能系统转换的桥梁。文化反哺也是城市化转型中促进老年人生活技能适应的可行策略。文化反哺即为了跟上时代的步伐，老年人向年轻人学习的现象，这是社会转型期的必然产物。《1982年老龄问题维也纳国际行动计划》提出："社会经济发展的一项重要目标是实现一个所有年龄不分长幼的人融为一体的社会，在这个社会里，年龄歧视和非自愿隔离已被消除而各世代之间的团结和相互帮助得到鼓励。"当今时代，年轻人已经成为现代电器、网络技术等诸多新技术方面的能手，因此子代或孙辈教授老年人学习使

用现代通信工具与家用电器，或协助老年人获取现代公共服务进而突破"现代化困局"成为可能和必要。

（二）制度层面城市化挑战应对的老年人需求

城市化转型导致家庭能够为老年人提供的生活照料和情感支持减少，家庭在传统社会中具有的养老功能无法再全面、有效的发挥。老年人需要在家庭以外获得更多支持方能有效应对制度层面的城市化挑战，这有赖于社区凝聚力的增强和社会支持的增加。为应对制度层面的城市化挑战，S社区老年人的需求主要体现为增进社区共同体意识和增强社会支持。

1. 增进社区共同体意识

幸福固然首先体现为个体的主观感受，但这种感受与个体所生活的地方性共同体——社区的凝聚状况密不可分。作为共同体，社区因为能够体现安全感、使人们获得确定性而为人们所需要。对S社区的老年人而言，社区共同体中存在的道德约束与情感联系可以为其晚年生活的幸福提供更多的便利和更好的保障。首先，社区共同体意识可以令老人清晰地意识和明确地回答"我是谁"，进而有效地确立身份认同；其次，共同体意识是社区成员为社区发展承担责任、为更多人的幸福付出努力的前提；最后，社区共同体意识的增强还是社区发挥社会团结功能的基础。但是，市场经济的发展与城市化的推进导致转型社区的传统文化遭受冲击，传统价值观与地方性知识遭到否定，传统生活方式被排挤，社区共同体意识消解，人际疏离、精神迷茫的趋势显现，进而导致集体行动力差，发展受阻。因此，增进社区共同体意识是转型社区老年人应对制度层面的城市化挑战的重要需求。

2. 增强社会支持

丁志宏（2012）的研究发现老年人能否适应社会发展的变化和他们的自认特征没有太大的关系，而是和他们的社会特征有很大关系，即他们所占有的资源、社会网络等。S社区老年人的家庭地位边缘化和自我价值感下降是他们自身的负性经验所致，同时也是老年人与环境互动的结果。周献德等（2009）认为老年人的社会适应问题可以分为物质性和非物质性两类，在具体介入时应注意运用综合的方法，既要注重个案的改善，也要在调整社区环境上下功夫，从整体上改善老人的生活空间。跨文化研究也表明，在东方集体主义文化下，东亚人把自我看成相互依靠、相互联结的，其幸福感的最好预测因素是关系和谐和社会支持（Kitayama S，2007）。社会支持是形成于特定文化背景之下的源远流长的社会关系，具有通过人际间的社会互动来分享经济与社会资源，从而提供安全保护的意涵。社会支持既包括人们实际得到的各种客观的帮助，更强调的是人们所感受到的来自他人的关心。人们感受到的社会支持越多，他就会更有信心去应对面临的困难，其社会适应能力就会越强（付敏红，2013）。基于对农村移居城市老人的分析，李珊（2011）指出，社会经济地位高、朋友数和经常往来的邻居数越多的老年人，其社会适应性越强。叶静雯（2017）的研究显示，城市适应、社会支持与心理健康状况之间存在显著的正相关，其中社会支持在城市适应与心理健康状况的关系中起部分中介作用。由于组织化程度较低，S社区老年人仅仅依靠自己的力量必然难以有效应对城市化挑战，家庭这一传统福利供给主体也无法完全满足老年人的情感支持和发展性需要，所以增强社会支持是助力S社区老年人应对城市化挑战的重要路径。社会支持包括正式支持和非正式支持两个方面。对S社区的老年人来说，正式支持主要是政府相关部门、社区自治组织和社会服务机构开展的老年人服务；非正式支持则主要包括家庭支持和同辈支持。

多项关于文化适应的策略模式研究显示，家庭可以增强移居个体对压力的抵抗性。雷德菲尔德等（Redfield，1935）提出"城乡连续统"概念，并在此基础上提出移居的两种适应模式：一种是改变自我，用较长时间改变职业、生活方式、居住环境，调整社会关系，参与社交活动；另一种适应模式是在迁入地重建原有的生活环境和文化。Arends–Toth和Van de Vijver（2003）通过对荷兰本地人以及荷兰的土耳其移民的研究发现，虽然公共领域的适应或者同化可以帮助他们获得社会承认和平等机会，但是在家庭这种私人领域，他们更加愿意保持原来的文化传统。Lee等（2003）对韩裔美国人的研究也得出类似结论。Jane则将适应策略分为个体和群体两个层面。个体层面主要是与原有的群体保持私人联系，尤其是与一些重要的人维持有意义的联系；群体层面是通过家庭为个体提供信息和情感的支持，增强个体对压力的抵抗性（苏红等，2005）。在S社区老年人的信念里，家庭与子女是生活的重心，子孙后代的延续与成才是他们的生活期望，因此给子代提供财物支持、力所能及地参与生产及家务劳动、照料孙辈等是他们习以为常的生活方式，也是其生活意义与价值感的来源。接受问卷调查的130位老人中42.31%希望参加代际互动活动。鉴于子女外出打工和隔代教养趋势日渐显著，从现有社区资源来看，增强家庭支持中的隔代支持对老年人来说是比较迫切的需求。

关于隔代支持，老人们谈到，在得到肯定尤其是孙辈的尊重和认同的时候，自己就会很开心。匹兹堡大学的莎莉·纽曼（Sally Newman）指出，"所有的老年人都有分享养育、教导经验和好的生活总结，及分享文化理解、交流积极的价值观和留下遗产的需要。而所有的少年人都有被养育，被教导，了解过去，获得文化上的认同，拥有一个积极的角色示范和前代人联系的需要"（威廉·J.霍耶，2008）。虽然隔代教养的负面影响已得到较多关注和讨论，但不可否认，隔代教养效果中正功能与负功能所占比例如何依然有待评估，老年人在家庭发展与儿童成长过程中在事实上依然具有不可或缺的重要价值。在城市化的背景之下，祖孙间的相互关心与彼此支持能够提高老年人与家庭的整合度，减少老年人的"精神空巢"现象，提升其晚年生活品质；对后代怀有的责任意识与付出意愿则有助于提升老年人的价值感与幸福感。所以，隔代支持的强化在一定程度上可以消解城市化带来的负面影响，祖辈与孙辈的顺畅沟通、相互理解与良性互动是老年人应对制度层面的城市化挑战的必然需求，晚辈尊重长辈、了解长辈的文化、虚心学习长辈人生经验与生活智慧的理念应该得到倡导和践行。

同辈支持是指通过平等的个体给予的帮助、支持和鼓励（Dennis C L，2003），是社会支持的重要组成部分。由于老年人对晚年生活的控制日渐减少，因此来自同辈群体的友谊、支持与亲密感对他们而言就显得格外重要。对于S社区的老年人，在面临物质、人际、心理等方面的问题或困难时，"小伴""斋奶会"、老年文艺队等团体中人与人之间的给予和获取的互动是同辈支持的重要来源，可以帮助老年人拓展应对困难的资源渠道，增强应对压力的能力。同辈支持的重要性还可以从老年人的社会交往需求中发现。接受问卷调查的130位老人中90%表示愿意参加社区或机构组织的活动，并认为这些活动能够增加其与其他老人的互动。

（三）精神层面城市化挑战应对的老年人需求

精神层面的城市化挑战包括知识观念挑战和精神生活挑战。

1. 知识观念挑战的应对需求

齐格蒙特·鲍曼（Zygmunt Bauman，2002）指出，当代具有个体化特征的社会结构中"强迫的和义务的自主"现象出现，它使人们不得不增强自我反思性，成为对自己的问题负起全部责任的个体。城市化是一种风险承担日渐个体化的文化变迁，中青年人获得了更多的自主性与发展平台，但对老年人意味着来自家庭的庇护消减,个体日渐孤立,不确定性、不安全性凸显,社会风险增加。自我保健观念和健康促进知识的不足使转型社区老年人难以妥善处理晚年生活中日渐增加的身心健康问题,因此加强对老年人的教育培训,增强自我保健观念,增加健康促进知识,提高自我照护能力是在精神层面助力老年人应对城市化挑战的首要需求。调查也显示,S社区老年人有继续学习的需求。在受访的42位老人中,21位老人有继续学习的愿望,占受访老年人的50%。DDA大妈(女,80岁)谈道,"关于生理健康、心理健康的讲座,电视上经常讲的,我是喜欢听呢,定定地听着呢;对政策、资源的介绍,我也感兴趣"。LJX大爹(男,73岁)谈到,目前让自己最为担忧的事情是膝盖,如果今后能够实现的话,期望社区能多开展活动来增强老年人体质。ZHF大爹(男,62岁)感到,组织学习活动的机构和学习机会都太少了。接受问卷调查的130位老人中67.69%的老人希望参加健康促进相关活动。关于老年人跌倒的问题,ZLM大妈(女,75岁)谈道,"虽然吃过很多跌倒的亏,但是下次还是会跌倒,主要还是因为意识不够强,处理跌倒的方法也不科学。不学习科学的方法,处理不当的话,受到二次伤害更恼火。还是要多学习,增强意识和知识"。

除了身体健康的促进,在经济方面增强自我保障意识和能力也是转型社区老年人应对城市化挑战的重要需求。必要的风险防范意识意味着在父母对子女给予和子女对父母负责之间要保持一种平衡,即老年人需要懂得不对子女毫无保留地给予,不超越子女自我负责的边界,同时为自己的晚年生活提前做准备。因此,提高风险防范意识,为晚年生活提前做准备和进行资金积累,在家庭养老保障之外构筑自我保障体系是S社区老年人尤其是老年妇女需要确立的观念。经济自我保障意识和能力的增强还可以使老年妇女因为掌握财产权而在家庭决策中更有发言权,提升家庭地位,得到尊重,这也是城市化转型背景下应对代际关系理性化发展趋势和不合理的家庭利益分配格局的一种策略。

2. 精神生活挑战的应对需求

S社区老年人在精神生活中面临的城市化挑战主要体现在精神生活单调和自我价值感下降两个方面,因此对应的需求包括丰富精神文化生活和增强自我价值感两方面。

(1) 丰富精神文化生活的需求

根据马斯洛对人的基本需要的概括,爱与归属的需要、尊重的需要、自我实现的需要以及自我超越的需要都是指向精神层面的高层级需要。在城市化背景下，物质生活水平的提高使生理需要和安全需要这些较低层级的需要通常能够得到满足，老年人的需求更加多样化，高层级的需要逐渐成为他们的主导需要，因此丰富精神文化生活的需求突显。此外，城市化转型使老年人原本擅长的生计方式不再完全具有适应性，养儿育女任务的完成也使老年人的闲暇时间增加，这些因素让他们对休闲娱乐、体育健身等文化娱乐活动的需求更为强烈。

调查显示，S社区老年人对于享受精神文化生活有较大热情。一部分老年妇女晚饭后喜欢在自家院子里、水沟边、土路上跳广场舞。接受访谈的42位老人中有6位老年妇女谈到希望有一个跳广场舞的场地；3位有文艺专长的受访老人还表示愿意带领老人们开展活动；26位表示愿意参加文化服务与活动，占受访老年人的61.9%。接受"S社区老年文化服务状况与需求"问卷调查的130位老人中56.15%希望参加民间文艺活动，还有老人表示希望组织读书听书（占比41.54%）、兴趣小组（占比39.23%）、电影赏析（占比37.69%）、手工艺制作（占比33.08%）、体育活动（占比23.86%）等形式多样的活动。ZHF大爷（男，62岁）说，自己没有参加过志愿服务，今后非常希望参加，为社会做贡献；或者参加文化娱乐活动，充实自己的生活；或者提高收入，改善生活。但老人认为自己参加文化服务与活动的愿望都不可能实现，都是梦想。LJX大爷（男，73岁）希望社区能够提供条件让老年人多交往，在一起活动活动。如果有社会服务机构低偿或无偿提供服务，LJX大爷愿意选择的服务包括课程学习、手工艺制作以及发挥优势帮助他人，还有参与服务及贡献社会的机会。可见，参与社会交往、拓宽视野、丰富精神文化生活是S社区很多老年人潜在的晚年生活需求，也是在精神生活层面应对城市化挑战的重要策略，只是由于社区还没有提供这些文化服务，所以他们认为这些想法只能是梦想，不太可能实现。

（2）增强自我价值感的需求

自我价值感下降是城市化给转型社区老年人带来的最突出的精神生活挑战，因此增强自我价值感是老年人应对城市化挑战的必然需求。一方面，增强自我价值感要求老年人懂得根据个体内在的评价标准而非外在的价值条件对自己的言行、感受进行评价。在城市化转型过程中，城市文化、现代社会的外部评价标准与老年人个体在长期生活过程中内化的传统评价标准会产生冲突。新旧评价标准的冲突容易构成对老年人自我的威胁，使其内心世界出现不协调进而导致心理适应不良，妨碍老年人充分发挥自己的机能并降低自我价值感。真正的幸福感并非来自外部的给予，而是来自自我内心深处的滋养。健康的人具有超然于周围环境和文化的能力。为了减少城市化进程中文化转型带来的不良影响，老年人需要有意识地依赖机体智慧，增强内在的自由与自我肯定，更多地根据个体内在的评价标准而非外在的价值条件对自己的言行、感受进行评价，从而使个人在一定程度上独立于文化，增强精神与心理力量，超越文化的压力与局限而增进幸福感。当老年人能够处于自我超越的需要满足层次时，他们就能够超然于物外，宠辱不惊，对于自己的行为及外部的情境都有内在稳定的衡量标准，不完全依赖于别人的看法和评价，从而具有较强的适应力，不易因为城市化进程中的文化转型而遭受太大冲击与挫折。另一方面，发挥潜能，实现个体的社会价值也是增强自我效能感进而增强自我价值感的重要途径。Rowe J（1997）指出，如果老年人能从事有价值的活动，能在生活中找到意义，对生活有更多的控制感，就更可能对他们的生活感到满意。HCL大妈（女，67岁）向来喜爱花灯，她能自编自唱，很重视花灯的教育功能。可是近年来花灯日渐失传，对此她感到惋惜，也表示希望年轻人能学习、继承这项传统文化。3位受访老人谈到，自己最快乐的时光就是跟小孙子在一起的时候，最大的希望就是带好自己的小孙子。尽管老人们的潜能不同，自我实现的途径也有所不同，但通过自我导向的潜能发挥，实现个人的社会价值，增强自我效能感进而增强自我价值感是老年人在城市化转型中的共同需求。

第二章

文化服务：老年人应对城市化挑战的助力器

穆光宗（2015）指出：“社区养老可以通过文化的力量达到精神养老、安心养老和快乐养老的目的。”应对城市化挑战，改善晚年生活质量，让老年人能够在现代社会生活中过得更好，这是转型社区居家养老服务要解决的关键问题，在此过程中文化服务可以发挥重要作用。

一、文化服务在老年人应对城市化挑战中的促进功能

老年文化服务可以通过培训技能、补充知识、增强社会支持、调整观念和丰富精神文化生活等方式协助老年人适应城市化转型，享受现代社会生活的便利性，因此可以成为老年人应对城市化挑战的助力器。

（一）推动自我发展，增强应对"现代化困局"的能力

文化服务中的老年教育可以促进老年人的自我发展，增强其在"现代化困局"中的应对能力。教育指心智和个体能力的培养，是促进人类发展的重要文化实践。西方的"文化"一词起初与庄稼种植、动物饲养等农业活动有关，后来引申为心智和个体能力的培养，再后来又延伸到整个社会的文化培育（南帆，2009）。所以，教育是文化最初阶段的本义所在。阿马蒂亚·森（2002：32）以亚洲"四小龙"的高速发展得益于教育的普及为例指出，教育等社会安排发挥着重要的手段性作用，影响个人享受更好生活的实质自由；与此相反，不识字对于个人在"那些要求按规格生产或对质量进行严格管理的经济活动"中的参与和政治参与都是很大的障碍和限制。因此，教育对于个体经济福利与政治福利的提升均有重要的推动作用。

作为非传统的、具有老年特色的终身教育活动，老年教育是公共文化服务的重要内容之一。针对老年人身心发展的特点，保健养生教育促进老年人健康，延年益寿；专（职）业智能教育协助老年人增长知识，更新和调节智能，减少老年人在获取信息、使用电子设备等方面的困难，使他们更易融入现代社会生活，避免被社会边缘化，提高晚年生活质量。因此，在城市化转

型过程中，老年教育可以促进老年人的自我发展，增强其应对"现代化困局"的能力，增加享受现代生活的"实质自由"。

城市化挑战还对S社区老年人向年轻人学习创造了契机、提出了要求。台湾相关研究认为推广家户信息代理人概念有助于让不会或不谙使用计算机或网络的退休老人，透过年轻家人代为查询其所关注的生活信息（如医疗、旅游），共同分享网络的便利性，并提升其学习计算机之意愿与成效，逐步缩减高龄者与年轻世代的断层（Pan J G，2009）。文化服务可以为长辈向晚辈学习现代生活新技能、增加长辈与晚辈的沟通创造契机，也推动年轻人进行文化反哺，通过代际互助协助老年人应对现代社会的科技挑战。有必要让年轻一代理解：现代设备与信息技术使用的学习就老年人的身心特点而言是一种巨大的挑战，需要主动提供协助并具有足够的耐心和适宜的指导策略，如此方能实现建立于代际尊重与理解基础之上的"文化反哺"。

（二）促进社会参与，缓解人际疏离和精神孤独

城市化转型使中青年人的生计方式发生改变，他们有规律地外出工作，无法时常陪伴在老人身边；城市化变迁中理性化趋势的影响也使子女的孝观念淡化、代沟加深、家庭关系疏离，这些都使老年人面临精神孤独的问题。文化服务的实质是把以陌生人关系为主的"社会"建设成为一个具有自我认同和内部凝聚力的共同体（高丙中，2016），所以它对改善城市化转型带来的人际疏离具有积极意义。黄艺农等（2008）基于对老年大学学员的问卷调查指出，老年大学帮助学员发展兴趣爱好，扩大休闲选择的范围，丰富休闲生活；帮助老年人获得更多的休闲技巧和改变休闲观念；为老年人提供与同龄人交往、与外界交往和参与社会活动的平台。陶裕春等（2017）的研究发现，休闲活动作为社会参与的重要内容，对提高老年人的生活质量和幸福感具有重要作用。所以，契合老年人文化背景的教育项目和文化活动可以增加老年人的社会参与，缓解城市化转型中老年人面临的人际疏离和精神孤独问题，也减少老人对子女和家庭的过度依赖。以S社区老年文艺队为例，长时间的共同活动使成员间的关系紧密，大家在团体内进行信息和资源共享。此外，成员们经常习练舞蹈，因此身体素质相对较好，有活力，这样老年人便具有更高的自信和更强的社会参与意愿，对参加何种活动拥有更多的选择权和掌控权。因此，文化服务能够较好地缓解城市化转型中老年人面对的人际疏离和精神孤独问题。

（三）丰富精神文化生活，满足高层级需求

现有养老保障制度设计主要关注养老金问题，是一种低层次的"待遇给付"，而老年文化服务则更为关注老年人在物质需求满足后的精神需求，是一种高层次的"精神给付"。老年教育中的文化修养教育陶冶老年人情操、完善老年人人格；休闲教育丰富老年人生活，使老年人享受快乐（叶忠海，2013）。群众性文化、体育和娱乐活动则可以产生强烈的情感体验，传达生活情趣与精神境界。因此，各类文化服务和娱乐活动可以使老年人享受娱乐、接受教育、感受文明，丰富精神文化生活，满足高层级的精神文化需求，在精神层面有效应对城市化的挑战。

S社区B村和D村两支老年文艺队的成立和发展较好体现了文化服务对满足老年人精神文化需求、提高老年文艺队成员自我价值感的积极作用。B村文艺队是在HCL大妈（女，67岁）的带领下建立和发展起来的。2002年村中的JL寺修葺一新，信众打算庆祝一番。可是如何庆祝呢？这个问题难住了大家。当时人们普遍生活艰辛，每日忙于辛苦劳作养活家人，少有人有空闲时间开展文娱活动。正当大家为难时，HCL大妈站了出来。"我们一定要庆祝！"提到组建文艺队时的情形，HCL大妈语气坚定，带着微笑激动地回忆和重复着当时的话。"我说我们不会跳舞可以学嘛，就叫了我们好玩的几个老奶一起，自己学嘛，然后表演。表演完了我们也没解散，经常一起跳。"修寺表演的需要和HCL大妈的一个号召，B村文艺队就在这样的契机下组建起来。刚开始B村老年文艺队的成员们都不会跳舞，擅长唱花灯的HCL大妈便自告奋勇提出，自己先想办法学，会了再教给其他人。"刚开始不会，就一遍一遍地看电视里人家跳，看人家的手是怎么摆的，脚是怎么走的，边看边学。自己慢慢地学，学会了才教她们，很艰难的。"HCL大妈回忆刚开始学习舞蹈的艰难。随后她话锋一转，眉开眼笑地讲起了教其他老人跳舞时的趣事："她们难教得很，教几遍都不会。喊她手要那样摆她要这样摆，脚要这种走她要那样走，急死人。"虽然嘴上说着嫌弃的话，脸上开心的表情却显露了HCL大妈的真实想法。在文艺队教其他老人跳舞让老人感受到自己被需要，和其他成员一起亲密相处也让HCL大妈很快乐。"那些老奶胆子小。为了锻炼她们的胆子，我就自己编歌词，教她们唱歌。喊那些老奶唱花灯，一人一句唱给我听，声音小的我就吼她们，渐渐地胆子就大起来了。所以你看现在，我们B村的老奶都会唱花灯，那些D村的就不会唱。"HCL大妈自豪地说道。

但是 2006 年 HCL 大妈被查出患了糖尿病,"一下子我就感觉掉进了万丈深渊。当时不了解,我就想不开。医生也劝我,我就是想不开,就是觉得活着没有意思。虽然那时候家里人对我很好,但我就一直在想自己为什么会得这个病啊?我什么坏事都没干过,老天爷为什么要这样子惩罚我?想不通啊,每天都在想自己为什么得病啊。一天什么事也不想干,就是在想这个事情"。由于缺乏糖尿病医学知识,加之一时无法接受一向健康的自己突然患病的事实,HCL 大妈陷入伤心绝望的人生低谷。于是 HCL 大妈退出老年文艺队,专心养病。没有 HCL 大妈的带领,B 村老年文艺队也自动解散了。

2011 年,她逐渐了解糖尿病知识,在病友、家人的鼓励和支持下,HCL 大妈又重新振作起来,觉得要积极、充满希望地去生活。于是 HCL 大妈重新组建老年文艺队并继续担任领队。"之后隔了 5 年,她们喊我去,我又开始带领她们跳。那之后我就慢慢地想开了:人吃五谷哪能不生病,现在身体挺好的。我家里人都很支持我跳舞,就在我家里跳,都是我自己在家里学了教她们。一起跳舞的人越多我就越有信心、越开心。她们跳舞很积极的,我还没来她们就来了。""和这些老奶一起跳跳舞,也不去想为什么自己会得病了,她们还反过来劝我说要看开点,渐渐地也就宽心了",谈到回归文艺队时的情景,HCL 大妈带着些许释怀的微笑说道。在周围人的支持和鼓励下,在老年文艺队成员的信赖中,HCL 大妈终于走出低谷和抑郁,重新拾起之前喜爱的舞蹈,渐渐地又变回了昔日那个爽朗、严格、自信的领队。从 2011 年至今,文艺队不时有新成员加入,也有老成员离开,而 HCL 大妈一直带领 B 村老年文艺队排练舞蹈,偶尔教大家唱歌,节日、婚庆时还有本村或外村人请她们去表演。

D 村文艺队的发起人 BXM 大妈(女,82 岁)告诉笔者,最早只是想把一群关系较近的朋友聚在一起,玩一玩,缓解生活中的苦闷。"20 多年了,刚开始 15 人,由我提出来组建。我原来就会唱花灯,那阵才退休,对生活有点苦恼。她们就在我家约着玩,后来其他人晓得了就教起来了。大家边商量边一起玩。"在退休后的几年,BXM 大妈通过创立最早的老年文艺队雏形,并在与小伴们相处的过程中排解了生活中的负面情绪。谈到早年的小伴,BXM 大妈笑着回忆道:"有文艺队这些小伴支持,在这个团体里面感受到温暖了。"D 村老年文艺队成员们互相关心,不论是谁生病,其他人都会提上慰问品去看望,并时常陪伴生病的老人聊天解闷。在与小伴们相处的过程中,

BXM大妈慢慢地对老年文艺队产生了认同感与归属感,也渐渐恢复了积极的生活态度。随着时间的流逝,早期的成员因年龄增长和体力衰退渐渐退出文艺队,新的成员也不断加入进来。D村老年文艺队刚成立时条件比较简陋。"我们买磁带,拿影碟机来放,大家一起学,没有人教。BXM大妈的女儿有时候来指导一下,教教动作",2015年加入D村老年文艺队的成员ZYZ大妈(女,72岁)回忆说。当时D村老年文艺队成员经常在路边活动。ZYZ大妈谈道:"在路边跳,在BXM大妈的大姑娘家门旁边跳,玩处没得。"虽然当时活动条件较差,但成员们都很开心。

S社区两支老年文艺队的发展路径不一样,老人们加入文艺队的时间和原因也各不相同,但从加入老年文艺队并坚持跳舞的原因和收获可以看到,老人们认为跳舞可以促进身体健康,从而增加了对老年文艺队的归属感和认同感;同时参加老年文艺队使他们感到心情愉悦,自我效能感和自我价值感增强,精神生活得到改善。对老人们来说,参加老年文艺队还能培养面对生活的积极态度,提高应对生活压力的信心。文体娱乐活动是老年文化服务的重要内容,S社区两支老年文艺队的发展历程显示,老年人的精神文化生活丰富和高层级需求满足可以随着老年文化服务的开展而得到实现。

(四)促进自我实现与自我超越,避免晚年生活"失意"

城市化转型导致的生计方式和生活方式变迁使老年人原本拥有的经验与技能的适应性下降,在家庭及社会中的地位边缘化,容易让老年人产生无用感和无力感,自我价值感下降,找不到生活的意义,笔者将其称为"失意"。文化服务可以通过"满足认知需要"和"为生命赋予意义"两个途径增强老年人的生命意义感,帮助他们实现自我超越,避免城市化转型中的晚年生活"失意"。

一方面,文化服务是城市化变迁中满足老年人认知安全需要的重要途径,可以协助老年人获取知识,使整个世界系统化。文化服务借助一定的物质载体或者以物质形态为表现形式,但是它的内核或实质是某种价值理念(吴理财,2012)。价值理念通过各种形式的文化服务潜移默化地传递给老年人,影响其行为。

另一方面,文化服务可以增强老年人的生命意义感。首先,对于那些与传统文化所承载的意义能够产生共鸣或者参与传统文化传承工作的老年人,来自先辈的宗教象征符号和仪式能够提供有关历史进程、生活奥秘的持续的、富有想象力的描述，从而使意义得到传承。那些符合文化世界观所描述标准的老年人会感到自己是一个不朽文化中一名有价值的成员，还感到自己为文化做出了贡献，从而获得象征永恒感（Solomon S et al, 1991）。因此，文化服务蕴含的精神性可以增强老年人的生命意义感。其次，老年教育可以促进老年人的自我实现和自我超越。美国密西根大学麦克拉斯基教授认为，老年人是丰富的社会资源，老年教育不仅是老年人获得丰富和富有意义的生活的途径之一，而且是帮助老年人发挥其潜力，使之成为改善社会的源泉的一种手段（叶忠海，2013）。通过有计划、有目的、有组织的学习活动，老年教育可以增进老年人的知识与能力，改善情感、意志与态度，进而达成自我实现；通过教育，老年人的参与意识和社会责任感也可以得到增强，为社会服务的能力得到提升，在推进社会可持续发展中获得自我实现。此外，用健康的人生哲学和价值观引导老年人以自我超越应对自我关注，再探索和再认知生命意义，整合自己一生有价值的东西，以超越自我、积极坦然的姿态面对城市化转型中的地位边缘化趋势也是老年教育的重要内容。此类老年文化服务可以帮助老年人更有效地理解和处理理想与现实之间的关系，在意识层面实现良好的城市化转型适应。最后，文化是人们的人生信仰、社会道德等的源泉，它或许不能带来可见的经济效益，但其更重要的意义在于可以通过润物无声的方式补充人们的精神能量。从老年人个体层面来看，实证分析表明，老年人的生活满意度、主观幸福感并不必然因为当今时代经济的快速发展而获得相应的提升（唐丹等，2006），但是文化服务可以满足老年人的灵性需要，让他们在现实物质生活条件不尽如人意的情况下仍能进行良好的自我调适，保持心境的平和和身体的健康。

（五）培育公共精神，增强集体行动力

城市化转型的良性发展要求塑造社区生活共同体，其前提是培育公共精神，形成凝聚力和集体行动力。文化具有凝聚、整合、同化、规范社会群体行为和心理的功能，因此是维系社区成员的精神纽带，是社区建设的核心。保罗·霍普（Paul Hopper, 2010：81）富有见地地指出："公共文化服务的主旨，不是这个服务本身以及它提供了什么样的'公共文化产品'，而是通过它建设文明健康的公共文化生活。通过公共文化生活的建设，建构公民的主体价值；通过公共文化生活的建设，培育公民的公共理性或公共精神。公共精神是公民社会的灵魂。一个社会的公共精神越发达、越充分，这个社会的环境和氛围就越好，每个社会成员享有的社会资源和福利就越多。公共生活的建设可以为构建富有生机的、互相支持的和赋予包容性的公民社会带来愿景，同时，也能够抵御生活在这个个人主义时代的一些消极因素。"也就是说，公共文化服务通过建设公共文化生活来培育公共精神。公共精神越发达，则社会成员享有的福利就越多。

在 S 社区，人们常常相互协调和组织起来做一些大家共同关心但仅靠单个家庭难以完成的事情，如婚礼、葬礼、修建房屋、庙宇，建设村庄防卫设施，举办庙会等。在这些仪式性公共活动中，民族精神得到体现。民族精神是民族文化中凝聚人心、促进发展的核心部分（邵庆祥，2007）。体现民族精神的庆典与仪式有助于构建共同体意识，培育公共精神，增强社区的发展动力与集体行动能力，维系社区成员的文化尊严，增进整个社区的福利。所以开展文化服务，举办民族传统仪式等公共活动可以建设文明健康的公共文化生活，建构社区居民的主体价值，促进其公共参与，培育公共精神，提升社区的凝聚力和集体行动力，从而增强老年人的文化自信，增进包括老年福利在内的民众福利。

简而言之，文化服务可以促进老年人在城市化转型中的角色转变，推动他们的转型适应，是转型社区老年人应对城市化挑战的助力器。

二、S 社区老年文化服务的问题审视

由于居民收入、政府投入和福利保障等方面的城乡差异明显，以及长期以来的"城市中心取向"，我国城乡老年文化服务的二元分割现象严重，城市的老年文化服务得到优先发展，而农村老年人的精神文化需求难以得到相应满足。对 S 社区的田野调查显示，在老年文化服务领域，存在组织机制不健全、观念制约、老年文化服务人才欠缺、缺乏可持续的资金筹措机制、服务内容单一、服务对象有限、社区资源的发掘和运用不足、老年文化服务设施建设滞后等一系列矛盾与问题。

（一）组织机制不健全

对于老年人的精神文化需求，S 社区缺乏系统的文化服务供给体系给予回应，老年人基本上处于依靠非正式网络及宗教、文化、娱乐自组织活动来满足自身精神文化需求的状态。这样的现实固然有利于发挥老年人的主体性与文化资源的福利功能，但是由于缺乏责权利明晰的组织体制，没有经费的保障，非正式供给主体获得的支持不足，自发状态的老年文化服务供给时常中断，难以保证持续性。

政府和集体供给少量老年文化服务，主要由社区居委会和社区居家养老服务中心承担。但是社区居委会承担着繁重的行政任务，在老年文化服务上很难投入足够的时间与精力。经社区居委会向省、市、区有关部门及街道办事处积极争取，2015年5月S社区居家养老服务中心建成并揭牌试营业。该中心是一个非营利性社会服务机构，申报的业务范围包括生活照料、康复护理、家政服务、文化娱乐、体育健身、精神慰藉、法律服务、助餐服务，目标是构建一个温馨的家园，使辖区内的老年人能够享受到所需服务。中心的活动室每天中午11点开门，下午5点关门，有专人打扫卫生和进行日常管理。对于老年文化服务，S社区居家养老服务中心主要以自上而下的行政安排方式开展。但是由于人才、资金、理念、制度等因素的制约，开办一年后S社区居家养老服务中心仍处于起步阶段，功能难以有效发挥，老年文化服务的供给也非常有限。

由于缺乏多元主体参与机制，企业、社会组织、志愿者等社会力量几乎没有参与S社区的老年文化服务供给。S社区老年人协会自成立得到的支持不多。BXM大妈（女，82岁）谈道："老年人协会2000年成立，已经成立10多年了。B主任第一次上任后就把我们组织起来，他说有这个老年人协会你们就组织下，活动活动，所以我们就组织起来了。B主任在任的时候领着我们这些老的去过民族村一回，去红塔公司两回。换届之后新的主任没抓，社区居委会说老年人协会不存在了，我们就自己玩，去昆明或者其他地方活动，社区居委会就一直没管我们。那个牌子挂着好久，基本上也没有做什么。原来成立的老年人协会有会员，还有会长，这几年就散伙了。但是我们还是玩儿着呢，去跳跳。我们去圆通山玩儿啊，去哪里玩，都是自己玩。"由于老年人协会开展活动既需要场地又需要经费，而社区居委会经济条件不宽裕，所以社区干部也感到无奈。S社区居委会干部ZGQ谈道："像我们社区，也有老龄专干，专门管老人的，也有老年人协会，但基本不运作，因为没有经费。就是有个牌子，实际上没有运作，也没得办法运作。"S社区老年人协会虽在自发地开展活动，却面临得不到实质性支持和资金短缺的困境，难以持续通过自我组织、自我服务和自我管理开展维护老年人基本文化权利、满足精神文化需求等老年文化服务工作。

受多方面因素制约，作为S社区老年文化服务供给重要载体的老年文艺队在发展过程中也面临许多问题。首先，团队的运行机制和管理制度不完善，缺乏约束力，成员随意性较大，不请假就不参加集体活动的情况时有发生。其次，具有组织协调能力和领导才能的骨干较为缺乏，一旦目前的团队骨干退出，老年文艺队就面临解散的命运。最后，活动经费不足。S社区老年文艺队没有固定的活动经费，日常费用大部分靠自筹，但演出补贴很低，这在一定程度上影响了老年文艺队的活动质量和成员的积极性。

（二）老年文化服务人才欠缺

S社区开展老年文化服务的依托是街道办事处及社区居委会。街道办事处是政府部门的派出机构，社区居委会是社区居民自治组织，在政府部门的直接管理下开展具体工作。这些基层组织人少事多，并且文化类、社会服务类专业人才不足，因此让他们直接、全面承担起老年文化服务的工作确实有一定难度。社区干部组织开展老年文化服务的主动性不强，影响了老年人对社区文化服务的认识和认同。

S社区内部也缺乏开展老年文化服务的专业队伍。S社区居家养老服务中心的决策和监督由理事会负责，7名理事以社区居委会干部为主体。为完成机构的日常服务与管理工作，中心设有主任一名，为兼职管理人员，同时承担着社区居委会的其他工作；社区老龄专干也协助开展中心相关工作，但她在社区居委会还承担着大量其他工作，能够投入社区居家养老服务的时间和精力不多；此外中心还聘请了一位身体有残疾的社区居民，专门负责开门及保洁工作。总体而言，S社区居家养老服务中心员工由兼职社区干部和临时招聘的社区居民组成，他们都不具备相应的专业知识和工作经验，无论在人员数量、时间精力还是专业知识与技能方面都难以满足S社区老年人对文化服务的现实需求。

（三）缺乏可持续资金筹措机制

老龄化与城市化的双重压力带来的老年福利问题要求政府承担更多的福利责任，但是在"效率优先，兼顾公平"财政理念的指导下，政府的主体功能在很大程度上还是经济建设。财政理念的影响使S社区老年文化服务的发展缺乏稳定的资金保障。现有公共文化服务经费更多用于文化场所与设施的硬件建设，对软件建设如文化场所与设施的人员配备、组织完善、服务内涵深化、使用效果提升、民众主体性发挥等方面投入较少。因此，政府公共财政转型的滞后和公共文化服务经费使用理念的制约使老年文化服务缺乏可持续的经费保障。

从社区层面看，尽管近年来有多个农业生态园、都市农庄在 S 社区投资和建设，但大多以投资者租用居民所承包土地的方式进行，社区居委会能够动用的集体资金不多，因此社区集体经济并不充裕。同时，由于发掘社区文化资源和整合社区非正式支持网络的力量供给老年文化服务的机制尚未形成，S 社区能够用于开展老年文化服务的资源不足，老年文化服务的数量与质量都受到限制。

在社区居委会及相关各方的努力下，通过向政府相关主管部门申请，S 社区居家养老服务中心在筹建之初获得了启动资金，主要用于房屋改建装修和家具设备购置，但是中心后续发展和开展服务所需资金找不到可持续的来源。一方面，S 社区的老年活动室免费开放，除此之外中心没有开展其他服务，不可能依靠服务收费；另一方面，即便希望通过提供收费性服务项目来筹措经费，目前社区里的老年人及其家庭无论在观念还是经济承受能力等方面都还无法接受收费性服务。中心曾打算创办社区食堂，为社区里有需要的老人提供用餐服务。根据成本测算，在给每人补贴 3 元的基础上，中心还需要向每位就餐老人收取 4 元的成本费用，然而这项服务难以付诸实施。2015 年开展的 S 社区"老年人午餐就餐摸底调查"结果显示，回答问卷的 337 位老人中只有 5 位老人愿意到中心吃午餐。由于评估到的需求量太小，无法弥补人工成本，社区食堂未能开办。社区食堂的需求不大，原因首先在于老年人的经济条件制约。社区老龄专干 ZHQ 谈道："老人在家里（吃饭）不需要花什么钱。家里有米有油盐，菜地里再整点蔬菜，实际上就把这个问题解决了。如果来社区食堂吃饭，至少要 100 多块钱一个月。如果子女不给老人钱，他（她）也拿不出来。"每天花 4 元钱吃饭对 S 社区的老年人来说是很昂贵的消费，毕竟政府每月所发的养老金只有 75 元；而在家吃饭成本低，自己种植的蔬菜基本不用额外花钱。在经济条件有限的情况下，自己在家做饭吃而不到社区食堂付费用餐是老人们的理性选择。其次，到社区食堂用餐与劳动能力尚存的老人需要履行的家庭责任有冲突。如果在家吃饭，老人可以同时帮助儿女做家务、看门、带孙辈等。社区老龄专干 ZHQ 谈道："老人在家自己做饭吃，同时可以做其他家务，这就两不误啦。如果来中心吃饭就要耽误很多时间，还要在这里参加活动什么的她就管不了家里面，家里人也有意见。"再次，举办社区食堂还面临传统观念的阻碍：老人及其儿女都担心到中心用餐会被别人质疑"儿子不养""不孝"。BXM大妈（女，82岁）反馈说："我儿子说了，你去那里参加活动可以呢，不能在那里吃饭。你在那里吃饭人家就说是不是我养不起你，家里面没有吃的，你才去那里吃。"因为担心启动资金用完后机构无法继续运转，中心通常只提供活动室开放服务以确保日常开销不大，但结果就是机构的服务目标无法有效达成，机构功能难以发挥，不能为有需要的老人提供足量、适宜和有品质的服务。

（四）对社区资源的发掘和运用不足

无论是老年服务机构的场地和设施、社区人力资源，还是社区文化资源，在S社区的老年文化服务发展中都没有得到有效发掘和运用。

1. 机构场地和设施部分闲置

在S社区居家养老服务中心，一楼的休息室，二楼的办公室、健身房和健身器材大多数时候上锁闲置；阅览室基本无人使用，偶尔用于社区居民开会和培训。正常开放的只有一个活动室，作为老年人喝茶、看报和打麻将的场所，其他场所和设施均未得到有效利用。但在社区调查和需求评估时受访老人向项目团队表达了希望政府及社区自治组织为他们开展文化娱乐活动创造机会和提供支持，包括场地支持、物质支持和精神鼓励的强烈愿望。当被问及"希望社区居家养老服务中心提供哪些服务"时，大妈们纷纷说："居家养老了嘛，娱乐的地方要有，跳舞的地方要有。"可见，老年文化娱乐活动的场地与支持不足是S社区老年文化服务中需要解决的一个基础性问题，而这些问题可以通过更加有效地利用机构现有的场地和设施加以解决。

2. 社区人力资源未得到有效发掘和运用

在老年文化服务的供给中，老年文化骨干、老年人趣缘小组等都是重要的人力资源。根据调查，S社区老年人的兴趣爱好大致可以分为四类。第一类为参加宗教活动，主要是做会；第二类是参加唱歌跳舞等民间文艺活动；第三类是专注于家庭生活与生产劳动，包括打工、做农活；第四类是以看电视、打麻将、玩扑克等方式度过闲暇时光。唱花灯、跳舞等文化娱乐活动是S社区一部分老年人丰富晚年生活的重要休闲方式，但大多为自发组织，无论在精神方面还是物资方面都缺乏政府及社区自治组织的持续支持，活动零散，远远不能满足S社区老年人参与文化娱乐活动的需要。老年文化骨干谙熟社区历史与传统文化，擅长传统手工艺，关心社区公共事务，具有良好的人际关系，对社区文化服务的发展也有自己的看法，是开展老年文化服务的重要人力资源，但是总体而言老年人在 S 社区老年文化服务供给中的参与较少。

3. 社区文化资源未得到充分关注和发掘运用

在城市化转型阶段，老年人的物质生活需要已经得到基本满足，要提高其生活质量就必须跳出纯经济（物质）的视野，建立一种全面资源的观念。在养老问题的应对中，少数民族社区虽然面临经济基础薄弱、社会服务发展滞后等制约，但也具有传统文化资源保留较多、非正式支持体系（如基于血缘、亲缘、地缘、趣缘而形成的家庭、亲属、邻里、朋友关系）尚在发挥重要功能等优势。对文化资源的发掘与运用可以在物质支持、生活照料、情感支持与精神慰藉等方面发挥社区的传统优势和非正式支持体系的作用，弥补少数民族农村社区正式支持的不足，改善老年人的生活。发掘、运用文化资源对于整合民间资源、贴近服务需求、增加服务亲和力、满足情感归属需求、丰富精神文化生活、增强自我价值感和增进社区凝聚力进而推动老年文化服务发展具有积极作用。老年文化服务应当是优秀传统文化要素与现代人文关怀精神的有机结合。根据笔者前期开展的田野调查，S 社区的文化资源包括物质文化资源、制度文化资源和精神文化资源三类，它们在老年文化服务的开展中都可以发挥积极作用（李艳华，2018）。

（1）物质文化资源

S 社区所在的 SL 乡被称为昆明城边的"金花之乡""小大理"，传统文化资源积淀丰厚，白族文化特色显著。建有一条长约 300 米的白族风情街，街道两旁是青瓦白墙的白族民居，街边的墙壁上绘有中国传统书画和本地白族作家创作的歌曲。利用本地特有的白族文化资源及自然资源（温泉、山地、溶洞）等，SL 乡开发了一系列农家乐、民俗旅游等乡村特色旅游项目以带动本地的经济发展。

S 社区的物质文化资源还蕴含于居民生活的衣食住行等诸多方面。S 社区的传统服装独具特色，衣裤、布鞋上有传统的绣花，纹样具有民族特色，大都被赋予了吉祥的寓意。S 社区成立了白族刺绣协会，开展本地白族刺绣的推广普及工作，将白族刺绣做成社区特色文化产品，使居民获得一定的收入。在 S 社区的白族妇女中，刺绣是较为普及的一项手工艺，过去人们把会不会刺绣、刺绣水平高低作为衡量妇女聪慧程度的标准之一。女孩长到 12 岁就跟着奶奶、妈妈学刺绣。妇女中的刺绣高手被称为"绣工"，受到社会的尊重，农闲时节经常被人请到家中做刺绣活。S社区的妇女也喜欢聚在一起做鞋垫、鞋底、鞋帮或绣花等针线活。随着年龄的增长，眼睛昏花、手指颤抖等问题使很多在年轻时曾经是绣花能手的老人无法再继续参与绣花等手工艺活动，但是老人们收藏的儿童口水兜、男式褂子、绣花鞋、婴儿背被、蚊帐帘子等精致的绣品是他们那些心灵手巧的岁月的最好见证。当项目团队成员请老人们拿出绣品给予参观、讲解时，她们的脸上即刻显露出自豪、幸福的神情。

草鞋、草墩、蒲垫等草编制品是S社区居民在传统农业社会时期常见的生活用品。草鞋轻便、防滑，穿着舒适，易于制作，村中老人还曾经为部队做过草鞋。但是草鞋不耐穿，随着时代发展已经很少有人穿了。有的老人家中保留着做草鞋的工具，但已经很多年没有使用了。S社区很多人家还备有草墩。草墩具有材料来源广、价格低廉、制作简单、耐用且易于收藏等优点，深受S社区民众的喜爱。过去几乎所有老人都会制作草墩，但是随着生产力的发展，其他材质的座椅进入居民家中，加之水稻种植面积急剧减少使草墩的制作原料来源锐减，草墩编织手艺面临失传。同草墩的制作原料和功能用途较为接近的生活用品是蒲垫。蒲垫一般用于宗教场所，但在制作手法上有所不同。S社区的中年人和一些老年人已经不再掌握编制草鞋、草墩和蒲垫的手艺，因而这成为少数老年人独有的一门技艺。

以物质形式为载体的传统文化资源是协助S社区老年人重新体认自己赖以成长和生活的文化环境、增强社区认同、开展促进社会参与的老年文化服务不可或缺的媒介。此外，对物质文化资源的运用还可以引导老年人发挥潜能，以文化传承增强老年人的自我效能感和价值感。

（2）制度文化资源

虽然已经成为"村改居"转型社区，但S社区依然不同程度地保存着传统乡村社会尊老敬老、小伴文化、守望相助等乡土本色，继承和延续着原有农村社区共同体的治理规则和发展路径，这些都是制度文化的重要组成部分。制度文化资源可以规范人们的行为，维持社会秩序，为经济社会发展提供有序的环境。对开展老年文化服务而言，制度文化也有其重要的资源价值。

首先，尊老敬老的文化习俗和道德原则可以成为发展社区居家养老服务的重要文化心理基础和能量来源。白族本主信仰中关于尊老敬老的规定和训诫，白族家庭以老人为尊的理念，"倘有不孝不悌，忤逆犯上，被父兄首出申言者，合村众治"的习俗，"因果报应"观念蕴含的敬老教化功能，民间文艺活动中传递的道德原则等，都可以为养老问题的解决提供方向指引和日常监督，并为发展老年文化服务提供重要的文化心理基础和能量来源。

其次，将非正式支持网络及其能够整合的民间资源与政府相关部门、社区自治组织及社会服务机构提供的正式支持相结合，可以为老年人的需求满足、福利水平提升和幸福感、获得感增强提供更加丰富的资源和更为全面的支持。在熟悉的社区环境中，老人们以自己熟悉的生活方式度过晚年，通过社区互惠体系与同辈支持系统来满足自己的社会交往、社会支持与精神慰藉需求。进入S社区对老年人进行个别访谈时，项目团队发现老年妇女中普遍存在"小伴文化"。"小伴"是从小一起长大或因为居住地相邻而相互熟悉的一个同辈群体。在某一位成员的家里，或是在社区的公共空间，都能看到聚集在一起的小伴群体。小伴群体中的老人们相互熟悉，彼此间的关系比较亲近，能够在成员面临困难和问题时给予及时的支持和帮助。例如，在接受访谈时，年纪较大的老人记不起自己的年龄，小伴会替她回答；遇到事情的时候老人们会去请教有经验的小伴；有的老人眼睛看不清或看不见，但每天跟小伴聚在一起，讲讲自己的快乐或烦心事，得到小伴们的安慰和帮助，心情也会好一些。"小伴文化"中最有价值的部分当数小伴之间的"互助"和"陪伴"，这些功能对于没有子女或独居老人的风险防范与生活品质保障尤为重要。五保老人ZHL大妈（女，85岁）谈到，小伴对自己的生活提供了非常大的帮助。老人在前一年患上肺炎，入院治疗后虽然康复但身体大不如前。在自己身体不舒服或是不方便做饭的时候，小伴们会帮老人做饭。ZHL大妈几乎每天早上都会和小伴外出散步，平时没事的时候小伴们也会聚集在老人家的院子里聊天做手工。老人还谈到，如果有什么心事自己很愿意向小伴倾诉，遇到问题也是小伴们商量着来解决。考虑到儿子、女儿的压力，老人们如果有心事更倾向于向小伴倾诉而不太愿意告诉儿女。在HCY大妈（女，85岁）看来，经常聚在一起聊天的小伴们都是可以令她感到自然、愿意倾吐心事或求助的。她说："我们就每天聚在一起相互诉诉苦，她们偶尔会给我一个小瓜之类的，我哪里不好也是找她们帮忙。"LGC大妈（女，75岁）是独居老人，子女都在昆明工作和生活，目前听力不好。小伴们时常敲门很长时间，约老人出来闲聊或者参加跳舞锻炼等集体活动。可以看到，小伴群体是S社区老年人社会支持网络的重要组成部分，小伴群体中的老年人在生活和情感等方面互相支持，对于解决生活难题和满足精神需求发挥着重要功能。对单身、独居的老人来说，小伴群体的支持可以帮助他们更好地应对城市化进程中家庭养老功能弱化带来的挑战。

在S社区还活跃着白族文化研究会和老年文艺队等社区社会组织，可以通过"组织起来"的方式将有限的经济资源转化为社会效益与文化福利。本土学者依托白族文化研究会对SL白族文化开展调查研究，梳理本地白族谚语，搜集、整理、展示民俗、民歌，还对SL白族的历史进行研究和论证。老年文艺队通过唱花灯和习练、表演广场舞、民族舞等活动满足老年人的精神文化需求，是老年文化服务的重要供给主体。此外，协助老年文艺队增强自组织能力也是拓展老年文化服务内涵，推动老年人参与文化服务供给和凝聚服务对象的天然着力点。

鉴于城市化转型中老年人能够获得的正式支持不足，以及生计方式与生活方式变迁导致的家庭养老功能弱化，认识、梳理、发掘和运用制度文化资源可以使老年人获得的需要满足超出个体和家庭自身所能及的范围，为老年人的福利水平提升和幸福感、获得感增强提供更加有力的支撑。

（3）精神文化资源

第一，S社区的精神文化资源体现在节庆仪式和民间文艺活动中。根据麦克米兰（McMillan）的研究，社区的核心在于其精神性，当人们拥有一种正面的社区感时，会拥有下列感受：归属于社区的依恋感、能够在社区实务中发挥影响力的价值感、得到其他人信任的信赖感，以及能够在与他人互动中不断得到回馈的公正感。这些情感维系和支撑起人们的正面体验，树立起人们的自我效能感和自尊体验（马威等，2015）。作为白族聚居村落，白族传统节日在S社区得到传承。每年各村自发组织"火把节"等活动，老年人、中年人、青年人、儿童各年龄群体组成的文艺队载歌载舞，欢庆节日。逢一逢六赶集是社区的特有民俗，琳琅满目的商品和集市的新奇吸引游客源源不断地从四面八方赶来体验"赶乡街"。"S村的灯（花灯）""D村的戏（滇戏）""SL的霸王鞭""板凳龙"等节目，S社区及其周边负有盛名的传统民间文艺活动形式近年来得到大力恢复。在没有投入更多物质资源的情况下，体现民族精神的庆典、仪式和民间文艺活动的开展可以丰富老年人的生活、增进社会交往，并通过传递积极的观念增加社区成员之间的信任，增强社区凝聚力，营造良好的社区环境，在潜移默化中增强老年人的归属感，从精神层面提高老年人的生活质量。

第二，S社区是一个文化底蕴深厚的白族聚居区，语言、歌舞、民居、手工艺、饮食等独特的文化要素凝聚着S社区民众对白族文化的留恋、认同与自信，这也是一种重要的精神文化资源。文化认同具有两方面功能。一方面，每一个民族或社会共同体在历史的积淀与延续中都会展现出一种特有的文化气质，认同把具有相似特质和性质的文化群体联系、沟通起来，彰显出整合作用，可以凝聚社会力量；另一方面，文化认同将不同文化模式的文化群体分隔开来，体现出屏障功能（余晓慧等，2014），使各民族文化不失自我特色。文化认同的对内凝聚和对外区别功能使其成为人们满足情感归属需求的重要途径。尊重老年人的文化认同会使他们感到自己所属民族的气质与独特性得到肯定，存在的合法性得到认可，自己作为文化共同体的一员也受到尊重，由此唤起文化自觉，民族自信心和文化自豪感增强，情感归属需求得到满足。

第三，老年人具有的热情友善美德、家庭意识、自立意识、社会责任感等对于促进老年人的身心健康、家庭和谐、社会交往以及生命意义都具有一定的作用，也是重要的精神文化资源。S社区老年人有着热情友善的美德，对于本社区的居民和外来的客人都十分热诚。接受访谈的ZHF大爹（男，62岁）喜欢在家做些小手工，比如，小木槌，可以用来捶捶身体不舒服的地方，平时还可以拿在手里把玩，锻炼手和脑。小木槌很受欢迎，老人做了很多都被别人要去了，但老人表示能帮到别人自己很开心。老人的朋友很多，除了邻居和熟人，还有在社区居家养老服务中心一起打麻将的朋友。朋友们常常联系，时常走动。热情友善的品质帮助老人维持稳定的人际交往，维护社会支持网络。S社区老年人也十分看重自己的家庭，这是中国"家本位"文化的体现。42位受访老人中一半的受访老人谈到，对自己未来生活的期望就是家庭和睦，子女成才、孝顺。在谈话中，老人们常常表露出对自己子女的自豪感。家庭意识使老年人非常重视家庭的和谐，支持儿女、关爱孙辈，也使家庭成为老年人重要的支持主体和自我价值感来源。在老年文化服务中如果能够针对家庭开展代际共融活动，或者帮助有需要的老人解决家庭生活中的困惑与问题，则可以更加有效地协助老人应对城市化挑战，提高晚年生活质量。对于自己能够解决的问题，S社区老年人通常不太愿意麻烦别人，自己的事情自己做。自立意识能够帮助老年人积极面对生活中的困难。接受访谈的ZLZ大妈虽然已经92岁却还自力更生，制作的绣花鞋做工精致、广受欢迎，甚至还可以依靠自己的收入照顾身患疾病的孙子。独立生活的 LCXA 大妈（女，74 岁）即便身体不好，日常生活和农活还都是自己在打理。ZHF 大爷（男，62 岁）则表示自己老了会去寺庙做活，也会去打工赚钱，不拖累子女。BD 大爷（男，69 岁）关于"深挖洞、广积粮"的主张和对子女"留一手"的策略，都是具有风险意识的体现。自立意识使老年人自身能够采取积极策略化解晚年生活中的经济风险。访谈时笔者还看到，YCY 大妈（女，72 岁）为自己工作能力强、在社区妇女工作中表现突出而感到自豪；ZLM 大妈（女，75 岁）为自己学习能力强并且在 20 多年担任村委会主任期间为村落发展无私奉献而感到欣慰。老人们显示出较强的社会责任感，以及因此而获得的自我效能感、自我价值感。这些积极观念是增强老年人的社区认同、培养公共意识和形成集体行动的重要精神文化资源。

第四，民众在生产和生活过程中创造并传承民族文化，离开老年人这一载体，民族文化的传承就会丧失灵魂和竞争力。因此对民族文化的传承与可持续发展而言，老年人的参与意义重大。将传统美德、手工技艺、民族民间艺术等文化要素引入课堂、培训或活动中，邀请老年人参与青少年、儿童的全人教育，既可以促进民族文化传承，又能使老年人发现自己在承载传统文化中的重要价值，意识到自己在后代成长中承担的历史使命与社会责任，有助于增强老年人的自我效能感和自我价值感。在此意义上，对于老年人，文化传承也是一种重要的精神文化资源。

第五，通过满足灵性需要，宗教等文化要素令老年人在物质生活条件不尽如人意的现实情况下仍能进行良好的自我调适，保持心态的平和及身体的健康，因此是重要的精神文化资源。例如，佛教学理严密地抨击物质世界，从最早期的佛典到现在，佛教僧众一如既往地拥护着避其物质世界而苦修的理念。对感官、物质享受的质疑和强调精神的追求使那些经济状况不太理想但信仰佛教的老年人在心理层面对自己的生活更显安然、恬淡和适应。田野调查中白族居士 DDB 大妈（女，89 岁）对笔者说："吃多少肉进去，反而得一身病。我没有几文钱，就吃点小菜，也不要什么。天天服侍佛菩萨，80 多岁了从来不进医院。"这是一种心安则身安、身安人则安的状态，体现了宗教信仰协助老年人获得内心平衡、改变理解事物方式的功能，对于老年人保持身心健康具有积极意义。"甚至，精神性是人们孜孜以求的最高价值，是终极目的，是自我实现的最高境界"（马威等，2015）。因此，在开展老年文化服务的过程中需要承认并且理解灵性和宗教对老年人的重要性并妥善运用这些精神文化资源开展工作。

综上所述，从既有文化资源中可以找到助力老年人应对城市化挑战的文化要素，但是S社区现有的老年文化服务对于社区文化资源的认识、梳理、发掘和运用均较为欠缺。

(五) 观念制约老年文化服务发展

从单一的物质生活的维度看待老年人需要的观念在我国政府与社会中仍然存在，这样的观念制约着老年文化服务的可持续发展。

1. 老人闲暇的非正当性观念

在"恩往下流"的代际关系模式下老人对子代的付出具有村庄规范层面的应然性，老人闲暇因而不具有正当性（杜鹏，2016）。访谈显示，政府相关部门工作人员对"福利"的认识还停留在物质需求的满足层面，认为老年人不需要文化娱乐活动，因为他们习惯于生产劳动。街道办工作人员CKX说："本来是要组织老年人的文体娱乐活动呢，但是我们农村的老年人，说实在话，虽然是六七十岁了，还是闲不下来，还是没得空闲，还是有他们的事情做。所以他们不像城里人，60岁退休以后没得哪样事情，就积极地参加健身啊这些娱乐活动。在我们农村，哪怕他是70岁、80岁以上，只要他干得动活计，活轻活重，他都不会闲下来。所以你不可能像城里，组织他们闲着去哪里搞点哪样娱乐活动，组织不起来。他们的观念跟城里人不一样。"然而如前所述，"S社区老年文化服务现状与需求"调查显示，劳动固然是S社区老年人不可或缺的一种生活方式，但它并不妨碍老人们的社会参与及精神文化需求的满足，S社区老年人有通过社会参与丰富精神文化生活的需求。

2. 老年人是文化服务的被动受益者

在已经开展的老年文化服务中，老年人常常只是被动受益者，这导致老年文化服务的参与性、针对性和文化适宜性不足，缺乏内源性发展的动力机制。

第一，精神文化需求表达机制和社会参与机制缺乏使作为服务对象的老年人基本处于被动地位——既不掌握相关信息，也无法对接受文化服务的过程进行评价、问责，更没有法定的参与渠道，缺少老年人参与的公共决策程序。

第二，"外送"式老年文化服务的针对性和参与性不足。作为直接的公共文化服务供给者，政府的宣传、文化、民政等部门及所属事业单位常常"送文化下乡"，关于政府部门在敬老节赴S社区进行慰问演出的新闻可以见诸报端。但是类似报道显示的只是政府主导，民众尤其是老年人被动观看的旨在开展敬老宣传的文艺表演活动，老年人在表演中的缺位使该类文化服务主要体现为"文化教化"，对满足老年人的精神文化需求来说针对性和丰富性不足。此外，这些文化服务举措主要关注如何依靠文化精英打造文化品牌以扩大影响力，参与主体仍是中青年骨干，老年人则主要扮演观看者、接收者、被动受益者的角色，其主体性未得到尊重和发挥。文化的"教化功能"固然能够传递积极、正面的社会价值，但老年人更需要通过在文化服务中的参与和主体性发挥获得归属感、文化自信心和丰盛的精神生活，从而增强生活的意义感。

第三，以"送文化下乡"形式传递的文化服务缺乏内源性发展的动力机制。以"送文化下乡"形式传递的文化服务，其背后的隐喻是乡村社区没有"文化"，即认为乡村民众受教育程度低，社区文化相对落后，没有高雅的艺术形式，所以文化服务都需要"外送"：送书下乡、送戏下乡、送文化下乡。从发展路径来看，以"外送"方式供给公共文化服务是行政式自上而下的"灌输"，属于外源性干预模式（钱宁，2004）。外源性干预模式没有将文化服务视为社区发展的一个组成部分，使得文化服务缺乏内源性发展的动力机制，当地资源难以得到有效发掘与连接，系统性、规划性不足，存在形式主义、走过场及外部供给与民众需求不符等弊端，因而也容易成为社区干部及民众被动应付的任务。"外送"式文化服务的指导理念只对"文化"做了狭义的理解，还停留在文字文化、文人文化的单一层面。事实上，体现于民间文化、民族文化中的传统文化，或者说是"小传统"，是同样重要的可作为福利来源的文化资源。民众成长于特定的文化环境之中，是民间文化、民族文化的创造者、拥有者和传承者，民众的精神文化需求必然生发于其中，也应在其中受益（李艳华，2018）。所以老年文化服务的内容不能缺少民间文化、民族文化，在文化服务的供给中老年人群体自身也不能缺位，这是构建老年文化服务内源性发展动力机制的关键。

（六）服务受益面小

自开办以来，服务对象有限、受益面小一直是S社区居家养老服务中心功能发挥的困境。第一，到中心参加活动的均为男性老年人，缺乏适合女性老年人参与的文化服务与活动。"麻将、棋牌，男性老人玩得多点；去寺庙里做会，参加宗教活动、民俗活动，跳广场舞，就是女的多一点"，社区老龄专干ZHQ的介绍说明，男性老年人和女性老年人的精神文化需求不同。但是，S社区居家养老服务中心日常开放的活动室只能满足男性老年人对棋牌活动的需求，即便是不下雨的日子通常也只有10多位男性老人在老年活动室读报、打麻将、聊天、下象棋，女性老年人的精神文化需求很少有机会通过系统性服务而得到满足。第二，S社区未能专门、定期上门为高龄、失能等行动不便的老年人群体提供文化服务。第三，那些受教育程度较低、无文艺专长、自卑感较强的老年人参加社区文化活动的积极性较低，被逐步边缘化，社区缺乏相应的服务机制推动此类老人参与文化服务、享受文化权利。

（七）老年文化服务内容单一

江曼莉等（2015）的研究指出，高龄人群对实用性较强的学习内容表现出更为强烈的需求，希望学习内容和生活实际密切相关，如健康教育、安全教育、茶艺、插花、琴棋书画、烹调技艺等教育服务。S社区居家养老服务中心建有阅览室、活动室和健身房，但老年人来到这里主要是自行看报、下棋、打麻将，文化服务内容单一，缺乏满足高层级精神文化需求的服务。

1. 老年教育尚未起步

由于受教育程度、知识技能和调整适应能力的制约，S社区老年人能够胜任的主要是种植业，但是城市化进程和身心功能弱化使老年人从种植业获取经济收入日渐困难，这导致部分老年人在经济方面不得不更多地依赖成年子女，也因此在家庭的经济管理与财务决策中处于边缘地位。虽说储蓄养老具有积极的风险预防功能，但一生从事没有报酬的家庭事务的农村老年妇女难以具备储蓄养老的前提条件，所以在养老方面依靠配偶和儿女成为许多老年妇女无奈的选择。DDB大妈（女，89岁）谈道："我这个人就是古怪，不会买东西，不会算钱，一年四季都不买东西。修行用的东西，比如，黄纸、油，我自个去买。拿钱给人家，人家数数，多了就还我，不够又喊我拿出来。钱都不会用，年轻时候也不买，挣着一文拿给我老倌儿。老倌儿当家，抚养儿女，吃哪样老倌儿买。"既无劳动报酬、又未接受过正规教育的高龄老年妇女常常处于家庭经济管理与决策的范围之外，日常生活及文化娱乐开支都需要配偶或儿女支持，所以在决策及行动方面的自由受到限制，对生活的掌控能力也比较弱。但是这一现实并不意味着老年人群体只能被动承受城市化带来的现实压力与挑战，老年人依然具有学习能力，可以接受新鲜事物。

老化为个体带来了新的自由，只要能够提供平台和条件让老年人群体发挥自身能动性通过学习继续增长知识与掌握新技能，他们其实可以在一定程度上弥补因生命早期受教育机会缺乏造成的缺憾，有能力从个体角度对城市化挑战做出回应，避免陷入困境。政府与社会有责任协助老年人在其能力范围之内掌握新技能和适应新的生活方式，克服边缘感，提高他们在城市化进程中的适应能力，在文化转型中获得身心的安宁与和谐。但是过去中国社会对成人教育的认识存在一定的片面性，农村社区的成人教育大多局限在对劳动适龄人口的扫盲、科普、职业培训和科技知识更新方面，对老年教育认识不足，所以老年教育在S社区尚未起步。

2. 文化服务内容与老年人需求的匹配度不高

问卷调查结果显示，S社区老年人主要通过看电视（57.69%）和聊天（43.85%）满足其精神文化需求；而阻碍他们参加文化活动、接受文化服务的因素排在前三位的分别是"没有钱""没人组织"和"缺乏合适的文化产品或设施场所"。S社区逢年过节组织的文化活动较多，但其目的更偏重于以文化展演扩大社区知名度，进而拉动经济发展，而不是以社区老年人的精神文化需求满足、文化权利保障和生活品质提升为主要目的，因此难免与老年人的现实精神文化需求不够契合。现有老年文化服务的形式比较单一，未能充分了解并以多样化方式满足老年人多层次的精神文化需求，也缺乏针对老年人的常态化文化服务。

例如，S社区老年人的安全事故高发，但是在项目团队入户探访的30位老年人中只有10%的老人听过药品食品安全和保健知识类讲座；受访老人中90%没有参加过任何安全知识培训，遇到风险时不懂得应该如何处理。绝大多数老年人遇到安全问题时主要依靠过往生活中积累的经验去处理，但有些处理方式并不科学。有老人谈到，跌倒受伤后可以抓一把香灰洒上用于止血，事实上这样的做法可能导致伤口感染等问题。一半以上接受入户探访老人的做法是等子女来处理，显示出自我保护能力不足。这些现象说明，现有文化服务未能对S社区老年人需要的自我照护、自我保护知识技能给予必要补充。又如，农家书屋是满足民众文化需要的公益性文化服务设施，要让其真正发挥实效，不仅应具有借书、看书的功能，还需要通过形式多样的服务与活动增强民众的阅读兴趣，提高民众的阅读能力，如此才能营造良好的全民阅读氛围，保障民众的基本文化权利。但是目前农家书屋建设工作中"以书为媒，开展形式多样的活动"的功能未有效发挥，面临读者少的困境。更重要的是，"村改居"社区老年人的受教育程度普遍较低，难以阅读图书报刊，而农家书屋未能针对这一群体的身心特点提供适合的特殊阅读服务。服务内容、服务形式与老年人身心特点及需求的匹配度不高使政府投资兴建的农家书屋在老年人群体中的使用频率和使用效果均未达到预期目标，老年人也无法以农家书屋为载体从文化服务中切实受益。

三、社会工作介入老年文化服务的积极意义

社会工作产生于19世纪前后的欧美国家，从济贫工作逐渐发展演变成为一种系统性、制度化的助人专业与职业。具体而言，社会工作是以特定的文化传统为背景，以特定社会福利制度与社会政策为依托，由社会工作者秉持维护社会的公平与正义的价值观，运用科学方法为困境群体特别是贫困群体、弱势群体提供的专业社会服务。它帮助个人、家庭、团体、社区恢复和增强社会功能，促进社会福利制度和社会政策的制定和调整，并为实现上述目标创造良好的社会条件。从创新服务理念、丰富方法手段、完善服务内容和保障服务品质四个方面看，社会工作介入老年文化服务供给既有积极意义也具有可行性。

（一）创新老年文化服务理念

社会工作是一个充满价值的专业，社会工作的介入可以创新老年文化服务的理念，将"以老年人为本"落到实处。

第一，社会工作以促进社会的公平与正义为己任，社会工作者应该具备公平与公正的价值理念，强调符合规则的行为模式，平等地对待每一位服务对象。在提供服务的过程中强调分配的合理性、公平性与公正性，与公共文化服务的均等化的要求相契合（钟祥虎，2019）。

第二，社会工作承认和尊重服务对象有自我选择和自我决定的权利，这一价值观可以为老年文化服务注入新的理念。融入社会工作专业价值观的老年文化服务以服务对象为中心，尊重老年人的选择和决定，而不是对老年人进行观念的强制改变与知识的灌输，这使老年人更容易接纳文化服务，增强参与积极性，调动老年人的主动性。

第三，社会工作"助人自助"的价值观使文化服务更注重提升老年人自

身预防风险和应对问题的能力，重视老年人的自我发展。所谓"助人"是指个人、家庭、群体或是社区有困难时，社会工作者为其提供专业的支援和服务；所谓"自助"是指通过社会工作者提供的专业服务，进行社会资源的整合，挖掘服务对象的潜能，推动困难人群走向"自救、自立、自助和自强"（王思斌，2013）。以老年安全教育为例，社会工作的介入强调通过安全知识的学习提升老年人的安全意识，协助他们了解安全知识、掌握安全技能，让老年人在遇到风险时懂得自助和求助，并且在有条件的情况下救助他人。"助人自助"的价值观指导让老年文化服务具有更大的格局和更加长远的发展目标，可以使老年人从"他助"转向"自助"，实现老年人自我管理、自我发展、自我服务。

第四，社会工作遵循差异化原则，主张尊重个体的独特性，这一价值观的指引可以让文化服务更加精准地对标老年人的需求，增强服务的有效性。随着身体机能的衰退，老年人的学习能力和记忆力相对于青少年、成年人来说有所下降。针对老年人在生理、心理和社会功能等方面的特殊性，社会工作者采用恰当的方法让老年人融入令他们感到放松和安全的环境，从而更加投入地接受文化服务、参与文化活动。在文化教育活动中，根据老年人不能久站久坐、接受知识的速度相对较慢的特点，社会工作者会制订学习时间较短、内容通俗易懂、形式活泼生动的服务方案。在培训方式上除了口头讲授，还穿插情景模拟、角色扮演、观看视频、播放图片等多种教学方式，让老年人能够通过亲眼观察、亲身体验和深度思考等方式更加有效地增强意识和更加牢固地掌握所学知识。因此，差异化原则要求社会工作者提前了解老年人的文化服务需求，在此基础上设计和实施的服务方案使老年文化服务更能兼顾老年人个体的独特性和群体的整体特征。

第五，社会工作服务本质上是一种具有文化相对性的社会服务，最佳的社会工作服务一定是文化契合和文化敏感的服务（刘继同，2015）。跨文化社会工作实务主张通过社会工作的介入增强案主的跨文化适应能力，促进不同文化群体之间的融合。在微观层面，跨文化社会工作主张尊重案主的社会文化背景，意识到案主及社工所属文化价值观中的偏见，评估案主的文化适应性。在宏观层面，跨文化社会工作致力于推动多元文化的发展，对社会工作者开展文化意识培训（刘玉兰等，2014）。跨文化社会工作还强调要同时关注影响案主的主流文化（如城市文化、现代文化）和专属文化（如农村文化、民族传统文化）而不能单纯地强调对案主的文化改造，这一视角可以使转型社区老年人在对本民族、本社区文化保持自信的基础上了解、理解、适应城市文化、现代文化。所以在跨文化社会工作视角下构建的老年文化服务更具有文化敏感性。

（二）丰富老年文化服务方法

社会工作方法可以为老年文化服务提供方法支持。在长期实践过程中社会工作形成了由个案工作、小组工作、社区工作、社会行政、社会工作督导、社会政策倡导等构成的比较完备的方法体系。对于个别化的老年文化服务问题和具有特殊性的精神文化需求，社会工作者可以运用个案工作或个案管理的方法进行介入。例如，在老年安全教育中，个案工作适用于遭受过严重安全事故，需要进行个别辅导的老年人。对于部分老年人的共性文化服务需求，则可以运用小组工作方法提供服务加以满足。例如，邀请面临同类安全问题的老年人集中在一起开展教育小组，更有效地提高老年人的自我保护能力。对于社区公共空间打造和社区文化营造等社区层面的文化服务需求，则可以运用社区工作方法进行介入。罗伯特·帕特南（Robert D. Putnam，2011：322—333）指出，社会资本的减少与社区文化的消失使得社区逐渐衰落，要恢复社区繁荣，则需要重建人们的社区意识，以物质以外的社区文化带动社区的繁荣与发展。公共空间为社区居民提供相互关联的场域，推动社区居民获得知识、体验文化、感知温情、达成共识，是社区文化的重要孵化器，有利于构建和谐、文明的社区生活秩序。以"资产为本"社区发展模式为指导，老年文化服务可以充分发掘和利用公共场所、集体活动、文化资源等社区资产，实现公共空间的形塑和再生产。

（三）完善老年文化服务内容

社会工作理论视角的应用既协助老年人个体调整适应不良的观念，提升转型适应能力，同时又注重社会支持体系的增强，改善社区文化环境，在不同层面寻找老年文化服务的着力点，让老年文化服务更具系统性和贴近现实需求，有助于丰富老年文化服务的内容。从优势视角出发可以协助老年人在参与文化服务与活动的过程中增能，了解和认可自己的价值，积极地面对晚年生活。生态系统理论的指导使老年人与文化环境的动态平衡成为老年文化服务的介入目标。将老年人视为"身处社会文化脉络中"的社会人，关注和理解当时当地的宏观经济结构、政治制度、传统文化规范、社会政策、个人际遇、可获得机会与资源的多寡等因素对老年人的结构性影响，认识到转型社区老年人的地位边缘化、自我价值感下降与社会结构、文化变迁息息相关，而不是完全将问题归咎于个人，有助于引导老年人更加全面、理性地看待自己的处境，明白宏观制度及中观、微观系统对自己的影响，并对自己的经验赋予积极意义，通过调整认知而更加有效地应对城市化挑战。

（四）保障老年文化服务品质

在介入老年文化服务后，以链接资源增进民众福祉为己任的社会工作善于协助老年人个人、群体及社会服务机构构建正式和非正式相结合的支持网络，整合在地文化资源，拓宽老年文化服务的资源渠道，推动系统的完善，协调各相关主体达到"人与环境"的相互适应。社会工作行政、社会工作督导与咨询、社会工作研究等间接社会工作方法有助于保障老年文化服务品质，推动政策完善，增进老年文化福利。社会工作知识体系中沟通技巧、关系技巧、分析技巧和组织技巧等实务技巧的运用对于老年文化服务的目标达成和效果增强可以发挥积极作用。例如，认真听取每一位老人的发言，听完老人的发言后及时给予恰当的反馈，一方面是对老人的尊重，另一方面也可以及时了解老人，调整活动方式与进程，帮助老人调整不合理信念、增加知识、提高能力、获得支持。

第三章

转型社区老年文化服务行动研究设计

鉴于文化服务在助力老年人应对城市化挑战中具有的积极意义、S社区拥有的丰富文化资源、S社区老年文化服务存在的问题以及社会工作介入对老年文化服务发展的促进作用，笔者向S社区居委会及社区居家养老服务中心建议，社会工作师生入驻S社区，评估老年人的文化服务需求，整合社区文化资源，开展文化服务以协助老年人应对城市化挑战，提高晚年生活质量。S社区居委会及社区居家养老服务中心负责人欣然同意，双方就项目目标及实施方案达成共识，签订项目合同。2016年至2018年，在XZ街道办事处的支持和指导下，S社区居委会、S社区居家养老服务中心与云南大学社会工作专业师生组成项目团队，合作开展助力应对城市化挑战的老年文化服务实践探索和行动研究。自此，项目团队有了3年的老年文化服务协同发展经验。

一、梳理社区资产，确定行动目标

项目实施之初，梳理社区资产、确定行动目标是需要完成的首要任务。

（一）梳理社区资产

老年文化服务方案的设计从梳理S社区的资产开始。社区资产是社区内部能够激发社区发展活力与动力的各种资源。社区资产在老年文化服务中可以扮演不同的角色，发挥独特的功能，具有不同的建设重点与发展策略。通过发掘和建设不同类型的社区资产，能够增强老年文化服务供给的内在动力，推动社区的内生发展。斯诺认为，社区资产包括本地居民的技艺，地区居民组织的权力，公营、私营、非营利机构的资源及当地的物资和经济条件。资产建立模式的核心前设是每个人都具有能力、潜质和天赋等，关键是要发掘并抓住这些资源，开列出社区及个人能力清单（Snow，2001；张和清等，2008）。基于参与观察和深度访谈，借鉴Kretzmann J P等（1993）对社区资产的概念界定和划分方式，项目团队对S社区可以进行发掘和建设的社区资产进行了梳理和分析。

表 9　S 社区资产清单

资产类别	资产内容
个人资产	社区居民包括老年人、老人子女及孙辈的天赋、才能、生活经验、地方性知识、劳动与生活技能、个人与家庭资源、价值观及投入感等。
社区组织资产	兼具儒、释、道内涵的白族土主崇拜；互惠习俗等非正式的制度文化资源；娱乐与社交活动；老年人趣缘小组等。
机构资产	社区居委会、社区居家养老服务中心、社会工作师生团队。
自然资源及物质资产	社区居家养老服务中心、农家书屋、农家乐及自然环境等场所、物资设备及其组织管理方式。

（二）确定行动目标

童敏（2008：7—8）提出，每一次社会工作专业服务都涉及服务对象的能力建设、心理调适和社会支持三个方面，这三个方面相互影响、紧密关联。如何评估服务对象的需要，是为了保证社会工作者能够准确认识服务对象目前的生活状况，了解服务对象所具备的能力，哪些方面仍旧发挥功能，哪些方面存在不足，它是社会工作专业服务的能力建设部分；如何影响服务对象，是为了让社会工作者能够快速、有效地发挥自己的作用走进服务对象的内心，在服务对象内部心理的各个层面上影响服务对象，促使服务对象发生某种改变，它是社会工作专业服务的心理调适部分；如何维持服务对象的改变，是为了帮助社会工作者快速、灵活地启动服务对象的改变，并让服务对象的改变与周围他人的改变连接起来，相互促进，维持服务对象的持久的改变，保持社会工作专业服务介入的效果，这是社会工作专业服务的社会支持部分。由于这一介入思路能够做到逻辑闭合，具有自洽性，项目团队在拟定 S 社区老年文化服务行动研究的介入思路时进行了借鉴。

1. 转型社区老年文化服务行动的总目标

从"资产为本"社区发展视角来看，如何推动老年人群体潜能的增长和转型社区优势的发挥，最终促进老年人群体与城市化变迁的环境相互协调是"村改居"转型社区老年文化服务发展追求的最终目标。具体而言，总目标体现为：助力老年人应对城市化挑战，推动基层政府部门、社区自治组织、社会服务机构、社区社会组织及普通居民更多地关注城市化转型中的老年人群体，以社区居家养老服务中心为平台，通过多元化渠道整合场所、设施、资金、制度等正式资源和社区社会组织、老年文化骨干、非正式支持系统、传统文化要素等非正式资源，开展老年文化服务，培养老年文化服务人才，完善社区居家养老服务体系，激发老年人群体的自主意识，帮助老年人增强自组织能力，最终在转型社区构建具有文化适宜性的老年文化服务模式，进而带来相关社会政策和文化服务的启示和改变。

2. 转型社区老年文化服务行动的分目标

在助力老年人应对城市化挑战的文化服务行动研究中，老年人方面的分目标包括：第一，增加知识技能，协助老年人调整不适应的观念，增强老年人应对城市化挑战的能力；第二，协助老年人增强自我效能感和自我价值感；第三，建立老年人自我表达的空间与平台，促进老年人的社区参与。通过以上目标的达成，助力老年人应对城市化挑战，提高他们的晚年生活质量。社区组织方面的分目标有三：一是推动社区居委会及社区居家养老服务中心工作人员与老年人群体的有效沟通与良性互动；二是促进代际共融，提升老年人群体的自组织能力，增强转型社区老年人的社会支持；三是逐步将老年文化服务发展从观念意识层面纳入社会服务与社区工作范畴，进而推动基层服务管理体制转变。

二、助力应对城市化挑战的老年文化服务行动研究计划

（一）老年文化服务框架

如图3所示，在助力老年人应对城市化挑战的行动目标之下，转型社区老年文化服务框架包括三个维度：从培训现代生活用具的使用技能，增强自我照护能力和自我保护能力等方面助力老年人应对城市化转型中的技能挑战；从增强社区共同体意识、强化社会支持网络和机构能力建设三个方面助力老年人应对城市化转型中的制度挑战；从增加知识、调整观念和增强自我价值感等方面助力老年人应对城市化转型中精神层面的挑战。

对象	服务内容
行动不便的高龄、失能老人	通过入户探访和个案工作中的情感、信息、资源支持增进老人的社会交往和家庭支持，增强自我照护能力，改善精神文化生活，助力老年人应对技能、制度、精神三个层面的城市化挑战。
有需求的老年人	通过现代生活用具使用技能培训、健康教育和安全教育助力老年人应对城市化的技能挑战。
活跃的老年人	通过"小伴文化"守护和老年文艺队自组织能力建设增强同辈支持、营造公共空间和满足精神文化需求，助力老年人应对城市化在制度和精神生活两个层面的挑战。
承担隔代教养责任的老年人	通过组织夏令营活动改善祖孙沟通，促进隔代互动与共融，助力老年人应对城市化在制度和精神两个层面的挑战。
有参与意愿和专长的老年人	通过社区传统文化回顾、传统技艺体验、手工作品展示提高老年人的自我效能感与自我价值感，增强社区共同体意识；通过传统手艺开发推广增加老年人的收入、推广传统文化，助力老年人应对城市化在技能、制度和精神三个层面的挑战。
所有老年人	通过S社区居家养老服务中心能力建设助力老年人应对城市化在制度层面的挑战。

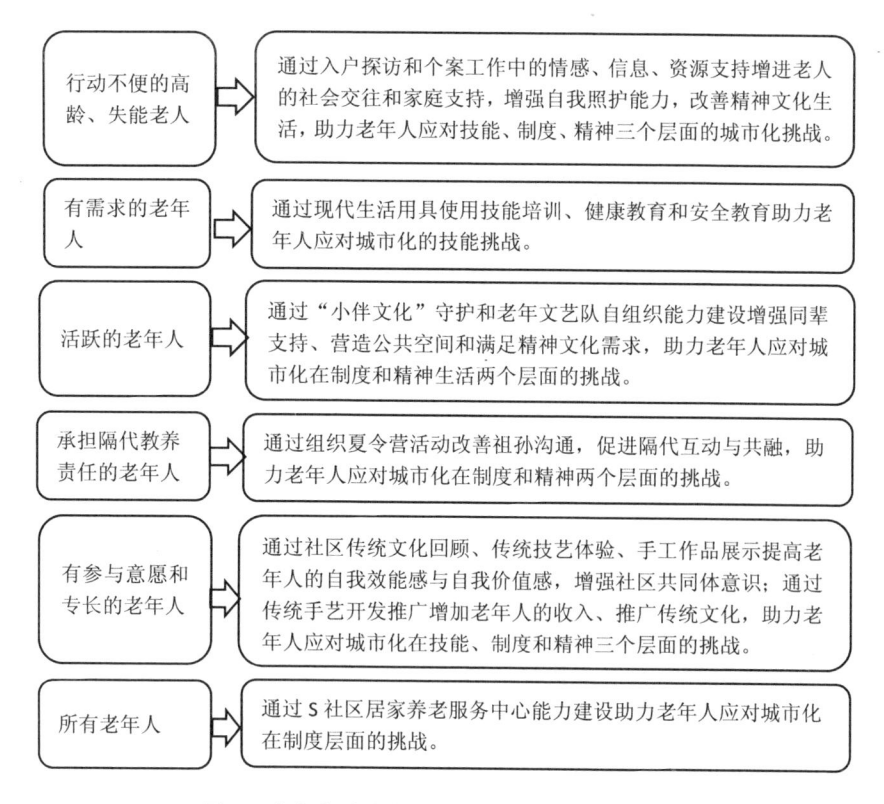

图3 助力应对城市化挑战的老年文化服务框架

1. 城市化转型中的技能挑战应对

城市化转型对老年人在技能方面的挑战主要体现为现代生活用具使用技能和自我照护、自我保护技能等方面的挑战。应对技能挑战是助力老年人突破"现代化困局"的关键路径之一，也是对转型社区老年人赋权的一种方式。赋权就是要增加老年人的权力，但权力并不是由外界赋予老年人的，而是存在于老年人身上，是要挖掘和激发老年人的潜能。现代生活用具和自我照护、自我保护技能辅导把老年人看作一个有能力的人，介入的核心是引导老年人以乐观的态度采取行动，通过提供资源和协助学习增强老年人控制自己生活的能力，改变自己的不利处境。因此协助掌握现代生活用具使用技能，提高自我照护和自我保护能力，增加人力资本是助力老年人应对城市化技能挑战的关键所在。

（1）现代生活用具使用技能辅导

在需求评估中项目团队了解到，为了方便联系，S社区不少子女为老人购置了手机，但一些老人在家人教授之后仍然不会使用，而子女也没有空闲或没有耐心再次教老人使用手机；另一些老人虽然会用手机接打电话，却不会使用拍照、手电筒、音量调节等手机的其他功能，因此项目团队为S社区老年人开展手机使用技能培训，希望他们能够掌握更多的手机使用技能，让生活更加便利和愉快。此外项目团队还在入户探访过程中教授高龄、失能老人学习便携式播放器和其他家用电器的使用方法。

（2）自我照护和自我保护能力提升

在接受个别访谈和问卷调查时老人们都表示，希望开展一些和健康有关的活动，如组织义诊或主题讲座等，提供有益的知识。针对老年人提升自我照护能力和自我保护能力以促进健康和安全的需求，项目团队邀请云南中医学院的研究生为S社区老年人举办《老年人的食疗与保健》讲座，开展以防骗、防跌为主题的老年人安全教育活动，举办太极拳习练小组，提供按摩培训，并开展免费量血压、测心率和测血糖等日常健康促进服务。

2. 城市化转型中的制度挑战应对

老年文化服务从促进社区参与、强化社会支持网络和推动机构能力建设三个方面助力老年人应对社会隔离、家庭地位边缘化和社区舆论监督功能弱化等城市化转型中的制度挑战。

（1）促进社区参与

"资产为本"的社区发展是一个社区系统自我强化、自我建设的过程，通过发掘社区内部资源，动员社区内部力量，实现社区发展的目标。"资产为本"社区发展强调社区中的个人、组织与机构都拥有能够提升社区居民生活质量的资源，所有人的作用作为"资产"都应得到承认与尊重，尤其注重被忽略的弱势群体的潜在能力，如老年人、妇女、失能群体以及其他低阶层群体，为其提供机会，建立自信并积极参与社区发展（周晨虹，2014）。创造社区参与机会有助于明确老年人在文化服务供给中的主体地位，增强其责任感，引导老年人以主人翁的姿态对待社区事务和参与公共行动，培育和塑造社区公共文化价值认同，增进社区共同体意识。在项目实施之初，项目团队便邀请老年文化骨干参加焦点小组座谈，向他们了解社区文化资源，就项目目标、内容及实施方案征求意见，确定人员分工及职责，委托老年文化骨干协助招募服务对象，并邀请他们和项目团队一起设计、制作老年文化服务的海报，共同开展服务宣传工作。在老年文化服务实施过程中，老年文化骨干也全程参与，回忆讲述村落传说故事，收集展示传统手工作品，给儿童传授传统技艺，开展老年文艺队、太极拳习练小组等老年自组织活动，参与项目过程监测和效果评估，等等。老年人在文化服务中的作用发挥成为促进其社区参与和增强共同体意识的重要途径。

(2) 强化社会支持网络

社会支持网络可以为老年人应对城市化挑战提供动力和增加资源。社会支持网络的强化一方面有助于增加社会资本，减少现代社会中人际关系疏离的不良影响，构建更具支持性的生活环境，增强老年人的归属感，巩固安全感；另一方面社会支持网络的强化有利于从老年人群体的内在属性出发挖掘其自身的关系资源，避免老年人陷入完全依赖外力干预、服务效果不可持续的困境。为强化S社区老年人的社会支持网络，项目团队以改善高龄、失能老人精神文化生活的入户探访服务促进家庭养老的内部增能，以促进祖孙隔代沟通与互动的夏令营活动增强老年人亲属支持网络的力量，让老年人的代际关系得到良性发展。此外，"资产为本"社区发展模式强调发挥社团的潜能，以社区组织作为社区资产建设的主体力量，在社区发展中增量社会资本，所以项目团队通过提升老年文艺队的自组织能力和巩固"小伴文化"等策略促进老年人之间的情感交流和互帮互助，增强老年人的同辈支持，减少老年人个体在现代生活中的疏离感和孤独感。

①改善高龄、失能老人精神文化生活的入户探访

家庭是老年人最熟悉的生活空间，长期形塑老年人个体的行为模式、亲密关系和日常活动，更是其情感与生命意义的主要寄托。子女和孙辈的抚慰、关怀等精神支持可以帮助老年人减少孤独感和面对城市化转型的不适感，因此是老年人应对城市化挑战的坚强后盾。Simich L等（2003）研究发现，家庭支持有助于加拿大移民减轻压力，促进其融入社区，维持身心健康；相反，缺乏家庭支持会增加移民的孤独感，使他们缺少认同感。因此家庭可以成为老年文化服务供给的合作者，与项目团队一起为高龄、失能老年人提供资源和支持，丰富老年人的精神文化生活。以S社区高龄、失能老人为服务对象，项目团队运用个案工作方法开展入户探访服务。在老人家中，项目团队一方面开展生理、心理、社会功能综合评估，了解受访老人的精神文化需求，如收听节目的喜好等，再根据其喜好在U盘下载歌曲、相声、评书、戏剧、故事、读书等内容，赠送便携式播放器并教他们使用，使行动不便的高龄、失

能老人通过播放器便可以收听自己喜欢的文化娱乐节目，丰富晚年生活；另一方面在陪伴老人的过程中，社工实习生引导老人进行人生回顾，讲述生命故事，再次体验积极情感，从而提高老人的自我效能感和自我价值感。入户探访过程中，老人的家人在一旁陪同；入户探访结束后，项目团队把两个方面的服务方法和服务内容教给家人，鼓励他们平时多运用这些方法技巧陪伴老人，协助其改善精神文化生活。

②增强老年人的同辈支持

同辈群体是指年龄、经历、生活环境相近的互相交往密切的一种非正式初级群体，通常具有共同的背景和价值观，彼此之间容易理解和沟通。同辈支持是指曾经面对、容忍和克服逆境的人能够为那些面对类似处境的人们提供有效的支持、鼓励、希望或者指导（郭芳等，2011）。文军等（2008）指出，建立伙伴关系可以增加彼此的信任，让居民感受到人与人之间的联系，贡献自己的才能，帮助有需要的人，这些均是改善生活质量的要点，也是社区中的"共同情感"与"社会资产"。增强老年人的同辈支持是培养S社区"共同情感"与"社会资产"的重要途径。

一方面，项目团队了解S社区老年人的情况，主动关心人际疏离、缺乏支持的老人，动员活跃的老人陪伴、帮助弱势老人。具体介入策略包括：鼓励老年文艺队成员主动邀约独居老人参加活动；肯定"小伴群体"每天陪伴、关心五保老人的习惯，并通过赠送便携式播放器和U盘、陪伴聊天等方式创造条件，鼓励老人们将这些能够积累社会资本的惯习保持下去；组织老年人开展兴趣小组和文体类主题活动，丰富晚年生活，拓展社会交往。

另一方面，提高老年人的自组织能力。与物质性公共品的分配逻辑不同，文化公共品的获得以主体参与式体验为基础。社区老年人可以通过自我组织、自我管理、自我服务来开展文化娱乐活动，为老年人提供参与式体验、交流互动和展示才艺的平台，减少陌生感和疏离感，增加彼此的信任。这一过程可以有效地将老年人组织化。杜鹏（2016）指出老年人协会是文化建设的组织形式，其目的是为了改善老人地位，增加老人福利，丰富老人生活，从而为老人的晚年生活赋予意义，因此老年人协会具有公共品供给的功能。社区老年人组织是社区自治组织和社会服务机构连接老年人群体的重要结点，既能推动老年人在社区工作、社区活动中的有序参与，又能增进老年人与社区其他年龄群体间的互动和交流，引导老年人服务和回馈社区，进而推动整个社区从"助人自助"到"助人互助"的发展，最终促进老年人、社区与环境的良性互动和发展。在 S 社区，项目团队以趣缘为基础，通过自组织能力建设培养老年人自我组织、自我管理、自我服务的自治能力，推进公民意识教育进而强化老年人的同辈支持。首先，在了解到老年人因为不会使用电脑、不懂上网，所以常常为广场舞、民族舞的教学资源与教学设备不足而发愁的问题后，项目团队为 D 村和 B 村两个老年文艺队购买了教学视频、歌曲、舞蹈方面的 DVD 及 DVD 播放机和 U 盘，并根据老年文艺队列出的歌曲和舞蹈清单帮助他们上网下载相关资源。这些介入使老人们的生活质量因为现代技术的运用得到提高，也为老年文艺队的活动开展提供了保障。其次，项目团队为老年文艺队的团队建设、歌舞表演光碟录制与发放、团队负责人换届选举等工作提供协助，也使其自组织能力得到增强。

③促进祖孙隔代沟通与共融

在应对城市化挑战、适应城市化转型的过程中，代际关系既包含了影响适应的保护因素，也包含影响适应的风险因素；既是支持源，也是压力源。一方面，积极的代际支持关系能够为老年人应对城市化挑战提供物质保障和情感支持，削弱和减轻文化变迁对其晚年生活质量带来的不利影响；另一方面，代际冲突也会增大老年人面对的压力，影响身心健康，使其无法在城市化转型中达到良好的适应状态，此时代际关系就会成为老年人应对城市化挑战的风险性因素。项目团队的任务就是促进代际关系作为保护因素的功能发挥。

从 S 社区的现实情况来看，城市化变迁下的生产、生活方式转变使老年人的子女不得不为生计忙碌，难以抽出时间参加代际沟通与共融活动。与此同时，城市化的推进使年轻父母无法留在家中全职照顾孩子，相比之下作为祖父母的老年人则因为养育孩子经验丰富、发自内心地关爱孙辈并渴望能够花时间和他们在一起，所以通常在照顾孙辈方面承担更多责任，并从中找到自己的人生价值。在个别访谈中项目团队了解到，S 社区的老年人能够获得的孙辈支持较为欠缺，祖孙沟通问题常常困扰他们，因此老年人与孙辈会有较强的动力和较多的时间参加隔代沟通与共融活动。此外，老年人经历了物质上比较匮乏的时代，具有更强的抗逆力和独立性，在为人处世上更加成熟，比年轻人更懂得需要为可能的风险做准备；老年人拥有的传统技艺、生活经验和人生智慧都值得孙辈学习。促进隔代沟通与共融的文化服务可以使隔代关系成为助力老年人应对城市化挑战的保护因素，因此是转型社区老年文化服务的重要内容。以此为目标，项目团队开展了由草墩传承坊、白族扎染祖孙体验活动和 SL 传说故事会组成的"代际互动好时光"系列主题活动，组织了"文化传承与儿童成长"和"隔代沟通加油站"两个夏令营活动。

（3）推动机构能力建设

文化服务助力老年人应对城市化挑战需要完善制度，多渠道筹集经费，引入社会工作专业理念、知识与方法技术，借鉴少数民族农村社区老年服务的经验，更需要社区成员在老年文化服务供给及资源发掘中的共同参与。为实现此目标，项目团队协助 S 社区居家养老服务中心进行能力建设：创建、运营公众号，搭建宣传平台，记录服务，总结得失，展示工作内容与成果。以此促进 S 社区居家养老服务中心能力建设，扩大机构影响力，提高社会认知度。

3. 城市化转型中的精神挑战应对

对转型社区的老年人来说，精神层面的城市化挑战包括知识观念挑战和精神生活挑战。应对精神层面的挑战，老年人需要增加知识、转变观念、丰富精神文化生活和增强自我价值感。

（1）增加知识，转变观念

城市化转型带来的生计方式和生活方式转变要求老年人打破原有的认知结构，形成对新生活的认同感，实现角色转变。为顺利完成角色转变，一方面老年人需要转变不适应的价值观念，树立独立自主观念，增强自我照护、自我保护意识；另一方面还需要培养老年人与年轻人相互学习的意识。

①强化独立自主观念，增强自我照护、自我保护意识

独立自主是现代人格精神，是健康人格的体现，是现代社会人们自助养老的价值观念基础。当家庭养老、儿女孝道有所不济时，缺乏独立自主意识，对子女、家庭过度依赖的老人会有较大的心理落差。穆光宗（2009）提出，我们需要道德建设，但这要建立在符合时代精神的基础之上，即父慈子孝，自助而助。老年人的自爱自强、独立自主应当是解决老年人问题的第一原则。随着经济社会的进步、社会养老服务的发展和个人自养能力的增强，在现代亲子关系中，传统的物质供养与体力付出都将逐步弱化，经济供养日益由个体自养所替代，而生活照顾也日益为社会化服务所替代。在这样的社会条件下，现代代际关系的实质是亲情联络，即长辈关爱晚辈，晚辈尊敬长辈、给

予精神关怀。亲情成为代际间联络沟通的精神纽带和桥梁，精神交往将成为两代人之间的主要交往方式和交往内容（肖群忠，2009）。所以转型社区的老年人需要降低对子女承担物质供养与生活照料的期待，强化独立自主观念，增强自我照护、自我保护意识。在免费测量血压、血糖和心率的日常服务中，在《老年人的食疗与保健》讲座和按摩培训中，在以防骗、防跌为主题的老年人安全教育活动中，以及在太极拳习练小组活动中，项目团队致力于协助老年人强化独立自主观念，传授自我照护和自我保护的知识与技能，以此助力老年人更好地应对城市化对原有知识观念的挑战。

②培养与年轻人相互学习的意识

玛格丽特·米德（Margaret Mead，1987：27）提出"前喻文化""并喻文化"和"后喻文化"的概念。前喻文化是指晚辈主要向长辈学习；并喻文化指晚辈和长辈的学习都发生在同辈人之间；而后喻文化则是指长辈反过来向晚辈学习。"现代社会的发展处于日新月异的变化中，旧观念、旧事物被新生事物和新观念以不可想象的速度取而代之。现代人知识和经验的获得，已不主要靠老年人的身教口授，年龄已不是权威的象征。在信息社会，新事物、新知识层出不穷，获取知识和信息的方式也呈现多元化特点，年轻一代以其对现代技术手段如网络、外语等的掌握，在获取新信息和新知识方面实际上比老人处于更加优越的地位。"（肖忠群，2009）因此，不同年龄群体应该树立互相学习、平等交流、更新知识、共同进步的新观念，建立平等关系。老年人不能把自己的经验强加给年轻人；年轻一代虽然具有获取新信息、新知识的优势和便利条件，也应该虚心学习老年人的生产生活经验与人生智慧，彼此取长补短，共同进步。老年人手机使用技能培训、"文化传承与儿童成长"夏令营和"隔代沟通加油站"夏令营等活动都搭建了平台，使代际间互相学习的意识得到倡导和实践。

(2) 丰富精神文化生活，增强自我价值感

城市化变迁令老年人的原有知识、经验和技能不再像传统社会时期那样能有效发挥作用，家庭地位边缘化则令老年人的自我价值感下降，这些变化都给老年人的精神文化生活带来挑战。自我价值是个体对自己重要程度的主观感受，也是对自身社会适应能力的自我评价。王伟平等（2019）对1802名老年人的调查显示，老年人自我价值感与生存质量呈正相关。可见，增强自我价值感有助于提高老年人的生存质量，也就能够为老年人应

对城市化挑战奠定良好的基础。在本研究中，提高转型社区老年人自我价值感的路径有二，一是尊重老年人群体成长和生活于其中的文化，增强老年人的文化自信，进而提高自我价值感；二是鼓励老年人，支持他们参加集体活动，协助其从事力所能及的工作和展示自己的才华，让他们体会到"有能力"和"被需要"的感觉，从中发现自己存在的价值和意义，增强价值感。

①以传统文化要素为载体增强老年人的自我价值感

如何利用老年人能够做得更好的事情是老年文化服务要回答的关键问题。对于那些年轻人已经不掌握的传统技艺和不了解的传统文化，老年人可以比年轻人做得更好，因此在对社区文化资源进行系统梳理和挖掘的基础上，项目团队组织体验传统技艺、回忆传统文化的系列主题活动，包括草鞋编织、老年文化展示联谊会等，让老年人、社区干部和社区居民再发现本社区传统文化的价值和认识老年人的一技之长；举办"代际互动好时光"主题活动，包括草墩传承坊、白族扎染祖孙体验活动和SL传说故事会，在社区居家养老服务中心构建公共空间，打造精神家园，邀请老年人及其孙辈共同参与体验传统文化与手工技艺，并以传统文化要素为载体促进隔代共融；以"文化传承与儿童成长"夏令营为载体，邀请老年人参加夏令营活动的相关环节，讲述生命故事、教授象棋知识、传授刺绣手艺、表演传统民族歌舞，在夏令营的日常活动中传递优秀传统文化；与S社区的农家乐合作，招募城市家庭开展白族文化亲子体验活动，在此过程中邀请S社区老年人担任志愿者讲解和传授传统手艺。这类服务让老年人能够有机会展示个体的才华、群体的优势与社区资源并发出自己的声音，体现了以尊重服务对象的地方性知识为原则的赋权，推动老年人在认同传统文化中的积极要素和保持文化自信的基础上了解、学习城市新文化和现代新技能。

"资产为本"社区发展模式主张提升社区的经济能力，提出以资产为驱动力的社区发展策略，实现由社区来推动经济的发展。文化服务助力老年人应对城市化挑战行动研究也对此进行了尝试，包括访谈、撰写老手艺人生命故事，开微店，线上推广老手艺人制作的手工纳底绣花布鞋，期望以此协助老年人增加收入，发现传统手工技艺的资源价值，减少老年人的自我认同困惑和自卑感，增强自我价值感。

②通过参与文化活动增强自我价值感

老年人在完成力所能及的任务过程中会产生一种自我肯定感和满足感，这种感觉会使老年人的自我价值感得到增强。项目团队在老年文化服务中充分运用这一心理规律，通过开展中国结编织、二手物品手工创作等兴趣小组活动，营造宽松愉快的活动环境，设置简单的小制作、娱乐性游戏活动等，给老年人提供各种获得成功体验的机会，保护老年人的自尊并对他们给予赞赏和鼓励，使老年人能够不断从周围的环境与自己的成功中发现自己、认识自己，为自己的每一个进步而自豪，从而增强自我价值感。

（二）行动研究计划

表10 助力应对城市化挑战的老年文化服务行动研究计划

阶段	初期阶段：2016年7月	推进阶段：2016年8—9月	继续推进阶段：2017年7—9月	深入发展阶段：2018年7—9月
目的	与社区居委会、社区居家养老服务中心和社区老年人建立关系，开展社区调查和需求评估，宣传项目，让社区干部和社区老年人对行动研究有初步了解，为今后开展工作奠定基础。	改善高龄、失能老人的精神文化生活；协助老年人学习现代生活用具使用技能，增强自我照护、自我保护能力；推动老年人在社区文化资源发掘、展示与运用中的参与，增强其文化自信和自我价值感；强化老年人的同辈支持；促进老年人与孙辈的隔代共融。	逐步改变街道领导、社区干部和社区居家养老服务中心员工的观念，调动更多资源助力老年人应对城市化挑战；助力机构能力建设；逐步深化老年文化服务内涵；助力老年人增强自组织能力；促进隔代沟通与共融；构建老年人群体与社区居委会沟通协商机制；搭建老年人利益表达和社区参与平台；尝试建立老年文化服务制度。	增强老年人应对城市化挑战的代际支持；通过增强内部协商与民主决策能力提高老年人的自组织能力；将老年文化服务进一步系统化。

续表

阶段	初期阶段：2016年7月	推进阶段：2016年8—9月	继续推进阶段：2017年7—9月	深入发展阶段：2018年7—9月
具体计划	1. 通过个别访谈了解老年人在城市化转型中面临的问题和挑战。 2. 通过问卷调查了解S社区老年人的文化服务需求。 3. 项目团队协调会。 4. S社区老年文化骨干焦点小组。 5. 高龄失能老人综合状况与文化服务需求入户评估。 6. 社区居家养老服务中心老年人信息库建设。	1. 通过入户探访为行动不便的高龄失能老人提供改善精神文化生活的个案工作服务。 2. 现代生活用具（手机、家用电器）使用技能辅导。 3. "老年人的食疗与保健"讲座。 4. 通过草鞋编织活动和老年文化展示联谊会体验传统技艺、回忆传统文化。 5. 以"代际互动好时光"系列主题活动（包括草墩传承坊、白族扎染祖孙体验活动和沙朗传说故事会）促进文化传承与隔代共融。 6. 以兴趣小组活动（中国结编织、二手物品手工创作）丰富老年人的闲暇生活，扩大社会交往。 7. 通过"小伴文化"守护和老年文艺队自组织能力建设增强同辈支持，推进社区参与。	1. 通过入户探访为行动不便的高龄失能老人提供改善精神文化生活的个案工作服务。 2. 协助机构开设和运营公众号。 3. 实习基地挂牌仪式，高校与社区深度合作，建立持久稳定的合作关系。 4. 通过血压、血糖日常测量和防骗、防跌安全教育促进老人身体健康、提高自我照护、自我保护能力。 5. 以"文化传承与儿童成长"夏令营促进隔代沟通与共融，推动老年人的优势发挥，增强自我价值感。 6. 通过太极拳习练小组和老年文艺队自组织能力建设培养老年文化骨干，助力社区老年人组织增能，完善老年文化活动制度。	1. 通过入户探访为行动不便的高龄失能老人提供改善精神文化生活的个案工作服务。 2. 协助老年文艺队增强内部协商与民主决策能力，为自我组织、自我服务、自我管理的持续推进奠定基础。 3. "隔代沟通加油站"夏令营。 4. 梳理、总结老年文化服务工作，使其系统化。

表10中的各项工作均在XZ街道办事处的支持和指导下，由社工师生与社区干部、社区居家养老服务中心员工及老年人一起完成，在此过程中推动各方转变理念，学习并掌握相应的工作方法与技巧，逐步完善老年文化服务供给机制，丰富老年文化服务内容。

第四章

转型社区老年文化服务行动研究的实施

　　项目团队按照"参与—改进—公开"的技术路线在S社区实施老年文化服务行动研究。"参与"即社工师生、社区居委会干部、社区居家养老服务中心员工、街道办事处领导和老年文化骨干参与到实际的行动和研究中并成为研究的主体。在行动研究过程中，社区居委会负责人及社区干部每年7月都和社工师生共同开会探讨老年文化服务的现状、特征、需求以及当年的服务目标与策略；社区居家养老服务中心免费提供工作场地和音响、投影、桌椅等器材设备，为社工师生无偿提供住宿并发放生活补助；S社区居家养老服务中心工作人员为社工师生了解社区居家养老服务发展状况和老年人的基本情况等提供基础性资料，并协助社工师生入户探访，召集老年文化骨干参加座谈会。与此同时，行动研究得到S社区居委会所属的XZ街道办事处的充分认可。XZ街道党工委书记、副书记、社会事务科科长等领导在项目实施期间五次到S社区居家养老服务中心对项目团队进行慰问和指导，对开展的老年文化服务给予充分肯定并表达感谢，在活动用品方面提供支持，还为社会工作师生解决服务期间的吃饭问题。老年文化骨干则全程参与S社区老年文化服务的需求评估、服务方案设计、服务宣传招募、服务实施和服务评估。"改进"就是要解决问题。多方合作开展的行动研究具有灵活性和能动性，随着对社区、机构背景及行动研究目标的认识深化，视合作的实际情况而调整和变化。"公开"即各方合作开展行动研究的过程和成果是一种公开的探究，同时这种行动研究是合作性的。在历时三年的行动研究过程中，每年7月项目团队入驻S社区居家养老服务中心时，合作各方均举行见面沟通会，就过去老年文化服务中存在的问题、当年老年人在城市化转型中面临的问题和介入需求进行讨论，并商量当年老年文化服务的目标、策略、内容及各方职责与分工。项目团队详细记录这一过程并及时向各相关方汇报和征求意见。2017年7月项目团队协助S社区居家养老服务中心建立公众号后，便以推文的形式将老年文化服务行动研究的内容与进度公布在公众号里，随时接受监督，吸纳评价与建议，以便适时改进行动。助力老年人应对城市化挑战的老年文化服务行动研究包括初期阶段、推进阶段、继续推进阶段和深入发展阶段四个阶段。

一、初期阶段（2016 年 7 月）

2016 年 7 月的主要任务是建立关系，组建项目团队，进行问题分析、需求评估和社区文化资源调查，因此是老年文化服务行动研究的初期阶段。在此阶段，笔者带领两名社工实习生进入 S 社区，首先与社区居委会干部、社区居家养老服务中心工作人员和社区居民初步建立合作关系。关于城市化变迁中老年人面临的挑战，社工师生对 42 位老人开展了个别访谈；与此同时，针对老年文化服务的需求、问题与改进意见对 135 位老人进行问卷调查。在个别访谈和问卷调查的基础上，7 月 26 日上午邀请社区居委会负责人、社区干部和社区居家养老服务中心员工参加项目沟通会，社工师生汇报社区调查与需求评估情况，提出老年文化服务行动研究设想，征求与会者意见，并针对需要请社区居委会、社区居家养老服务中心参与的内容、提供的支持和给予的保障加以说明，各方达成合作意向并签订合同。

2016 年 7 月 28 日社工师生又邀请 S 社区老年文化骨干 10 人和社区居家养老服务中心工作人员 3 人参加关于老年文化服务行动研究筹备工作的焦点小组座谈会。座谈会上请老人们梳理社区文化资源，笔者则汇报了社工师生在社区调查的基础上制订的老年文化服务方案，就项目目标、服务内容及实施方案征求意见，请与会者给项目团队出谋划策，并对服务方案的可行性、宣传策略及各自分工进行讨论。由于在此前长达四年的时间里笔者一直在 S 社区开展田野调查，与老人们建立了比较好的信任关系，并且老人们也非常希望有机会参加集体活动，学习新东西，发挥专长做自己喜欢做的事情，丰富精神文化生活，所以参会的老人们纷纷表示愿意参与项目，一起开展老年文化服务与活动，至此项目执行团队组建完成。在共同商议项目实施的目标、内容、时间，确定服务方案后，社工师生根据与会各方的意见建议对服务方案进行了修改，项目团队成员则开始向身边的人和社区居民宣传项目、召集参加者，老年文化骨干还应邀与社工师生一起设计、制作活动海报。

二、推进阶段（2016年8—9月）

（一）对初期阶段的反思与改进

在初期阶段，社工师生与S社区老年人、社区居委会及社区居家养老服务中心各方建立了良好的信任关系，进行了深度交流。随着交流的增加，老年人的表达意愿增强，主动向项目团队和社区居家养老服务中心工作人员诉说生活中的实际困难和自我发展需求，寻求帮助，并对后续的老年文化服务提出自己的看法。

（二）推进阶段的老年文化服务

在推进阶段，项目团队运用个案工作、小组工作、主题活动、老年教育、团队建设等多种方式开展老年文化服务。在城市化的技能挑战应对方面，项目团队开展老年教育活动，包括老年人手机使用培训和"老年人食疗与保健"主题讲座。在城市化的制度挑战应对方面，老年文化服务的内容包括"小伴文化"守护、老年人手工兴趣小组、老年文艺队团队建设和"代际互动好时光"系列主题活动四项内容。为应对精神层面的城市化挑战，项目团队开展了高龄、失能老人入户探访和S社区老年文化展示联谊会活动。

1. 城市化进程中技能层面的挑战应对

文化服务助力老年人应对城市化挑战，老年教育是一个重要抓手。借鉴老年教育的服务方式，推进阶段项目团队在S社区开展了"老年人手机使用技巧培训"和"老年人的食疗与保健"讲座两项服务。

（1）老年人手机使用技巧培训

为适应现代科技的发展，使生活更加便捷，以社会学习理论为指导，通过与老年人身心特点相契合的教学方法与内容安排，手机使用技巧培训帮助老年人掌握基本的手机操作技能，增强现代生活适应能力，并为老年人增加社会交往提供契机。

表11 老年人手机使用技巧培训流程

时间	服务目标	服务内容
5分钟	帮助老年人理解培训的目的和内容	介绍培训者、培训目的、培训时间和培训内容。

续表

时间	服务目标	服务内容
10 分钟	小小故事会：调动老年人参与培训活动的积极性。	培训者准备纸条，邀请老人抽签。抽中的老人讲一个自己经历过、见到、听到的与手机有关的故事。
20 分钟	手机使用教学：帮助老年人了解手机的按键名称和功能。	培训者首先对手机进行简要介绍，然后用事先绘制的手机按键图解，一个一个介绍手机按键，协助者则配合培训者，通过一对一辅导帮助老人了解本人手机的按键名称和功能。
10 分钟	协助老人熟悉手机按键。	通过"按键猜猜看"活动，培训者将上一环节用到的手机按键图片打乱，随机抽出一张并询问老人，采用抢答的方式引导老人复习、熟悉手机按键。
20 分钟	学习开机、关机和充电三个操作。	培训者借助不同的图片一步步讲解如何开机、关机和充电，然后由协助者一对一引导老人对自己的手机进行开机、关机和充电操作。
15 分钟	总结培训活动，进行活动成效评估，收集反馈意见。	培训者回顾本次培训活动，了解老人的收获和学习效果，收集改进培训的意见和建议。

（2）"老年人的食疗与保健"讲座

针对 S 社区老年人对健康问题的关注，项目团队邀请昆明中医学院的研究生为老年人举办"老年人的食疗与保健"讲座，以增进他们的自我关爱意识，增强自我照护能力。讲座分为三个部分。第一部分是中医养生知识，包括四季养生（春、夏、秋、冬四个季节的特点及养生知识），饮食养生不贪（不贪肉、精、硬、快、饱、酒、咸、甜、迟、凉、热），多种体质的症状及调理方法（气虚型、阳虚型、阴虚型、痰湿型、湿热型、气郁型、过敏型、平和型等）；第二部分是简单的健身操教学；第三部分是讲师与参加讲座的老年人提问互动。共有 19 位老人参加讲座，4 位老人向主讲老师提出自己的问题，老师则耐心地给予回答和指导。

2. 城市化进程中制度层面的挑战应对

为协助老年人应对居住方式改变产生的社会隔离、家庭地位边缘化、情感支持弱化、社区舆论监督功能弱化等城市化进程中的制度挑战，项目团队从强化同辈支持、促进祖孙隔代沟通与共融两个方面开展文化服务。

（1）强化同辈支持

在 S 社区，老年人的原有同辈支持主要体现在"小伴文化"和老年文艺队两个方面。助力老年人应对城市化挑战的文化服务首先通过守护"小伴文化"着力巩固原有同辈支持体系；其次开展手工兴趣小组以协助老年妇女培养新的兴趣，丰富闲暇生活，扩大社会交往范围，找到更多兴趣相投的同龄朋友；再次通过团队建设助力老年人增强自组织能力，让老年文艺队成为活跃老年妇女群体的同辈支持平台。

① "小伴文化"守护

"小伴文化"是 S 社区互惠机制在老年妇女日常生活中的体现，对老年妇女发挥着重要的困难解决与情感支持作用，是提高老年妇女晚年生活质量的重要保障机制。以社会支持理论为指导，项目团队开展了"小伴文化"守护服务。首先，通过入户探访和个别访谈，项目团队深入了解小伴给受访者带来的帮助和支持，让服务对象在叙述中体会到温暖和希望的存在。其次，通过赠送便携式播放器、U 盘和协助小伴群体下载老年人喜闻乐见的山歌、花灯、广场舞等节目，鼓励各个小伴群体在闲暇时间多聚会，共同收听、交流自己喜欢的文艺节目，在此过程中巩固小伴群体的同辈友谊，在参与共同喜爱的活动中增进沟通与互助，使同辈群体在老年妇女的挑战应对与情感支持方面继续发挥作用。

② 老年人手工兴趣小组

在前期的访谈和评估中，老年妇女普遍表达出希望有所归属，得到同辈群体的认可和接纳的愿望。手工制作是 S 社区老年妇女喜爱且有益于延缓智力衰退、促进手眼协调和身心健康的闲暇娱乐活动。组织老年人聚会并共同参与手工制作兴趣小组活动既能推动老年人动手动脑、放松身心、老有所乐，又能促进老年人之间的交流与合作，加强同辈群体的支持体系建设，还能增强老年人的自我效能感和自我价值感。为发掘潜能、发展兴趣、丰富精神文化生活、愉悦身心，同时引导老年人了解新事物、体验环保生活理念，也为构建老年人的同辈群体互动交流平台，以活动理论和社会支持理论为指导，项目团队组织老年人开展手工制作兴趣小组活动,包括"中国结编织"和"塑料瓶工艺品制作"两个主题。

表12 中国结编织兴趣小组活动流程

时间	服务目标	服务内容
10分钟	1. 活动带领者、协助者与组员相互认识。 2. 协助组员了解兴趣小组活动的目标、内容、形式与流程。	1. 活动带领者和协助者介绍自己的姓名及在小组中的角色。 2. 老年人自我介绍。 3. 活动带领者介绍老年人手工制作兴趣小组的目标与概况。
10分钟	1. 增进小组的凝聚力与组员的归属感。 2. 鼓励组员讨论有助于兴趣小组活动良性发展的共同约定,并承诺遵守小组契约。	1. 征求组员的意见,请老人们提出自己认为大家需要遵守的"家规"。 2. 待组员发言结束后,活动带领者提出补充建议,征得组员同意后将补充建议写入小组契约。 3. 协助者将大家商定的小组契约抄写在大白纸上,并张贴在活动场地的墙上。
10分钟	1. 简要介绍中国结。 2. 热身,打破初期的沉默,促进组员间的交流。 3. 以公平的方式邀请组员挑选不同颜色的绳子。	1. 请组员分享他们所了解的关于中国结的相关知识。 2. 活动带领者补充中国结的名称、起源、特点及其在当代的发展等知识和信息。 3. 介绍本次活动中教授的"酢浆草结"。 4. 以击鼓传花游戏邀请组员轮流挑选编织中国结的彩绳。

续表

时间	服务目标	服务内容
50 分钟	1. 增强老人的观察力、手眼协调能力和创造力。 2. 肯定老人的努力、能力和成绩，增强其自我效能感与自我价值感。 3. 促进老人们的交流互动。	1. 讲解"酢浆草结"编织的总体流程。 2. 说明中国结编织过程中的注意事项： （1）可以跟随活动带领者学习编织中国结，也可以运用现有材料，发挥想象自己创作。 （2）提前完成中国结编织的组员可以主动协助同组其他未完成的组员。 （3）活动过程中有任何问题都可以随时向工作人员提出。 3. 活动带领者一边示范一边讲解，一步步教授组员编织中国结，在此过程中协助者针对老人的个别化问题从旁进行解答和帮忙。 4. 全体组员完成中国结制作后，将中国结挂在灯笼上，向大家展示自己的成果；协助者帮忙贴上个人信息标签并拍照留念。 5. 活动带领者引导组员发言回应，对其他组员的作品特点和付出的努力给予肯定和鼓励。
10 分钟	1. 总结评估。 2. 告知下次兴趣小组活动的目标与内容。	1. 活动带领者请大家发言，总结活动成效。 （1）通过参加今天的活动，您觉得身体的哪些方面得到了锻炼？心情如何？ （2）通过参加今天的活动，您对自己有什么新的发现？ （3）请组员给大家分享自己在中国结编织过程中总结的好经验或发现的诀窍。 （4）在今天的活动中，您最喜欢哪个环节？为什么？ （5）请组员就今后如何改进老年文化服务提出意见和建议。 2. 告知下次老年人兴趣小组活动的内容和时间。

表13 塑料瓶工艺品制作兴趣小组活动流程

时间	服务目标	服务内容
5分钟	1. 回顾上次活动目标、内容与成果。 2. 重温小组契约。 3. 介绍本次活动的目标及内容安排。	1. 活动带领者引导组员回顾上次兴趣小组活动——中国结编织的目标、内容与成果。 2. 重温小组契约。 3. 结合图片介绍本次活动主题——塑料瓶工艺品制作，即运用塑料瓶和所提供的材料，发挥想象力制作诸如花瓶、笔筒、人偶等工艺品。
15分钟	1. 热身。 2. 激发组员的想象力。 3. 拓宽视野，了解现代环保理念。 4. 加强组员间的互动与合作。	1. 游戏：动动脑。 活动带领者将组员从中间分为两组，手中拿一个空的矿泉水瓶，请老人们思考矿泉水瓶的二次利用方法，然后各组在组内讨论"喝完水的矿泉水塑料瓶可以用来做什么"。五分钟后，两组开始竞答，轮流介绍矿泉水塑料瓶的用途。每次每组说一个用途，协助者在黑板上记一分，直到其中一组接不上为止。 2. 活动带领者结合本次活动主题总结归纳二手物品利用体现的循环利用资源的环保理念，及其对于改善生活环境的重要意义。
50分钟	1. 增强老年人的想象力、创造力和手眼协调能力。 2. 肯定他们的努力、能力和成就，提高自我效能感和自我价值感。 3. 增加组员间的交流互动。	1. 活动带领者说明注意事项： （1）只要是使用现有的材料，做什么都可以。 （2）可以随意走动、讨论，互相帮忙或是合作。 （3）使用剪刀等工具时注意安全。 （4）协助者在一旁观察，适时给予协助，组员有任何需要随时都可以向协助者寻求帮助。 2. 老年人各自发挥想象力和创造力利用现有材料制作塑料瓶工艺品；在此过程中协助者从旁协助，针对老年人个别化的问题和需求进行解答和提供帮助。 3. 全体组员展示自己完成的塑料瓶工艺品，介绍作品名称和功能，协助者帮忙贴上写有制作者个人信息的标签。 4. 活动带领者引导组员发言回应，对其他组员的作品特点和付出的努力给予肯定和鼓励。

续表

时间	服务目标	服务内容
20分钟	总结评估。	1. 活动带领者邀请组员分享活动心得。 （1）通过参加今天的活动，您觉得身体的哪些方面得到了锻炼？ （2）参加今天的活动，您的心情如何？ （3）通过参加今天的活动，您对自己有什么新的发现？ （4）请每位组员分享一个自己在塑料瓶工艺品制作过程中积累的好经验或发现的小窍门。 2. 活动带领者总结归纳本次活动的目标、组员的表现、收获与成效，对组员表达感谢。

③老年文艺队自组织能力建设

虽然已进入老年，但S社区的老年妇女并不消沉；相反她们生气勃勃，建立自己的自娱性组织——老年文艺队，自学、互教、自乐，练习和表演民族舞、广场舞、花灯等，开展力所能及的活动，满足自己的精神文化需求。S社区有两支老年文艺队，在春节等节庆和婚礼时老年文艺队的表演受到社区民众的欢迎，常常应邀演出。对于老年文艺队的成员，文艺队是她们放松、交流、学习、获得归属感、发挥特长、实现自我价值的重要平台，是老年妇女保持身心健康、提高生活质量的重要媒介。老年文艺队的产生和发展对于增强S社区老年妇女的幸福感、应对城市化变迁中的精神生活挑战具有重要意义。老年文艺队骨干HCL大妈（女，67岁）谈道："我约大家来我家跳舞，目的只有一个——请你们带着快乐来，带着更多的快乐走。我们就是为了创造快乐才聚在一起跳舞的。只要这个目的达到了，我辛苦一点、多付出一点，都是值得的！"

为了增强老年人自我组织、自我管理、自我服务的能力，使老年文艺队在为老年人提供情感支持、满足精神文化需求等方面更好地发挥作用，项目团队以自我效能理论和赋权增能理论为指导，从场地保障、资源支持与信息提供、团队建设三个方面进行老年人的自组织能力建设。

第一，场地保障。一直以来场地的缺乏让老年文艺队成员习练舞蹈很不方便。老人们只能在路边稍微开阔的地方跳舞，旁边则是一条排水沟，另一侧有车辆经过，存在安全隐患。在前期访谈中老人们谈及需要一块可以用来跳舞的场地，与此同时项目团队看到社区居家养老服务中心有一片平坦的户外场地一直闲置没有利用起来，便与中心协商，同意老年文艺队每周六晚上到该场地习练舞蹈，解决了老年文艺队的活动场地问题，帮助其打消安全方面的顾虑。

第二，资源支持与信息提供。在参与老年文艺队活动的过程中，项目团队了解到因为不会上网，老年文艺队的成员们时常为缺少舞蹈教学资源和设备而发愁。针对此需求，项目团队为两支老年文艺队购买了 DVD 播放机、U 盘、舞蹈教学视频及歌曲光碟，并按照 B 村老年文艺队领队 HCL 大妈列出的歌曲和舞蹈清单上网下载相关资源供老年文艺队使用。项目团队提供的资源和帮助使老年文艺队的成员们开展活动的动力和信心更强，也使社工师生与老年文艺队建立了较好的专业关系。

第三，团队建设。为推动老年文艺队健康、持续发展，项目团队还从团队建设入手提供协助。由于社工师生与老年文艺队建立了比较好的专业关系，2016 年 8 月 B 村老年文艺队专门邀请社工师生参加本组织的团建活动，并协助他们对表演的节目进行录像。团队建设活动在一个农家乐举行，首先是老年文艺队负责人换届选举，其次是老年文艺队表演节目并录像以便制作光碟。节目表演的光碟制作使 B 村老年文艺队的活动有了影像资料的记录，既方便此后老年文艺队成员观摩学习，也是对老年文艺队活动成果的总结和展示。一周后 B 村老年文艺队成员获赠光盘，兴奋之情溢于言表。老人们立刻拿出来播放观看，一起开心地交流谈笑，然后小心翼翼地加以收藏。可以看到，活动光碟的制作和赠送对增强老年文艺队成员的自我价值感、组织认同感和归属感都发挥了重要功能。

（2）"代际互动好时光"系列主题活动

通过前期访谈和服务过程中老人们的反馈，项目团队得知，祖孙间的代沟及关系疏离问题日渐加剧，而暑假期间孙辈群体通常放假在家，父母外出工作后就由祖辈照顾，这些现实情况既提出了促进祖孙互动的需求也提供了便利。此外 S 社区仍有很多掌握传统手工技艺的老年人，但是随着生活方式的改变、城市化的冲击，这些传统手艺正在失传。祖孙两代人的互动活动既可以为祖孙沟通搭建平台，增加彼此的互动和了解，还能推动社区传统文化的传承。鉴于上述原因，受到马斯洛需要层次理论和人生回顾理论的启发，项目团队结合S社区特色文化，以传统手艺、民间传说故事等文化资源为载体开展"代际互动好时光"系列主题活动，具体包括白族扎染祖孙体验活动、草墩传承坊和SL传说故事会三项。"代际互动好时光"系列活动旨在以文化要素为载体促进祖孙互动和隔代共融，同时推动孙辈了解和学习传统手艺、民间传说故事等传统文化，进一步认识祖辈的才华和优势。

①白族扎染祖孙体验活动

白族扎染祖孙体验是"代际互动好时光"系列的第一次活动。扎染是大理白族的传统技艺，S社区的白族过去不掌握扎染技艺。但由于S社区白族民众大多认为自己的祖辈来源于大理，近年来两地的白族民众交往增多、认同增强，关系日渐密切，因此S社区民众也希望了解大理白族的传统技艺。祖孙扎染体验活动的主要目标是在邻村白族扎染老师的教授、指导下，祖孙两代人共同体验、学习白族传统扎染技艺，拓宽视野，增进祖孙两代人对白族传统文化的了解，在此过程中增进老年人与孙辈间的代际交流与情感沟通，使彼此看到对方的能力，从而促进隔代共融。

表14 祖孙扎染体验活动内容及流程

时间	服务目标	服务内容
20分钟	鼓励老年人和孙辈间的互动与合作。	破冰游戏：叠叠乐 将10位老人和10名孩子分为5大组，每组2对祖孙（4人）围桌而坐。每人拿出一件随身携带的物品，各组把这些物品用各种可以想到的方法摞起来。最后评比哪一组的叠叠乐最高，给获胜小组中的每个孩子发一份小奖品。
60分钟	了解扎染的制作流程与方法，体验扎染技艺，增进祖孙沟通与合作。	老师讲解扎染的制作方法和步骤，然后老年人和孙辈在老师的指导下共同完成一件扎染作品——杯垫。

续表

时间	服务目标	服务内容
10分钟	扎染体验感悟分享、服务成效评估。	参加者展示自己的扎染作品并分享收获和想法。 1. 通过今天的体验活动，您对扎染技艺有了哪些新的了解？ 2. 在今天孙辈与奶奶合作完成扎染杯垫的过程中，您觉得自己在祖孙交流与合作中有哪些地方做得好，哪些地方还可以改进？

②草墩传承坊

"草墩传承坊"是"代际互动好时光"系列的第二次活动，主要目标是在S社区掌握草墩制作手艺的老人的教授和指导下，参加活动的老人和孙辈共同体验草墩制作的传统技艺。该活动一方面让老年人意识到自己身边蕴藏着丰富的传统文化资源，增强文化认同和传承民族文化的自觉，另一方面让孙辈体验传统手工艺，增加对传统文化的了解，同时增进老年人与孙辈之间的代际交流与情感沟通。

表15　草墩传承坊活动流程

时间	服务目标	服务内容
10分钟	介绍活动目标与内容。	1. 前期评估：请懂得制作草墩的参加者举手示意。 2. 活动带领者介绍草墩制作手艺的当代发展状况，说明"草墩传承坊"主题活动的缘起、目标与意义。
70分钟	草墩制作的学习与体验。	1. 请S社区BXM大妈（女，82岁）介绍草墩的由来、制作方法和制作步骤，并邀请其他参加活动的老人补充自己了解的相关知识。 2. 在老年志愿者的指导下，老年人和孙辈一组，或者两位老人一组，合力制作草墩。 3. 请参加者展示草墩作品并拍照。

续表

时间	服务目标	服务内容
10分钟	活动感悟分享。	1. 通过今天的体验活动,您对草墩制作有了哪些新的了解? 2. 参加今天的草墩制作体验活动,您有什么收获或感受? 3. 对于草墩制作的技术,您认为是否有必要传承下去?如果有必要,您觉得可以通过怎样的方式进行传承?

③SL传说故事会

作为"代际互动好时光"系列的第三次活动,SL传说故事会旨在组织老年人一起回忆、讲述本地传说和民间故事,梳理SL白族传统文化,引导孙辈了解社区历史,关注传统文化。通过讲述SL传说与民间故事,让孙辈在故事中感受丰富多彩的传统文化,同时增进参加活动的老人与孙辈之间的交流。

表16 SL传说故事会活动过程

时间	服务目标	服务内容
5分钟	介绍活动目标、意义、内容和流程。	1. 回顾上次主题活动的目标与内容。 2. 介绍本次主题活动的目标、意义、内容和流程。
5分钟	分享童年趣事,引出讲故事活动的有趣之处。	活动参与者接龙回答问题:您觉得小时候最有意思或最有趣、最好玩的事情是什么?为什么?
60分钟	讲述SL传说与民间故事。	1. 请有意愿的老年人轮流讲述自己知道的SL传说和民间故事,比如SL的起源、历史、发生过的重大事件或者关于传统美德的故事。 2. 对于每一位讲述故事的老人,活动带领者邀请大家为其鼓掌、给予鼓励,并请三位小组成员分享自己听故事的感受。 3. 活动带领者对每位故事讲述者进行回应并表达感谢和肯定。

续表

时间	服务目标	服务内容
10分钟	参与者分享参加活动的感悟、收获及其对SL传说故事传承的看法,进行本次活动的成效评估。	1. 邀请老人回答的问题:在今天的故事会里,您最喜欢的是哪几个故事?为什么?对于这些传说故事,您在有机会的时候会讲给孩子们听吗? 2. 邀请孩子回答的问题:在今天的故事会里,你最喜欢哪几个故事?为什么?今天对爷爷奶奶是否有新的认识?如果有,具体是什么?

3. 城市化进程中精神层面的挑战应对

在推进阶段,为协助老年人应对城市化进程中精神层面的挑战,一方面项目团队对高龄、失能老人进行入户探访以期改善他们的精神文化生活;另一方面招募S社区老年人开展传统文化展示活动,包括草鞋编织体验和老年文化展示联谊会两项内容。

(1) 以入户探访和个案工作改善高龄、失能老人的精神文化生活

鉴于高龄失能老人出行不便,以马斯洛需要层次理论和人生回顾理论为框架,项目团队通过入户探访和个案工作开展了改善高龄、失能老人精神文化生活的服务。在S社区老龄专干ZHQ女士的支持和协助下,社工师生整理S社区高龄、失能老人的名单,入户开展生理、心理及社会生活状况综合评估,在此基础上确定5位老人开展旨在改善其精神文化生活并增强家庭支持的个案工作,每周对每位老人入户探访一次。

具体而言,改善高龄、失能老人精神文化生活的入户探访服务包括四项内容。首先,借助现代传媒,运用传统文化资源改善高龄、失能老人的精神文化生活,具体方法是向老人赠送便携式播放器和U盘,教授使用方法,了解老人的喜好,再根据其喜好往U盘下载存储和定期更新歌曲、相声、评书、戏剧、故事、读书等内容。这样,行动不便的高龄、失能老人不出家门就可以通过播放器收听自己喜欢的文化娱乐节目,丰富精神文化生活。其次,协助老人进行生命回顾以提升自我价值感,在对积极经历的回忆中度过一段快乐的时光。再次,有针对性地提高老年人的自我照护能力。最后,了解家庭支持存在的问题,促进亲子沟通和祖孙沟通,增强家庭支持,和家人一起协

助老人解决问题、满足愿望。

（2）回忆传统文化系列主题活动

运用 S 社区白族文化要素设计的回忆传统文化系列主题活动包括"传统手艺再体验之草鞋编织"主题活动和老年文化展示联谊会（包括老年文化服务总结、调子与花灯表演、民间游戏回忆与体验、老年手工作品展四项内容）。两项活动以体验的方式回顾和展示传统手艺、民间艺术和民间娱乐活动等，引导活动参与者亲自动手制作，体验传统文化要素，分享乐趣。在活动准备阶段老年人就参与进来，为活动宣传海报绘制配图，亲自上山采摘或委托亲戚提供编织草鞋、草墩需要的原材料。活动准备过程中老人们满怀热情、积极参与；活动实施过程中老人们全情投入，充分展示自己的风采。

① "传统手艺再体验之草鞋编织"主题活动

"传统手艺再体验之草鞋编织"主题活动旨在引导老年人共同梳理 SL 白族文化，回忆传统手工艺。活动过程中，在擅长编织草鞋的老人的教授与指导下，全体参加活动的老年人共同回忆和体验草鞋编织的传统技艺。这一活动丰富了老人们的闲暇时光，也让大家意识到自己身边蕴藏着丰富的传统文化资源，体会自己的能力，并为自己丰富的生活经验感到自豪，从而增强老人的自我价值感。

表 17　传统手艺再体验之草鞋编织主题活动流程

时间	服务目标	服务内容
20 分钟	回忆与讨论。	1. 活动带领者介绍本次活动主题，说明活动的缘起、目标与意义。 2. 进行前测，请会制作草鞋的活动参加者举手示意。 3. 请每位老人轮流说出草鞋的一个特点，或者与草鞋有关的一个故事、一段经历。 4. 请老年志愿者用 5 分钟时间介绍草鞋的由来、制作方法、制作步骤以及在当代的发展，并邀请其他参加者补充自己了解的相关知识。

续表

时间	服务目标	服务内容
70分钟	草鞋编织体验。	1. 在老年志愿者的带领和指导下，会做的老人和不会做的老人一起完成草鞋编织。 2. 老人们展示草鞋作品，活动带领者邀请老人谈谈每双草鞋作品的优点与特色，推动组员间的相互肯定与赞赏。 3. 拍照留念。
10分钟	活动感悟分享。	请参加者分享参加本次主题活动的感受、收获和想法。 1. 通过今天的草鞋编织再体验活动，您对草鞋制作有了哪些新的了解？ 2. 在编织草鞋的过程中和草鞋编好以后，您分别有什么感受？对自己有什么新的发现？ 3. 您认为草鞋制作技艺是否有必要传承下去？为什么？ 4. 如果有必要传承，您觉得可以通过怎样的方式进行传承？ 5. 您觉得自己在传统手工艺传承中可以发挥哪些作用？

在活动开始阶段，BXM大妈（女，82岁）介绍草鞋的用途和优点。然后老人们用自己带来的自制的工具开始制作草鞋。不会制作的老人帮忙整理山草和制作草绳，会制作的老人则开始制作。参加活动的老人无论是合作还是单独制作，都完成了自己的"作品"。有的做完一双，有的做完一只，没做完的则兴奋地要求带回去继续做。LGC大妈（女，75岁）的外孙女是一位小学教师，对传承SL白族传统手工艺非常感兴趣。她不仅兴趣盎然地参加了整个活动，仔细观察并向自己的外婆学习如何编草鞋，还在草鞋编制完成后和其他老人一起探讨绣花及制作传统服饰的相关问题。

②老年文化展示联谊会

举办S社区老年文化展示联谊会，意在总结一个月来S社区老年文化服务的成果，展示老年人的手工作品，回味SL传统文化，展现老年人的活力与成就，同时让老年人意识到自己及身边蕴藏着丰富的传统文化资源，认可自己的经验与能力，增强自我效能感和自我价值感，促进社区文化发展。

老年文化展示联谊会的具体内容包括：老年文化服务与活动成果展示、老年人手工作品展示、花灯与调子表演、传统游戏小游园。项目团队此前广泛收集S社区老年人制作或收藏的传统手工作品以及老人们在参加文化服务与活动过程中制作的作品，布置精美的老年手工作品展区，同时将一个月来老年文化服务与活动开展过程中拍摄的照片制作成专题展板。老年文化展示联谊会开始后，项目团队成员和老年志愿者首先引导社区居委会负责人、工作人员、参加联谊会的老年人和其他路过的社区居民参观老年人手工作品展，然后请大家进入二楼会议室参加S社区老年文化展示联谊会。联谊会活动流程见表18。

表18　S社区老年文化展示联谊会流程

时间	服务目标	服务内容
10分钟	参观老年人手工作品展。	项目团队成员和老年志愿者引导社区居委会负责人、工作人员、参加联谊会的老年人及路过的社区居民参观老年人手工作品展。
30分钟	老年文化服务总结交流。	1. 主持人宣布S社区老年文化展示联谊会开始，介绍活动的目的、流程与内容。 2. 老年文化服务回顾。以有奖竞猜的方式，引导老人们回顾一个月来老年文化服务与活动的内容。 3. 邀请老年人发言：在各类老年文化服务与活动中，印象最深刻的是哪一项？最喜欢的是哪一项？为什么？ 4. 主持人对每位老人的发言进行总结和回应。 5. 云南大学社会工作专业实习学生分享服务感受、收获与思考。 6. 社区居家养老中心主任、社区老龄专干分享与社工师生合作开展老年文化服务行动研究的感受。 7. 社区居委会负责人总结发言。 8. 全体参会人员交流讨论今后在S社区开展老年文化服务的计划。

续表

时间	服务目标	服务内容
30分钟	山歌调子联谊会。	1. 请老年文化骨干介绍并表演花灯（10分钟）。 2. 请老年文化骨干介绍并表演山歌调子（10分钟）。 3. 请每位老人说一个自己在晚年生活中的愿望。 4. 请每位老人对自己右手边的老人说一句感谢或祝福的话。 5. 感谢老人们一个月以来对项目团队开展的老年文化服务的参与和支持，给每位参会老人发放小礼物（"食疗与保健知识"资料和放大镜）。 6. 主持人作活动总结。 7. 参会人员合影。
60分钟	传统游戏小游园。	1. 向老人们介绍每一项传统游戏的规则和奖励办法。 2. 举行游园会。游园项目包括"抓子""丢窝窝"和"翻花绳"三个S社区老年人在童年时期经常一起玩的传统小游戏。

三、继续推进阶段（2017年7—9月）

（一）对推进阶段的反思与改进

如果服务的设计不符合服务对象的实际需要、不具有吸引力，则服务的实施效果会大打折扣。老年人最关注身体健康、家庭和睦、儿女幸福和孙辈成长，所以在每次隔代共融活动中项目组都邀请老人带着孙辈一起参与，因为祖孙共同参加活动对于老年人的需求满足和孙辈成长都有帮助。从推进阶段的行动过程和结果来看，在"白族扎染祖孙体验"和"SL传说故事会"两个活动中孙辈的参与率较高，约有90%参加活动的老人能够邀请孙辈一起参加；但是在"草鞋编织"和"草墩传承坊"两个活动中，孙辈的参与度不高，只有两位老人带着孙辈共同参加。很多孙辈认为老年人活动与他们没有什么关系，不如自己在家玩手机；老年人的儿女也认为这些活动对孩子没有什么实质性帮助，反而耽误学习时间，所以不太在意和支持。多方面原因导致孙辈在老年文化服务与活动中参与的积极性不高。这一状况使隔代沟通与互动、代际支持的增强效果不理想，老年人精神文化需求满足的家庭环境难以改善。

通过询问参加活动的老人，项目团队了解到，孙辈参与动力不足的主要原因有三个方面。一是学习任务重，孩子太忙、没时间；二是一些孩子认为活动没有意思；三是一些孩子觉得不好意思参加老年人的活动。访谈结果显示S社区祖孙代际之间的互动还是不足，有的孩子宁愿在家看电视或玩电子游戏也不愿意陪伴自己的奶奶、外婆来参加集体活动，所以促进隔代共融仍然很有必要。孙辈在文化传承与隔代共融活动中的参与不足问题为项目继续推进阶段工作的改进明确了方向——以实质性内容吸引孙辈参加，并以促进孙辈成长为核心争取老人及其成年子女对老年文化服务与活动的支持和参与，以此为契机改善隔代关系，促进代际共融，增强代际支持。

反思、讨论文化传承和隔代共融的部分活动对孙辈吸引力不足的原因后，项目团队在继续推进阶段采取三个策略对服务计划进行调整，以期吸引老年人、老人子女以及孙辈对老年文化服务与活动的参与和支持。第一，开展"文化传承与儿童成长"夏令营，招募S社区的儿童参加，老年人则作为传授传统技艺、分享生命故事和介绍传统文化的志愿者加入其中。祖孙共同参加活动的形式能够消解农村隔代教养家庭中老年人在参加活动时对于将孙子、孙女独自留在家中的担忧。此外，在夏令营提供志愿服务使老年人得到发挥专长和展示才华的机会，通过自己的付出得到孩子们的尊重和感谢，体会到自身的价值所在，因此他们参加活动的意愿和投入度很高。对于儿童营员来说，与老年志愿者的近距离接触让他们对祖辈的人格力量和独特才华有更多的了解和更加全面的认识，改变"老年人都是衰弱的、没有能力的"之类的偏见，增加对老年人的尊重和感恩。作为孩子家长的老年人子女也很乐于看到这样的场景和效果，这一调整使他们对老年文化服务与活动的关注度和支持度明显提高，表示很愿意让孩子参加。第二，运用更有吸引力的方法招募青少年志愿者协助开展夏令营活动。为了让他们觉得参与的活动有趣、有益，项目团队拟定了具体的招募策略：绘制、张贴招募志愿者的海报；向青少年面对面招募而非通过他们的祖辈转达，告诉他们做志愿者可以得到怎样的成长；以社区居家养老服务中心的名义颁发奖状、小奖品和提供志愿服务证明，充分表达对志愿者的奖励和认可。第三，针对部分老人需要同时照顾两个或以上幼儿的情况，项目团队在夏令营开展过程中设置适合幼儿玩耍的场地，并安排志愿者专人照顾幼儿和带领幼儿玩游戏，确保他们的安全，解决老年人参加夏令营活动的后顾之忧。

此外，通过一年的接触，项目团队对老年人的专长与资源有了更加深入的认识，双方的关系也更加密切，所以继续推进阶段对优秀传统文化要素在助力老年人应对城市化挑战中的运用方式更加多元。在推进阶段，项目团队除了在S社区居家养老服务中心举办老年手工作品的实体展览，还为每一件作品拍摄照片，通过微信进行线上展览。当昆明市民在网络上看到老人们精美的手工作品后就表示希望购买，而老人自己也愿意制作和出售。通过项目团队的牵线搭桥和微信沟通协助，92岁的绣花能手ZLZ大妈向购买者展示了多种样品供选择，最后售出4双纯手工儿童绣花鞋。这一现象说明，如果有专人运用现代传媒手段提供宣传、沟通和支付等方面的协助，老年人的传统技艺可以在增强自我效能感的同时增加收入、提高生活质量。受此启发，在继续推进阶段，"老年妇女刺绣手艺开发推广"服务得以实施。

（二）继续推进阶段的老年文化服务

1. 城市化进程中的技能挑战应对

在继续推进阶段，项目团队通过老年妇女手工绣花鞋开发推广和自我保护技能学习两项服务协助老年人应对城市化进程中的技能挑战，提高晚年生活质量。

（1）老年妇女手工绣花鞋开发推广

在过去，挑花缝鞋、缝补衣物是S社区女子出嫁前的必备技艺，精通手绣者不乏其人。如今她们已经老去，这些传统手艺却依然承载着老人们珍贵的记忆、发自内心的自豪与独特的价值。但是，随着工业化、城市化的发展，生计方式的转变和生活节奏的加快，这些传统手艺面临失传的危险。在社会工作师生的协助下，以赋权增能理论为指导，S社区老年妇女手工绣花鞋开发推广服务应运而生。该项服务搭建线上线下推广平台，销售S社区老年妇女的手工绣花鞋制品，希望以此推动传统手艺的开发与传承。

以"资产为本"社区发展为理念指导，项目团队访谈、撰写、运用老手艺人生命故事，开微店，开展手工纳底绣花布鞋的线上推广活动，并邀请各公益传播平台帮忙进行线上推广，以此发掘和推广老年妇女的刺绣手艺，拓展她们的收入来源，进行个人资产建设，帮助老人消减"老而无用"感，提升自我效能感和自我价值感，进而提高她们的晚年生活质量和幸福感。手工纳底绣花布鞋销售所得收入的85%作为材料与手工费付给老手艺人；10%作为项目运作费，用于负责项目管理工作的志愿者的交通费、电话费、网络费、误餐补贴；5%投入S社区老年人自组织能力建设基金，用来购买老年人太极拳习练小组的奖品和进行老年文艺队的团队建设。为了让该项服务延续下去，在2018年9月项目"深入发展阶段"工作结束前，项目团队把微店移交给S社区的快递点负责人，并就收入分配达成一致。至此，老年妇女手工绣花鞋线上推广服务在S社区生根萌芽。

(2) 老年人自我保护技能学习

韩伟等（2018）的调查显示，90%以上的学员希望老年大学的课程能够进入社区，可见老年教育进社区具有社会需求。在S社区，42位接受个别访谈的老人中有38位曾经被骗或差点被骗；项目团队入户探访的30位老人中有25位老人曾经跌倒。可见，S社区老年人时常遭遇上当受骗或跌倒的情况，人身、财产安全面临威胁，身心健康受到损害，老年人也希望多了解安全知识，学习风险防范技能。在对S社区老年人生活环境中存在的安全隐患进行田野调查和问题分析的基础上，运用能够发挥社会工作专业优势的策略与技术，项目团队围绕防骗和防跌两个主题开展安全教育，提高老年人对常见安全问题的防范意识、认知能力和防范能力。

表19 老年人安全教育活动流程

时间	服务目标	服务内容
老年人防骗安全教育主题活动：1.5小时	1. 增强老年人的防骗意识。 2. 增加老年人的防骗知识。 3. 提高老年人的防骗能力。	1. 社工自我介绍。 2. 介绍活动目标、内容与流程。 3. 热身游戏"手帕传递"，引导老年人自我介绍和相互认识。 4. 运用多媒体课件介绍诈骗类型。 5. 观看防骗宣传片。 6. 组织老人分小组讨论防骗对策。 7. 运用多媒体课件补充、普及防骗对策。 8. 培训效果评估。

续表

时间	服务目标	服务内容
老年人防跌安全教育主题活动：1.5小时	1. 增强老年人的防跌意识。 2. 增加老年人的防跌知识。 3. 提高老年人的防跌能力。	1. 回顾上一节"防骗"安全教育主题活动的内容，引出"防跌"安全教育主题活动的内容。 2. 运用多媒体课件介绍老年人跌倒的危害。 3. 社工进行情景模拟，协助老年人通过生动的教学方式掌握跌倒后的自救知识。 4. 引导老人分组讨论预防跌倒的策略。 5. 运用多媒体课件补充介绍预防跌倒的策略及注意事项。 6. 教授防跌顺口溜。 7. 培训效果评估。

2. 城市化进程中制度层面的挑战应对

在继续推进阶段，项目团队主要通过以文化传承促进隔代沟通，培育社区老年人组织以强化同辈支持，协助机构进行能力资产建设和搭建志愿服务平台以推动居民社区参与四个方面的策略来助力老年人应对制度层面的城市化挑战。

（1）以文化传承促进隔代沟通

秉持优势视角，以互喻理论和诺丁斯关怀理论为指导，通过体验式、互动式学习，"文化传承与儿童成长"夏令营旨在以文化传承为载体促进祖辈与孙辈的沟通与互动，进而增进相互了解与理解。在此过程中，让祖辈通过为孙辈提供志愿服务获得价值感和自信心，更全面地了解孙辈；同时让孙辈在互动和学习中有机会看到和了解更多他们原来在生活中没有看到的祖辈们富有才华的那一面，感受、体会祖辈的关爱与积极观念，并学习如何在今后的日常生活中回馈、关爱祖辈，也让祖辈接收到孩子们已经感受到他们所付出的关怀及帮助的讯息。通过祖辈与孙辈两代人之间对关怀与接纳的良性循环促进代际和谐。"文化传承与儿童成长"夏令营一方面把尊老、敬老、爱老的思想融入夏令营的日常活动中，在儿童群体中传递"孝"文化，充实社区儿童的假期生活；另一方面以文化传承为载体在老年人与儿童之间搭建相互沟通交流的平台，改善代沟问题，促进代际共融。

表20 "文化传承与儿童成长"夏令营活动流程

活动进程	活动主题	活动目标	活动内容
第一单元（4小时）	代际互动之"大手牵小手"SL传统手艺教学与体验	1. 活动带领者介绍夏令营目标与概况。2. 订立夏令营规。3. 引入白族文化话题，开展首次代际互动。	1. 活动带领者介绍夏令营的目标、主要内容、活动流程、活动时间。 2. 活动带领者和志愿者分别进行自我介绍。 3. 共同订立夏令营营规。 4. 前测：了解营员小朋友们对于SL白族文化的了解情况。 5. 老年志愿者BXM大妈介绍"挑花"技艺的历史、特点与操作步骤。 6. 活动带领者说明"挑花"技艺学习中的注意事项和安全问题。 7. 由四位老年志愿者（大妈）分别带领四组小朋友学习如何挑花，完成一件小作品。 8. 热身活动：爱的传递（乒乓球传递）。 9. 教授挑花的老年志愿者和活动带领者分别进行活动总结。 10. 填写满意度评估表。 11. 课业辅导。
第二单元（4小时）	代际互动之"小小棋手"学习班	1. 在象棋教学中促进祖孙两辈人之间的互动与文化传承。2. 在聆听故事中增加对祖辈的了解，学习祖辈的优良品质。	1. 回顾和总结昨日活动。 2. 取组名，想口号。 3. 互动游戏：丢手绢。 4. 中学生志愿者介绍象棋知识，开展关于象棋的前测评估。 5. 四位老年志愿者（大爹）每人教授一组小营员下象棋。 6. LJX大爹（男，73岁）讲述年轻时克服困难的故事并与小朋友互动交流。 7. 活动结束填写满意度评估表。 8. 营员分小组讨论，准备夏令营最后一天的成果汇报演出节目。 9. 课业辅导。

续表

活动进程	活动主题	活动目标	活动内容
第三单元（4小时）	生命教育之代际共融	1. 领悟祖辈与祖辈之间、祖辈与孙辈之间的感情。 2. 亲身观察体验人生不同阶段，感同身受，增加孙辈对祖辈的理解。	1. 回顾和总结昨日活动。 2. 抓手指小游戏：培养营员的反应能力和对信息的处理能力。 3. 对营员小朋友与祖辈的关系状况进行前测。 4. 集体绘本阅读《楼上的外婆和楼下的外婆》。 5. 分小组对人生各阶段——童年、青年、中年、老年的烦恼进行角色扮演，以此为基础交流心得，学习对其他年龄群体的共情。 6. 以头脑风暴的形式开展小组讨论： （1）祖辈值得我们学习的优点有哪些？ （2）孙辈可以为祖辈做些什么？ 7. 分小组讨论，准备夏令营最后一天的成果汇报演出节目。 8. 课业辅导。
第四单元（4小时）	生命教育之生存教育	1. 增进小组凝聚力。 2. 培养小营员的生活自理能力。 3. 在实践中感悟父辈、祖辈的不容易，强化对长辈的感恩。	1. 回顾和总结昨日活动。 2. 热身游戏与讨论：松鼠与大树。 3. 小营员日常生活能力测试。 4. 包饺子、吃饺子。 5. 活动带领者引导小营员结合劳动实践感悟父辈、祖辈的不易，强化对长辈的感恩。 6. 老年志愿者HCL大妈（女，67岁）和BXM大妈（女，82岁）带领小营员猜谜语、唱花灯。 7. 分小组讨论，准备夏令营最后一天的成果汇报演出节目。 8. 课业辅导。

续表

活动进程	活动主题	活动目标	活动内容
第五单元（4小时）	生命教育之生死教育	1. 引导小营员理解生命的意义，培养正确的生命观。 2. 增强小营员的合作意识，协助孩子们应对胆怯、害羞、不自信等问题，不断成长。 3. 总结夏令营活动，深化营员对代际共融与生命意义传承的领悟。 4. 推动家长对祖孙代际共融的理解和参与。	1. 回顾和总结昨日活动。 2. 集体绘本阅读《一片叶子落下来》。 3. 游戏与讨论：进化游戏。 4. 处理离别情绪。 5. 小营员、家长、志愿者及夏令营活动组织者各方共同参与及观看夏令营成果汇报文艺表演。 6. 夏令营活动总结评估。

（2）培育社区老年人组织，强化同辈支持

受到社会支持理论和"资产为本"社区发展模式的启示，为充分发挥社区组织在促进社区参与、增进社区信任和改善社区关系中的作用，针对S社区社会组织起步较晚、发展滞后、缺乏培育和支持等特点，项目团队在继续推进阶段培育了S社区老年人太极拳习练小组，并继续完善和强化老年文艺队的活动机制。

①老年人太极拳习练小组培育

为了给老年人搭建交流互动平台，帮助老年人学习养生保健知识，培养日常锻炼习惯，培育太极拳习练小组的想法刚刚提出就得到社区居委会和老年人的认可。项目团队通过六个阶段完成老年人太极拳习练小组的培育工作。

第一阶段，充分考虑老年人的身心特点设计小组。通过走访，项目团队了解到S社区老年人都有运动健身的意愿和兴趣，这是培育太极拳习练小组的基础。运动健身的方式有很多种，鉴于老年人身体功能弱化的生理特点和希望"静"的心理特点，适合老年人的运动健身方式强度不能太大，动作需要相对柔和。太极拳是一种动作柔和、刚柔并济的运动项目，它的运动强度、动作力度、训练节奏和练习时间都可以由习练者灵活调控，是一种非常适合老年人身心特点的锻炼方式。长期习练太极拳可以有效改善老年人的平衡能力，延缓生理机能衰退，减少和预防跌倒发生（赵媛等，2013）。综合考虑多方面因素，在征求 20 位老年人和社区居委会、社区居家养老服务中心的意见并获得肯定的回答后，项目团队达成一致意见，在 S 社区培育老年人太极拳习练小组。

第二阶段，多种方式动员老年人参与。与以往社区自治组织开展活动时通常采用的通知安排等单一方式不同，项目团队通过粘贴海报、发放宣传卡片、委托老年文化骨干宣传、给老人亲自讲解介绍等多种方式对老年人太极拳习练小组进行宣传和动员，有效地提高了老年人的知晓度和参与度。

第三阶段，开办免费太极拳学习班，设置激励机制推动习练持续进行。从 2017 年 7 月 15 日开始，S 社区居家养老服务中心与云南大学社会工作专业师生携手为老年人开办为期两个月的免费太极拳学习班。该班以太极养生功和陈氏太极 26 式为主要教学内容，由习武数年、具有丰富武术教学经验、曾任云南大学东陆校区截拳道协会会长的社工实习生 SYM 担任教练。学习班将社会工作专业理念、方法与太极拳教学相融合，遵循以老年人为本的原则，注重需求评估，并在教学过程中根据学员们的建议不断调整与改进，力求探索最适合 S 社区老年人身心特点和生活习惯的太极拳教学模式。为了留住已经参加太极拳习练的老人和鼓励更多老人来参加，项目团队以打考勤发奖励的形式建立了激励机制，见表 21。

表 21　S 社区老年人太极拳习练奖励办法

学习与锻炼次数（以签到表为准）	奖　品
20 次	创可贴 1 盒（20 片装）
50 次	万通筋骨贴 1 盒（10 贴）
100 次	家用急救包 1 个（内含创可贴、纱布、胶带、橡胶手套、湿巾、棉签、绷带、剪刀、急救毯等）
220 次	太极拳练功服一套

第四阶段，调整教学安排，增强服务可及性。为了更好地服务老年人，太极拳习练小组的活动组织形式多次调整，在时间、场地和教学方法上尽可能给老年人提供便利。经过征求意见，为了不打乱老人们睡觉、吃饭等日常生活，活动时间由原本设计的上午8：00—9：00改为上午7：30—8：30，原因是老人们觉得早上8：00太迟了，9：00以后他们还有做家务、干农活、带小孩等其他事情。在场地上，为增强服务的可及性，方便老年人就近参加学习，太极拳教学同时在S社区的JL寺和社区居家养老服务中心两个教学点进行，老人们可以自行选择方便的教学点。在教学方法上，综合考虑老人们的学习进度和接受能力等做出相应调整，将动作分解、简化以适应老年人的学习能力和学习进度。

第五阶段，培养老年人骨干，促进组织成长。组织要实现持续发展，必须不断提升自我组织、自我管理、自我服务的能力，这就需要培养出优秀的骨干来带领组织向前发展。"资产为本"的社区发展也需要培育社区领袖，因为社区资产建设是社区内部驱动的，不能依赖于外部机构。为了保证社区的可持续发展，社区领袖的培育就成为"资产为本"社区发展的关键任务（周晨虹，2014）。在太极拳教学活动过程中，项目团队不断发掘和培养老年人骨干。首先，对老年人的声望、参与积极性、太极拳学习情况、人际关系、组织协调能力等进行综合考察，确定四位老人作为骨干人选；其次，项目团队在日常老年文化服务中多次邀请四位老人参加活动和分享交流，增强他们的参与感、认同感和归属感，培养表达能力；再次，鼓励四位老人参与老年文化服务与活动的策划、组织和管理器材物资等，不断提高他们的组织协调能力，为他们的成长奠定基础。

第六阶段，完善机制，保障组织正常运转。随着太极拳习练小组的不断成熟，到2017年9月，社工实习生在该年度的实习时间即将结束，系统性的老年文化服务即将暂停，所以太极拳习练小组也需要一个维持正常运作的机制。于是项目团队协助太极拳习练小组骨干建立物资管理、活动出勤、活动激励等管理机制，为社工师生离开后太极拳习练小组的持续发展提供制度保障。S社区居家养老服务中心采纳了项目团队的建议，提供场地和器材设备，让S社区老年人此后继续免费进入社区居家养老服务中心开展日常太极拳习练活动，并给担任习练活动领队的老人每月发放劳务补贴。

②老年文艺队自组织能力建设

巩固本地社区组织的基础、加强社区组织与社区居民之间的联系是"资产为本"社区发展最为关键的实践路径。针对老年文艺队与社区居委会、社区居家养老服务中心沟通不畅的问题，在继续推进阶段，老年文艺队自组织能力建设的工作重点是搭建利益表达平台，促进老年文艺队与社区居委会、社区居家养老服务中心的沟通交流，争取正式支持。在此阶段项目团队较好地充当了老年文艺队与社区居委会、社区居家养老服务中心沟通的桥梁，协助老年文艺队向社区居家养老服务中心争取到每周 50 元的领舞教学补贴。与此同时，社区居委会和社区居家养老服务中心也认识到老年文艺队存在的价值与意义，并以老年文艺队的繁荣发展为荣。

此外，为实现资源共享和优势互补，项目团队推动 S 社区的两个老年文艺团队合并为一个。合并后的老年文艺队获得社区居委会和社区居家养老服务中心的认可，有了更强的自我发展动力。自 2017 年 8 月，统一的 S 社区老年文艺队开始持续、自发地开展舞蹈习练活动，时间为每周六和周日 7：00—8：00，活动地点为社区居家养老服务中心的院内空地，每次参加舞蹈习练的成员人数不少于 15 人，由 HCL 大妈负责教舞和领舞。

（3）机构能力资产建设

"资产为本"社区发展通常要确认社区中的组织，包括正式组织和非正式组织，以便将社区居民组织起来。为发挥社区居家养老服务中心在助力老年人应对城市化挑战中的作用，项目团队从推动中心员工学习社会工作专业知识和技能，协助中心创建、运营公众号，建设社会工作专业实习基地和物质资产发掘建设四个方面对社区居家养老服务中心进行能力资产建设。

第一，协助员工提高专业化水平。老年文化服务的开展需要以相应的服务能力作为支撑。通过举行焦点小组讨论项目计划，合作开展服务，进行服务经验交流座谈以及汇报工作，社工师生推动 S 社区居家养老服务中心工作人员学习社会工作专业知识和技能，提高专业化水平。作为合作方，社工师生邀请中心工作人员参与服务的设计及实施；在服务过程中，贯彻于服务中的社会工作专业理念、社会工作师生运用的专业方法与技巧等，通过潜移默化的方式影响参与服务的工作人员。笔者作为督导提供的专业指导和发展建议，以及应 XZ 街道办事处邀请为社区干部开展的两次社区居家养老服务培训也提供了学习的机会和能力提升的途径。为了表达对项目团队在机构能力资产建设方面所做努力的感谢，S社区居家养老服务中心在院内挂出横幅，上面写道："欢迎云南大学社会工作系老师和同学传经送宝。"

第二，协助创建、运营公众号。2017年7月31日，项目团队协助S社区居家养老服务中心建立公众号，并在项目实施期间负责运营公众号，共推出介绍老年服务实践的文章29篇，在上级主管部门和实务领域有效地扩大了S社区居家养老服务中心及在此平台上开展的老年文化服务的影响力。2017年8月底，项目团队将公众号移交社区居家养老服务中心工作人员运营和管理，项目团队则在公众号运营方面持续提供支持和指导。

第三，建设社会工作实习基地。通过笔者的努力和推动，S社区居家养老服务中心与云南大学社会工作专业于2016年达成建设"云南大学社会工作专业实习基地"的合作协议。2017年8月24日，"云南大学民族学与社会学学院社会工作专业实习基地"挂牌仪式在S社区居家养老服务中心举行，云南大学民族学与社会学学院社会工作系负责人，XZ街道党工委书记，XZ街道办事处副主任，XZ街道办事处社建科科长，S社区居委会主任、副主任和社区工作人员，S社区老年人代表，社会工作实习学生共22人参加了挂牌仪式。这是多方合作共赢，增进S社区老年人福利的一个新起点。在挂牌仪式上，笔者对近两年带领社会工作专业学生在S社区开展老年文化服务的理念、目标、内容、服务成效及面临的困难进行总结汇报，对未来如何开展S社区居家养老服务提出建议，并对合作各方的参与和支持表示感谢。实习学生代表对两个月的服务成果进行汇报，分享在S社区开展老年文化服务的收获、经验与反思。与会人员还针对价值伦理、服务理念、指导理论、工作方法和完善老年文化服务的建议等展开讨论。在各方的积极参与下，分享交流成为S社区居家养老服务中心能力资产建设的有效方式。

第四，发掘和建设物质资产。针对S社区养老服务器材设备与老年人需求不够匹配，养老服务物质资产分配不够合理的问题，项目团队积极推动S社区居家养老服务中心进行物质资产建设，即合理购置服务物资，节省资源投入成本，让物质资产最大限度地发挥作用。通过访谈项目团队了解到S社区老年人有检查身体和自我照护的基本需求，因此购买了血压仪和血糖仪，并开展测量血压、心率、血糖的常规服务。太极拳习练小组成立以后，考虑到小组成员持续学习与练习的需要，项目团队推动S社区居家养老服务中心购置了必要的太极拳学习光碟和视频播放设备。接受项目团队的建议，S社区居家养老服务中心把这批物资做了更加合理的分配，让更多的老年人分享到这些物资带来的福利。

3. 城市化进程中精神层面的挑战应对

在继续推进阶段，入户探访和个案工作继续进行。该项服务促进高龄、失能老人的亲子沟通和祖孙沟通，增强家庭支持并改善其精神文化生活。下面以XWQ大爷的入户探访与个案工作为例说明项目团队改善高龄、失能老人精神文化生活的方法与策略。

（1）基本情况

XWQ大爷，男，86岁，未接受过正规教育。年轻时务农、做生意，常常往来于昆明和S社区之间，买卖木柴、水果、家禽等农副产品。老人听力弱，患有白内障。三年前大腿摔伤后，常年卧床，肌肉萎缩，无法行走。住在三儿子家里，平时由三儿子、三儿媳照料，住院时则由三个儿子轮流照护。老人对现在的生活水平感到满意，一方面国家每月发放的养老金已经从60元涨到85元，每月能领到100元的残疾人补贴，此外大儿子每个月还给老人100元钱；另外三儿子也比较有孝心，提供的食物、衣服、住房等可以满足生活需求。老人每天两餐都有三儿媳照管，三儿子也会给老人买喜欢吃的东西。在家中老人与儿子、孙子吃的都一样，家人同老人说话态度温和，要出门了会告诉老人一声。

对于XWQ大爷来说，物质供养和生活照料虽然能够得到保障，但是心理状况、社会支持和精神文化生活却不尽如人意。从心理状况来看，由于长期卧床，与人交流少，XWQ大爷感到寂寞，加上身体失能带来的打击，存在轻度抑郁。老人表示不想成为家人的负担。在社会交往和社会支持方面，老人常年与老伴分居，老伴住在二儿子家里，由二儿子赡养。老人与其他家庭成员关系一般，三儿媳与老人的交往仅限于为老人做好饭，然后让孙子端饭给老人吃。除了送饭，孙子与老人的交流不多，也很少进老人的房间。三个儿媳之间关系不融洽，见面容易争吵。在春节和中秋节，XWQ大爷老伴的哥哥、嫂嫂会过来探望，但老人与其他亲戚来往不多。与周围邻居关系一般，没什么来往。XWQ大爷渴望与同辈群体交流，但是他的小伴大多已经去世，平时基本没有朋友来探望。老人觉得三儿子和三儿媳愿意照料自己就已经足够，不想再因为其他事情麻烦他们。所以XWQ大爷处于社会交往缺失、社会支持不足的状态，心情不好的时候也不跟人说。长时间不出门使老人对社区的学校、医院等公共基础设施、服务机构都不了解，谈到自己的心愿，XWQ大爷希望有机会出去走走，看看村子的变化。但是儿子需要开出租车养家糊口，基本上没有时间陪老人出去。精神文化生活方面，床头的光碟只有部分可以播放，并且看了很多年，老人已经不想看了。感到无聊时通过收听花灯、滇戏、评书节目来打发时间，只是三年前赶集时请销售播放器的老板帮忙下载的内容太陈旧，老人听腻了，自己买的播放器也坏了。于是，老人每天能做的就是躺在床上发呆，精神生活匮乏。

（2）入户探访与个案工作介入

该个案工作共开展八次，服务过程包括五个阶段。

第一阶段，建立关系。由于在此前的水库塌方撤离事件中，大儿媳指责三儿媳"对老人不好""不管老人的死活""只要孩子不要老人"等，所以在笔者与两名社会工作实习生刚开始入户探访时，老人的三儿媳有很多担心，戒备心很强，无法直接介入干预。此时我们没有直接干预，而是由一名实习生给老人的孙子辅导功课，笔者及另一名实习生与三儿媳交谈，以轻松自然的方式了解老人及其家庭情况，拉近我们与老人及其三儿媳、孙子的关系。在初步建立信任关系并获得知情同意后，我们与老人及其三儿媳分别探讨老人的需求与期望。随着老人、三儿媳及老人的孙子与我们渐渐熟悉，沟通的内容更加深入。老人的倾诉显示他感到比较孤独，三儿媳则面临角色冲突和身心压力。为了照顾老人和孩子，三儿媳不得不放弃外出打工的机会留在家中。与别的能外出打工挣钱的妇女相比，她的心理落差很强烈——自己也是劳动力，为什么别人每天能赚几十、上百元钱，自己却要留在家中照顾老人？留在家里照顾老人也就算了，换来的还是别人的指责，对此三儿媳感到很委屈。运用积极聆听、同理等支持性技巧，我们对老人及其三儿媳面临的问题进行了初步回应。

第二阶段，收集资料。社会工作师生全面收集老人的生活照料状况、生理状况、心理状况、社会支持状况和精神文化生活状况等相关资料。通过与老人面谈，运用日常生活能力量表、工具性日常生活活动能力量表等评估工具收集直接资料，通过访谈老人的三儿媳收集间接资料。

第三阶段，对老人及其家庭面临的问题、拥有的资源进行分析，确定个案工作目标与服务策略。在整理、归纳、分析所得资料的基础上，社工师生对问题进行评估，包括问题的性质、产生的原因以及发展的过程，并确定介入目标与策略。从童敏教授提出的社会工作专业服务的三个基本问题的视角来看：在心理调适维度，老人的精神文化生活匮乏，孤独感较强，存在轻度抑郁情绪；在能力建设维度，老人面临自理能力缺失、依赖他人照料使自尊受损的问题；在社会支持维度，老人缺少陪伴，与三儿子一家之外的其他亲属关系疏离，与邻居、小伴没有交往。在这个案例中，XWQ大爹生理机能的衰退和身体的残障难以复原，但是保持精神的愉悦却是有可能的。从服务需求来看，第一，老人最迫切的需求就是用播放器收听自己喜欢的花灯、滇戏、评书以及看电视解闷，因此丰富精神文化生活是老人的基本需求；第二，心情的好坏直接影响生活质量，对老人来说，进行心理调适的需求较为显著；第三，老人的社会支持需要得到强化，社会隔离的状态应得到改善。

当然，除了上述挑战，老人及其家庭也具有自身的能力和资源，包括：老人对家人的体恤、易于知足的心态、对了解新鲜事物和丰富精神文化生活的渴望；三儿子每天探望父亲；三儿媳为老人提供生活照料，等等。因此，社会工作师生可以协助老人及其家庭运用自己的能力、发掘拥有的资源，配合专业服务与社会支持，改善老人的精神文化生活。

以马斯洛需要层次理论、赋权增能理论和社会支持理论为指导，我们在老人、家庭和社区三个层面制订介入目标。在老人个体层面，介入目标是通过社会工作者定期入户探访、提供陪伴和进行个案辅导，增加老人的社会交往，减轻孤独感；肯定老人的能力和资源，疏导抑郁情绪；丰富老人的精神文化生活，提高晚年生活质量。在家庭层面，一是为老人的三儿媳提供支持性服务，协助其排解压力，调适角色冲突，从而增强家庭照护能力，增加儿媳对老人的情感支持；二是推动三儿媳改变观念，通过她对自己儿子的教育和社会工作者的共同努力来改善孙子与老人间疏离的关系；三是引导老人主动与三儿子沟通，让儿子了解老人对他的关心和感激，向儿子表达自己希望了解新鲜事物、丰富精神文化生活的愿望；四是鼓励三儿子为老人精神文化生活的丰富创造条件，在休息时间协助、陪伴老人外出看看社区的变化，满足老人的愿望。社区层面，在征得老人及其三儿子、三儿媳的同意后，逐渐拓展老人的社会交往范围，招募邻居、亲属等社区中的低龄老人作为志愿者提供入户探访和陪伴服务。

第四阶段，共服务四次，具体服务策略包括四个方面。一是改善老人的精神文化生活。项目团队购买便携式播放器和U盘赠送给XWQ大爹，在U

盘里为老人下载他想听的花灯、滇戏剧目和评书节目，更换那些已经听了三年的陈旧内容，让老人可以在闲暇、寂寞时精神上有所寄托。二是改善家庭照护质量，主要策略包括鼓励老人的三儿子、三儿媳与老人进行更多的交流，增强情感支持，肯定老人对新鲜事物感兴趣和希望丰富精神文化生活的愿望，并创造条件满足老人的愿望。三是改善祖孙间疏离的关系。老人的三儿媳面临作为孩子教养者的"母亲"和作为失能老人照顾者的"儿媳"两个角色的冲突，巨大的压力使她无暇关心孙子与老人间疏离关系的改善。但是要解决这个问题，她的参与和支持不可或缺，所以社工师生从协助老人三儿媳排解压力入手开展服务。辅导正在读小学的儿子的课业让三儿媳感到烦恼，于是社会工作实习生入户给孩子辅导功课，协助其减轻亲职压力。在此过程中，笔者引导她看到自己在孩子课业辅导中存在的问题，并就如何鼓励孩子、激发孩子的学习动机提供示范。亲职辅导巩固了我们与老人三儿媳之间的信任关系，也在一定程度上协助她缓解了压力，改善了情绪。在此基础上，社会工作师生引导她转变观念，通过对自己儿子的教育促进其对老人的尊重、关心。与此同时，社会工作师生引导小孙子主动与老人沟通交流，并邀请他参加Ｓ社区"文化传承与儿童成长"夏令营，多渠道介入改善祖孙关系疏离的问题。四是在社区中寻找志愿者入户陪伴老人，缓解老人因无人交流而产生的苦闷情绪。项目团队希望在社区中寻找低龄男性老人来做志愿者，在接受培训后提供入户探访和陪伴支持服务，包括陪伴老人聊天、读报纸、讲有趣的新闻等，同时帮助老人做一些力所能及的事。为保证入户探访志愿服务的持续性和服务品质，专门建立激励机制，对参与陪伴高龄、失能老人的志愿者发放劳务补贴。

第五阶段，结案与评估。在第八次入户探访时，老人的精神好了很多，脸上露出笑容，并告诉我们他在没事的时候会听听节目。与介入前相比，三儿媳与老人的语言交流增加了，孙子做完作业后也会主动进房间看看老人、说说话。除了推动志愿者入户陪伴老人的子目标因传统观念的影响未能实现，该个案的其他子目标基本达成，服务取得一定成效，协助 XWQ 大爹改善精神文化生活的个案工作至此结案。

四、深入发展阶段（2018 年 7—9 月）

2018 年 7 月，文化服务助力老年人应对城市化挑战的行动研究进入第三年，即深入发展阶段，社工师生与S社区居委会、社区居家养老服务中心建立起密切的合作关系，老年文化服务也得到S社区许多老人的认可和信赖。

（一）对继续推进阶段的反思与改进

在继续推进阶段，令项目团队感到困惑的问题是老年文艺队等老年人自组织与社区居委会、社区居家养老服务中心沟通、对接不畅。杜鹏（2016）的研究指出，由外而内的资源动员固然催生了W村老年人协会，但老年人协会的发展还需要一个村庄内部动员的过程，从而将资源动员的外生性和被动性转化为村庄动员的内在性和主动性，实现外部资源促进内部发展的目标。村庄动员是老年人协会迎合村庄制度系统，从而被村庄制度系统认可与接纳的制度化过程。S社区老年文艺队与社区居委会、社区居家养老服务中心沟通、对接不畅的问题，首要原因在于老年人村庄内部动员已经得到较好的推进，但社区居委会对于更大力度地赋权老年人群体和推动老年人自组织发展仍存有较多顾虑，对老年人自组织的接纳度不够，致使老年文化骨干感觉未得到足够授权和应有支持，仿佛是自己"自作多情"，主动揽责任。让老年文化骨干更担心的是，万一活动过程中老年人出现意外情况，所有责任由自己一人承担，那是难以承受的，因此参与动力有限。其次，社区干部过去与社区居民尤其是老年人的关系疏离，社区居委会工作中存在的一些问题曾经遭到质疑，导致双方对彼此均怀有戒心，影响有效沟通与互动，配合度不高。当有需求或出现问题需要沟通时，老年文化骨干习惯求助于笔者，委托笔者向社区居委会及社区居家养老服务中心负责人转达，而社区干部也乐于通过社会工作师生转达他们的回复。当老年文化骨干对社区工作有意见时，更愿意向社会工作师生抱怨，而非直接向社区干部提出。间接、委婉的表达方式，其背后是中国农村面子文化、熟人文化的影响。针对此问题，项目团队在继续推进阶段将介入点放在促进老年人群体与社区居委会、社区居家养老服务中心的沟通改善方面，希望建立起S社区自身的内部沟通系统，避免老年人自组织在与社区居委会和社区居家养老服务中心沟通过程中对社工师生的过度依赖。

在此阶段，令项目团队感到困惑的另一个问题是如何评估服务成效。在服务开展过程中，每次活动结束之前带领者都会安排简单的总结评估。在其他类型的活动中，评估能够按计划完成；但是在手工制作类活动中，这个环节较难有效完成。一方面，老人们习惯于在做完自己的手工后就离开，而不同的老人或老人组合完成任务的时间前后不一,所以活动带领者很难将老人们全部留到最后再做统一的总结和评估。另一方面,由于不太习惯在公共场合发表个人看法,除了几位比较活跃的老年人,其他老年人通常不好意思提出自己对活动带领者的建议,或者不知道如何表达自己在活动中的感受与收获,只是简单地给予"挺好"的评价。因此,在深入推进阶段项目团队对评估方式进行了改进。一方面,针对老人们喜欢参与活动但是不愿意、不方便花时间等待所有人都完成活动再进行共同讨论的习惯,项目团队调整了活动的程序,将需要讨论的环节放在活动开始的阶段,然后在老人完成手工作品将要离开时进行个别访谈或是小组座谈,分多次进行评估。另一方面,增进老年人的参与意识和增强表达能力成为项目团队在深入推进阶段着力实现的服务目标之一。

(二)深入发展阶段的老年文化服务

在深入发展阶段,项目团队继续以"资产为本"社区发展模式为指导,通过文化服务助力老年人在技能、制度和精神三个层面应对城市化挑战。

1. 城市化进程中技能层面的挑战应对

十方缘是全国各地十方缘老人心灵呵护中心和十方缘老人心灵呵护小组的简称,旨在组织义工为养老机构、临终关怀医院和社区里的临终老人提供专业的心灵呵护服务。为了让 S 社区老年人学会呵护自己、呵护身边人的方法,深度体验精神慰藉的方法技巧,项目团队链接了十方缘"爱与陪伴一堂课"项目资源。针对 S 社区老年人特别关注自身健康的特点,昆明十方缘将按摩培训和"爱与陪伴一堂课"相结合,从教老人学习自助、互助按摩,引申至爱的"心理按摩",并运用祥和注视、用心倾听、抚触沟通、音乐沟通等技巧,营造了一个充满爱与温暖的氛围,让老人们在祥和的氛围中体验和学习爱与陪伴的技巧。

2. 城市化进程中制度层面的挑战应对

在深入发展阶段,项目团队通过服务方案策划焦点小组来促进机构资产建设,协助老年文艺队培养内部协商和民主决策能力,举办夏令营活动促进老年人与孙辈的隔代沟通与互动。

(1) 通过服务方案策划焦点小组促进机构资产建设

对 S 社区居家养老服务中心的资产建设主要通过服务方案策划焦点小组的方式进行。为了解双方对深入发展阶段文化服务助力老年人应对城市化挑战行动研究的想法和计划，就行动目标和服务内容达成一致，2018年7月20日社工师生与S社区居委会党支部书记、社区居家养老服务中心主任、社区老龄专干和文化专干以焦点小组的方式进行沟通交流。

讨论议题包括三个方面。首先，社区居委会书记介绍社区概况和过去两年项目团队在S社区开展的老年文化服务带来的变化，对项目团队给予肯定和表达感谢。其间书记谈道，自2017年7月云南大学社会工作师生协助S社区老年人培育太极拳习练小组和开展老年文艺队自组织能力建设后，两个老年人团体一直在自我组织、自我服务、自我管理，已经持续了一年。接着笔者结合此前两年的田野经验、以问卷调查和个别访谈等途径了解到的S社区老年人对文化服务的需求与偏好，以及S社区发展中需要解决的紧迫问题，介绍该阶段为期两个月的服务目标与行动计划。最后双方共同商讨并确定了深入发展阶段文化服务助力老年人应对城市化挑战行动研究的目标、内容与策略。参会人员都认为，为实现助力老年人应对城市化挑战的目标和增进S社区老年人的福祉，针对服务过程中发现的新需求和需要解决的问题，可以进行灵活调整，设计和实施其他匹配的老年文化服务。

（2）助力老年文艺队增强内部协商与民主决策能力

"资产为本"的社区发展特别强调提高社区居民的组织能力，激发社区居民参与公共事务的内在动力。经过两年的建设和发展，S社区老年文艺队的自我组织、自我服务、自我管理、自我发展能力显著增强，成员们充满活力，拥有积极乐观的良好精神面貌，每个周末的早晨坚持参加舞蹈习练活动。除了继续协助S社区老年文艺队进行团队建设、录制视频与刻制光碟，针对老年文艺队面临的老年文化骨干请辞的问题，项目团队的工作重心转为协助老年文艺队增强内部协商和民主决策能力。

HCL大妈（女，67岁）是一位极有责任感和使命感的老年文化骨干，自一年前承诺担任老年文艺队领舞和领队后，一直恪尽职守、风雨无阻地履行自己的职责。在这一年里，不论参加活动的人是多还是少，HCL大妈都兢兢业业地按时带领成员们学习、排练舞蹈。关于自己一直坚持带领老年文艺队习练舞蹈的原因，HCL大妈开心地说道："一个是LYH老师信任我，委托我带领大家学舞、跳舞。既然答应了，就要对得起她的信任，我这个人很讲信用的。另外，她们①跳舞很积极的，我还没来她们就来了。"HCL大妈的领队工作一直受到老年文艺队成员们的支持。YCY大妈（女，72岁）谈道："有她（HCL大妈）带着就有动力去学了。"老年文艺队成员们的信赖和支持使HCL大妈对自己的工作越来越有信心，她说："和我一起跳舞的人越多，我就越有信心、越开心。"

S社区的D村和B村两个老年文艺队合二为一后，在HCL大妈的带领下，团体氛围越来越好，成员间也相处得愈加融洽。新的场地、新的同伴、新的团队没有使成员们感到不适应，反而增加了对HCL大妈的认可和信赖，提升了大家参加文艺队活动的热情。2018年7月，老年文艺队却面临一个关系到组织能否存在与发展下去的危机：HCL大妈申请辞去老年文艺队领队的工作，这令成员们感到不知所措。HCL大妈产生请辞领队工作的想法主要有两个原因。第一，HCL大妈觉得自己年纪大了，一个人领导和管理老年文艺队越来越力不从心。她既要忙着教舞，记录成员的出勤情况，还要负责将活动场地和活动时间通知到居住在不同地点的所有成员，所以感到身心都较为疲累。第二，HCL大妈是一个虔诚的佛教徒，希望以后能有更多的时间去寺庙里跟随师父念经祈福，享受清净的生活。所以当合同签署的服务期限满了之后，HCL大妈便向笔者说明，自己恐怕无法再继续担任老年文艺队的领队，不能再教舞、领舞了。HCL大妈也与老年文艺队的成员们提出过自己请辞的想法，并且态度坚决。作为老年文艺骨干，HCL大妈对S社区老年文艺队的发展具有不可或缺的作用，如果她辞去领队和领舞的工作并退出老年文艺队，S社区老年文艺队将难以为继，可能会自动解散。老年文艺队的成员们都表示不能失去HCL大妈，其领舞的位置无人可以代替。YCY大妈谈道："如果不是她带，我就没这个兴趣跳舞了。她不在，就没人跳了。"当老年文艺队成员们和HCL大妈双方因意见不同而争执不下时，HCL大妈找到笔者诉说自己的想法和困惑。针对HCL大妈在老年文艺队的去留问题，为了促进HCL大妈与老年文艺队成员间的沟通交流，征求所有成员的意见，寻找解决办法，笔者通过面谈了解老年文艺队成员们的想法，大家一致同意采用内部协商和民主决策的机制，于是项目团队协助S社区老年文艺队举行了团队建设会议。

2018年7月29日上午九点，S社区居家养老服务中心二楼的阅览室里聚

---

① 注：指老年文艺队成员。

集了老年文艺队全体成员17人和项目团队成员4人共21人。此次老年文艺队周年总结会暨团队建设活动由笔者主持。待老年文艺队的成员都坐下后，社工实习生马上为大家倒水，请大家先喝口水定定神。会议开始后，笔者先介绍在场的项目团队成员，然后介绍会议主题与流程。接着，笔者邀请S社区老年文艺队领队HCL大妈发言。HCL大妈站起来，激动地回顾了过去一年风雨无阻地开展舞蹈教学和排练组织工作的情况，由衷地表达了对队员们积极参加文艺队活动和对她本人大力支持的感谢，并表扬了8位一直坚持习练舞蹈的队员。随后HCL大妈话锋一转，表示自己参加本次团建活动最主要的目的就是希望另选一位领队接替她继续组织老人们开展舞蹈习练活动。HCL大妈的发言结束后，会场气氛由之前的融洽变得凝滞起来，老年文艺队成员们脸上的笑容也随着HCL大妈的请辞渐渐隐去。这时，笔者赶紧接上话，面带笑容地说："HCL大妈提出的建议先暂时放一放，请其他大妈也谈谈一年来自己参加老年文艺队活动的感受与收获。"会场气氛重又活络起来。老年文艺队成员们纷纷讲述自己的感受与收获，同时表示，HCL大妈自担任老年文艺队的领队以来深受大家的爱戴和信任，领队的岗位离不开她，没有人比她更适合承担此项工作。大家对HCL大妈的付出与能力给予了充分的肯定与高度的赞赏，并表示愿意继续积极地到S社区居家养老服务中心参加每周两次的舞蹈习练，因此恳切希望HCL大妈能够继续带领老年文艺队开展活动。

发言过程中有老人提出可以帮助领队减轻工作负担，这个提议得到了大家的一致赞同。但是在讲到具体的减负办法时老年文艺队成员们却没了声音，面面相觑，会议室突然一片沉默。这时，一位成员提出可以找人帮忙分担HCL大妈的工作，其他老人一听，纷纷表示赞同，并开始打量起身边的伙伴。众人你一句、我一句地说开了，会议室里一时好不热闹。等老人们说得差不多了，笔者请大家安静下来，并引导大家举手发言，发言内容为推荐对象和推荐理由。老人们依次表达了自己的想法，被提名的成员一边露出害羞的表情一边说："我不行的，喊其他人嘛。"最后，老年文艺队通过推荐和民主选举产生了两位助理，负责协助HCL大妈开展老年文艺队的通知协调与组织管理工作。选举结果出来以后大家一致鼓掌通过。

掌声平息后笔者请当选的两位助理谈谈想法。两位老人满脸通红，害羞得半天说不出话来，其他老人也发出善意的笑声。笑了一会儿，担任助理的两位老人表示："一定会好好干的。"笔者也鼓励老人："大家这么信任你们，你们一定可以的。"其他老人也向她俩投来信任和鼓励的目光。接收到大家的善意，担任助理的两位老人的眼神渐渐坚定起来。接着笔者征询HCL大妈的意见："您觉得大家提出的办法是否可行？"HCL大妈沉吟片刻，没有马上回答。见此情形，一位活跃的老年文艺队成员马上开口劝道："可以的，怎么不可以！"一见有人开口，其他老人也跟着劝说起来，笔者也希望HCL大妈能够好好考虑一下。

鉴于队员们的高度信任和诚挚挽留，以及有新的组织管理制度作为保障，HCL大妈的顾虑打消了，表示愿意继续担任领队教队员们跳舞，为老人们共同的需要满足做贡献。但是她也严肃地提出，希望队员们履行一年前参加活动时的承诺，坚持学习和练习跳舞，团结一致，积极建设S社区老年文艺队，让大家都能够在一起快快乐乐地活动。HCL大妈半开玩笑半认真地"威胁"大家说："你们要是偷懒不来，我就不教了啊。"听到这话，成员们纷纷举手表示一定会遵守承诺，积极参与活动，HCL大妈重新恢复了笑容。

为了感谢队员们一年来的支持，也为鼓励大家今后继续积极参与，HCL大妈用一年来自己领到的所有领舞补贴购买毛巾，在团队建设会上拿出来作为奖品，给坚持习练舞蹈时间较长、出勤率高的三位队员颁发优秀奖，并依次对领奖者的表现给予肯定和赞扬。HCL大妈还给愿意继续定期参加舞蹈习练的其他老年文艺队成员颁发了鼓励奖。颁奖结束后，HCL大妈带领大家来到社区居家养老服务中心的空地，在项目团队的帮助下拍摄舞蹈表演视频，并委托笔者刻录成光盘赠送给所有老年文艺队成员。S社区老年文艺队周年总结会暨团队建设活动内容紧凑、讨论热烈、成果丰硕，团队的内部协商和民主决策能力显著提高，成为S社区老年文艺队发展的新起点。

这是一次动员老年人的力量来协助达成他们自己的团队目标和愿望的实践。在这次团队建设实践中，笔者从优势视角来看待老年文化骨干、老年文艺队成员、他们的团队和他们的现状，不再把焦点集中于问题，而是把眼光投向可能性。在艰难之中看到希望和转变的种子，推动老年文艺队运用自身内部的力量和资源化解团队面临的发展危机，并在化解危机的过程中弥合成员之间的裂缝，协助团队成员增强凝聚力，提高内部协商与民主决策能力，老年文化骨干则在其中找到更为明确的目标，得到更广泛的认可，增强了信心。

（3）以夏令营促进隔代沟通与互动

S社区的青壮年经常外出务工，隔代教养是家庭中的常态，因此老年人与孙辈的沟通是否顺畅、关系是否和谐在很大程度上影响着孙辈的健康成长，也影响着老年人的晚年生活质量。身心特点、受教育程度与生活经历的巨大差距使老年人与孙辈之间不可避免地存在代沟，平时的沟通互动时常流于表面，难以让双方有深度沟通和得到实质性的情感支持。因此如何增强祖孙间的有效沟通，减少祖孙间的矛盾，使祖孙双方都能为对方提供有效支持是农村隔代教养家庭中老年人和孙辈的共同需求。2017年8月，在继续推进阶段，"文化传承与儿童成长"夏令营效果评估显示，参加活动的老人、孙辈及其他家庭成员都很喜欢此类活动，认为受益匪浅，有较强的参与意愿；S社区居委会和社区居家养老服务中心也希望项目团队多组织几次，这说明S社区对促进祖孙沟通互动服务的需求较大。因此，2018年7月23—27日，在S社区居委会、S社区居家养老服务中心的大力支持下，项目团队招募8对祖孙和4名志愿者，以哈贝马斯的"沟通行动理论"为指导开展旨在构建祖孙沟通平台，增强祖孙沟通意识，学习祖孙沟通技巧，提高祖孙沟通能力，推动祖辈与孙辈间相互了解、相互理解、相互包容、相互关心与相互支持，促进祖孙关系和谐发展的"祖孙缤纷乐"隔代沟通加油站夏令营活动。

表22 "祖孙缤纷乐"隔代沟通加油站夏令营活动流程

活动进程	活动主题	活动目标	活动内容
第一单元（4小时）	建立关系、表达期望	1. 活动带领者、志愿者和营员间相互认识与了解。 2. 建立夏令营营规。 3. 初步引入"沟通"。	1. 前测。 2. 相互认识。 3. 制定夏令营营规。 4. 理解什么是"沟通"。 5. 了解良好的沟通对于祖孙关系良性发展的重要意义。 6. 探讨祖孙沟通的现状（具有的优势、面临的困惑和问题）。

续表

活动进程	活动主题	活动目标	活动内容
第二单元（4小时）	了解、运用"积极倾听"与"开放表达"技巧	协助营员了解沟通要素（积极倾听、开放表达）的含义、重要性以及如何做到积极倾听和开放表达。	1. 介绍沟通的要素。 2. 了解什么是积极倾听和开放地表达。 3. 通过体验等方式让营员了解积极倾听和开放表达的重要性。 4. 学习如何积极倾听和开放地表达。 5. 体验积极倾听和开放地表达对自己的作用。 6. 练习积极倾听和开放地表达。
第三单元（4小时）	了解、运用"理解、尊重与信任"	协助营员了解理解、尊重与信任的含义、重要性以及如何做到理解、尊重与信任。	1. 明白什么是理解、尊重与信任。 2. 认识理解、尊重与信任在沟通中的重要性。 3. 学会如何去理解、尊重与信任别人。 4. 体会沟通中理解、尊重与信任对自己的影响。 5. 练习在沟通中如何理解、尊重与信任别人。
第四单元（4小时）	理解和实践"沟通的灵活性"	协助营员了解沟通灵活性的含义、重要性以及如何实现沟通的灵活性。	1. 认识什么是沟通的灵活性。 2. 了解沟通灵活性的重要性。 3. 学习增强沟通灵活性的知识和技巧。 4. 体验沟通灵活性对自己的作用。 5. 练习运用增加沟通灵活性的知识和技巧。
第五单元（4小时）	"隔代沟通"夏令营活动结束	1. 巩固前四次活动的成果。 2. 夏令营成果展示。 3. 夏令营活动总结。 4. 处理离别情绪，展望美好未来。	1. 夏令营活动成果展示。 2. 处理离别情绪。 3. 总结及结束夏令营活动。

夏令营活动持续五个半天。夏令营第一天，在相互认识和建立营规后，祖孙两代人通过绘本阅读和祖孙"跨障碍共前进"等活动认识"沟通"的含义和重要性。夏令营第二天，通过头脑风暴、传话游戏和"你说我猜"等活动，营员们讨论日常生活中祖孙沟通的现状、问题与优势，体悟到沟通的要素——"积极倾听""开放地表达"的重要性，并学习和实践如何进行积极倾听和开放地表达。通过"猜表情""情景模拟"和"喊数抱团"等活动，第三天的夏令营活动围绕良好沟通的前提——"理解""尊重"和"信任"而展开。营员们体验它们的重要性，并结合自己的原有经验互相启发，明白祖辈与孙辈间可以如何做到理解、尊重与信任。夏令营第四天，活动带领者讲解爱的五种语言以使营员理解"沟通的灵活性"的重要意义。儿童营员通过制作礼物和向祖辈送礼物的仪式向祖辈表达爱，祖辈则以"肯定的言词"和"身体的接触"回应孙辈的爱。通过夏令营现场"小锦囊——烦恼大家帮"等活动和当天夏令营结束后祖孙间做一件"关爱对方的事情"的家庭作业，营员们对爱的五种语言进行体验、学习和实践，提高了面对不同的人、在不同的情境中进行沟通和表达爱的灵活性。在最后一天的夏令营活动中，"优点大轰炸"让营员们在彼此"肯定的言词"中发现自己更多的优点，对将来的良好沟通信心满满，并有了进一步改善祖孙沟通问题的明确目标与行动计划。在最后一小时的夏令营结营仪式上，营员们分三个小组以情景剧、花灯、歌舞等各具特色的形式表达自己对"良好的祖孙沟通"的理解和参加夏令营活动的收获，S社区居家养老服务中心ZYQ主任分别给营员和志愿者颁发结营证书和志愿者证书。

3. 城市化进程中精神层面的挑战应对

丰富精神文化生活和增强自我价值感有助于老年人应对城市化变迁给精神生活带来的挑战。高龄、失能老人也有参与社会和丰富精神文化生活的意愿，却由于行动不便而受到制约。入户探访高龄、失能老人并协助其改善精神文化生活的个案工作经过两年的实践被证明是一种有效、可行且受老人欢迎的服务方法，因此在S社区老年文化服务的深入发展阶段依然得到延续。下面以LSY大妈的入户探访与个案工作为例说明项目团队在"资产为本"社区发展模式下改善高龄、失能老人精神文化生活的方法与策略。

（1）基本情况

LSY大妈，女，78岁，丧偶，未接受过正规教育，务农。一年前外出卖菜时摔了一跤导致大腿骨折，自此以后腿脚不便，需要借助拐杖才能行走，并且行走时间稍长就有痛感。由于腿脚不便、出行困难，老人吃的菜是小女儿来看望时从昆明市区带来的，一至两个星期来一次。如果小女儿有事不能来，老人就吃咸菜下饭。老人患有高血压和糖尿病，盐分含量高的食物会加重病情，但老人存在一些不利于身体健康和疾病康复的饮食习惯。老人需要服用多种药物，但是不识字让老人对每种药物每天吃几次、每次吃几粒有些混淆。随着年龄的增长，老人的记忆力下降，接受新事物的能力弱化，导致其在一定程度上无法独立解决问题，需要协助。

LSY大妈育有一儿两女。大女儿嫁在本村，平时忙于务农和照顾自己的小家庭，一般不来看望老人。大儿子也生活在本村，但与老人的住处相隔较远。虽然当时儿子在老人住所附近修建新房，由于亲子、婆媳间曾发生矛盾，儿子一般也不看望老人。小女儿嫁到昆明市区，每隔一至两个星期会买一些菜去看望老人。孙辈主要由其外公外婆照顾长大，和老人不太亲，因此也不经常来看望老人。

摔伤前LSY大妈时常出门走动，或与其他老人一起参加社区里的活动。摔伤以后，腿脚不便给老人带来很大打击，觉得自己失去了参加活动的能力，一无是处，活着是家人的负担。消极情绪使老人减少了出门的频率，将自己的活动范围限制在家里，不太愿意出去与人交流，觉得别人会嘲笑自己。由于谈得来的小伴不多，家人又难得探望，所以老人常常一个人在家里坐着，觉得生活空虚，索然无趣，感到烦闷和无助。平时老人的闲暇活动以收听牧师讲经为主，但便携式播放器里的内容单调并且长时间未更新。腿脚方便时老人每周都参加教会的活动，听牧师讲经、做祷告、参加唱诗班。在老人摔伤后，牧师曾带领教友探望S社区中生活困难的老人，包括LSY大妈。他们给老人送来油、米等，还一起做祷告。LSY大妈觉得基督教会、牧师会关照身体不好、家庭状况不好的老人，灵性生活让她心怀希望。

（2）入户探访与个案工作介入

该个案工作包括六次入户探访与个案辅导。

第一次会面后，社会工作师生与LSY大妈建立了相互信任的专业关系，为下一步服务奠定了坚实基础。在老人表示知情同意后，社会工作师生与老人面谈，对其基本情况进行预估。LSY大妈面临的主要问题：一是行动不便导致社会参与受限，二是存在自我否定的不合理信念，三是病耻感阻碍老人的社会交往，四是缺乏社会支持，五是精神文化生活单调，所以老人感到烦闷和无助。社会工作者不仅需要看到老人面临的问题与挑战，也要看到其中蕴含的能力与资源：①心理调适维度，老人有宗教信仰并且因此受益，有自己的消遣娱乐方式——听广播，心中怀有希望，多次提及怀念之前出去参加活动的日子；②能力建设维度，对参与社会活动有兴趣，具有社会参与和社会交往经验；③社会支持维度，家人较多，小女儿关心老人并且每隔一至两周前来看望一次，曾经得到过牧师和教友的关心。社会工作师生确定了发掘老人的能力，调适其不合理信念，扩展老人的社会支持网络，从而增强其自我照护能力，丰富精神文化生活，减少烦闷和无助的负性情绪的整体服务目标。这样的介入思路整合老人日常生活的不同面向，有助于提高老年文化服务的专业化水平，增强服务效果。

第二次入户探访的目标是协助老人学习使用便携式播放器。此前便携式播放器里只有牧师讲经的内容，老人希望听到新的内容，增加一些音乐，于是社工实习生按照老人的喜好从电脑里下载新的音乐，存入存储卡并在面谈时给老人送去。由于老人只懂得最基础的操作即打开和关闭便携式播放器，不知道如何切换内容、调换节目和调节音量，社工实习生便教授老人使用便携式播放器的更多功能。鉴于老人的接受能力下降、学习速度较慢，社工实习生不断重复、耐心讲解。

第三次入户探访的主要目标是协助老人提高自我照护能力。由于缺乏相关知识，身边又没有人能够提供信息和进行健康指导，老人希望社工实习生根据医生的药方和药品使用说明帮忙整理药品，所以提高老人的自我照护能力是该次辅导的主要目标，介入策略是帮助老人整理药品并普及健康饮食知识，协助老人培养良好的生活习惯。在服务开始前，社工实习生首先了解老人对便携式播放器使用方法的掌握情况和使用情况。老人仍然记得上一次学习的内容，能够比较熟练地使用便携式播放器。接着社工实习生按照医生所开的单子用彩笔在每个药盒上写明服用次数和剂量，给老人讲解清楚，并把最近一周需要吃的药放在一起，其他暂时不吃的药收到柜子里防止混淆。虽然瞬时记忆能力有所下降，对讲解的内容要重复几次才能记住，但是 LSY 大妈有记忆的意愿和动力，会主动地去记一些东西。最后，社工实习生向老人介绍了高血压和糖尿病患者在饮食中应该注意的事项。

由于 LSY 大妈觉得生活没有意思，自己是女儿的负担，死亡是一种解脱，在第四次入户探访中，社工师生运用生命回顾疗法，引导老人梳理自己的生命故事，既看到好的地方，也看到不好的地方，重温幸福的回忆，澄清不快乐的回忆，并引导老人调换视角看待过往的不快乐，获得新的理解，发现生活的意义，增强自我价值感。

LSY大妈对人际交往持有负面评价，认为自己和周围人的关系不好，一个聊得来的伙伴都没有。根据童敏教授（2008）提出的多中心服务方式，社会支持的建设和扩展是将心理调适和能力建设带来的改变维持下去，借助周围他人和周围环境的变化为老人的改变提供更多机会的途径。因此，第五次入户探访的目标是运用理性情绪疗法协助老人调整消极的认知模式，扩大人际交往，增强社会支持。大家发现老人养了一些花草并时常浇水，花草被照顾得很好，但是老人一直在否定自己，认为腿摔伤以后的生活了无生趣，照顾花草也只是为了不让它们死掉。社工师生告诉老人，大家看到花草养得很好，觉得老人很会照顾花草。渐渐的老人也开始认同这种观点，或者其心里一直都有这种看法，只是被消极的想法覆盖了。消极认知的调整增强了老人对自己的信心，社工师生趁热打铁，鼓励老人主动外出与人交流，并积极改善与子女、孙辈的关系。探访结束后，社工师生联系老人的两个女儿及外孙女，告诉她们老人的现状、问题、需求与能力，鼓励其主动关心老人，了解陪伴老年人的理念、技巧并安排时间轮流陪伴。社工师生不仅把老人视为具有自身能力与资源的主体，同时把周围他人也视为拥有自身能力与资源的主体，帮助老人和周围他人在发掘和调动自身能力的同时增强相互之间的支持。当调整了自我否定的不合理信念后，通过周围他人支持的增加和积极的反馈，老人能够看到自己在人际交往方面因改变而获得的成果，相信自己在这方面的能力，从而有动力将积极的改变维持下去。由于儿子一家与老人的矛盾较深且由来已久，无法通过社工介入迅速化解，因此只能将此问题悬置，以"与问题更好共存"的方式进行介入。

在最后一次入户探访时，社工师生就开展的服务询问老人的感受。老人觉得很受用，对入户探访服务表达感谢，并且表示如果可以的话，希望以后该项服务可以继续开展。鉴于已到项目结束的时间，我们对老人的积极变化给予肯定，并对老人给予的接纳、信任和鼓励表达感谢，个案工作结案。

第五章

项目绩效评估

只有秉持持续评估的理念，留意服务使用者和他们所处环境的变化，根据具体情况及时调整介入策略，服务效果才能得到保证。由于程序逻辑模式（Program Logic Model，简称 PLM）十分强调服务过程中社会工作者的"持续评估与应变能力"，注重有根有据地做出调整而进行应变，主张在准确理解专业理论及相关概念的基础上，通过对当时的服务对象及环境做出专业判断进而采取行动，能够较好体现服务的专业性，所以本研究采用程序逻辑模式开展 S 社区老年文化服务行动研究项目的评估。

程序逻辑模式取材于美国威斯康星州大学。20 世纪 70 年代，在资源问责的背景下，美国威斯康星州大学开始实践程序逻辑模式协助活动推行者作服务计划及检讨，其重点是倡导活动及其成效的逻辑关系，从而确定活动于合理的条件下能达至其预期的成效，让资源用得其所，成效达之有理（陈锦棠等，2008）。具体而言，程序逻辑模式指的是协助活动推行者以逻辑分析其活动资源投放及成效要求是否平衡。其运作可用简单图像方式来表达服务或计划不同环节的关系，其中会显示资源投放、所提供的活动和服务以及其成效之间的关系，其关系是一种逻辑性和合理性的因果关系（陈锦棠等，2008）。运用程序逻辑模式的框架和方法，本章对"文化服务助力老年人应对城市化挑战"项目进行深入剖析，对其"资源投入—服务产出—服务成效"的三个维度进行针对性的评估。

一、资源投入

资源投入是指项目实施过程中所投入的人、财、物等各种资源，它是项目成功运行的必要保障，是项目运行最原始的起点。资源的投放与成效的达成通常具有一定的正相关。

（一）人力投入

文化服务助力老年人应对城市化挑战行动研究项目的团队成员包括社会

工作专业教师1人、社会工作专业实习学生11人、S社区居家养老服务中心员工2人、S社区居委会干部3人、街道办事处干部1人。此外，项目团队在社区积极开发志愿者资源，共招募志愿者20人，包括：社区老年文化骨干8人、教师志愿者1人、社区青少年志愿者9人、白族扎染手艺传承人2人。

（二）财力和物力投入

文化服务助力老年人应对城市化挑战行动研究项目共投入经费16770元。经费来源之一是笔者主持的教育部人文社会科学研究项目经费。运用这笔经费共计投入13270元，除支付社工师生三次往返S社区包车交通费4200元，项目团队在老年文化服务中还花费9070元购买投入物资（见表23）。经费来源渠道之二是2017年8月S社区居家养老服务中心向社工师生7人发放劳务补贴共计3500元（每人500元）。

表23 S社区老年文化服务行动研究项目物资投入清单

服务目标	物资明细	金额（元）
社区调查与需求评估。	小礼品（香皂盒、香皂、便携式药瓶、围裙、牙膏、电池）	4000
改善高龄、失能人精神文化生活的入户探访与个别辅导；"小伴文化"守护。	便携式播放器（60元×20个） U盘（40元×20个）	2000
祖孙扎染体验。	活动材料及小礼品	400
老年人太极拳习练奖品。	创可贴20盒（20片装）、万通筋骨贴20盒（10贴）、家用急救包10个（内含创可贴、纱布、胶带、橡胶手套、湿巾、棉签、绷带、剪刀、急救毯等）、太极拳练功服5套	1000
夏令营活动奖品。	结营证书及志愿者奖状、证书	200
	活动用品、小奖品	500

续表

服务目标	物资明细	金额（元）
老年文艺队自组织能力建设。	团队成员个人照、合影及活动照片冲洗（50张×1元）	50
	歌舞表演光盘刻录（16张×20元）	320
	便携式DVD（200元×2台）	400
	广场舞、民族舞教学光碟（10张×20元）	200
合　计		9070

二、服务产出

投入资源后，"产出"就是活动/服务，通过向服务对象提供一定数量、形式与内容的活动/服务，来实现既定目标。文化服务助力老年人应对城市化挑战行动研究项目共计提供服务102次，服务时长176小时，1332人次受益。服务产出明细表如下：

表24　助力应对城市化挑战老年文化服务行动研究项目服务产出明细表

服务方法	服务内容	服务时间	服务频次	服务时长	受益对象	受益人次
焦点小组	项目团队成员见面沟通会。	2016年7月 2017年7月 2018年7月	3	6小时	社会工作专业师生（12人） S社区居委会干部（3人） S社区居家养老服务中心员工（2人）	29
	老年文化服务行动研究项目动员会。	2016年7月	1	1小时	老年文化骨干（5人） 项目团队成员（5人）	10
	传统手工艺传承与开发座谈会。	2016年7月	1	2小时	S社区老手艺人	10

续表

服务方法	服务内容	服务时间	服务频次	服务时长	受益对象	受益人次
个案工作	改善高龄、失能老人精神文化生活入户探访。	2016年7月—2018年9月	6	30小时	高龄、失能老人（5人）	30
手工制作兴趣小组	中国结编织。	2016年8月	1	1.5小时	有兴趣的老年妇女（14人）	14
	塑料瓶工艺品制作。	2016年8月	1	1.5小时	有兴趣的老年妇女（8人）	8
老年文化展示联谊会	老年人手工作品展；老年文化服务总结交流；山歌调子联谊会；传统游戏小游园。	2016年8月	1	4小时	老年人（38人）孙辈（4人）社区居委会负责人（4人）	46
传统手艺开发与推广	老年妇女手工制作绣花鞋线上推广服务。	2016年8—9月	4	2个月	老年妇女（4人）	4
隔代共融主题活动	祖孙扎染体验。	2016年7月	1	2小时	老年妇女（18人）孙辈（14人）	32
	草墩传承坊。	2016年8月	1	2小时	老年妇女（14人）孙辈（2人）	16
	草鞋制作再体验。	2016年8月	1	2小时	老年妇女（10人）孙辈（2人）	12
	SL传说故事会。	2016年8月	1	2小时	老年人（20人）孙辈（16人）	36

续表

服务方法	服务内容	服务时间	服务频次	服务时长	受益对象	受益人次
培训增能服务	老年人手机使用培训。	2016年8月	1	2小时	有需要的老年人（11人）	11
	老年人的食疗与保健。	2016年8月	1	1.5小时	有需要的老年人（19人）	19
	老年人太极拳学习班。	2017年7—9月	60	60小时	有需要的老年人（16人）	644
	老年人防骗教育。	2017年7月	1	1.5小时	有需要的老年人（25人）	25
	老年人防跌教育。	2017年8月	1	1小时	有需要的老年人（17人）	17
	爱与陪伴一堂课暨老年人按摩培训。	2018年7月	1	2小时	老年人（14人）儿童（3人）	17
夏令营。	"文化传承与儿童成长"夏令营。	2017年8月	5	20小时	儿童（20人）老年志愿者（8人）社区中学生志愿者（5人）社区教师志愿者（1人）社区干部（5人）	175
	"祖孙缤纷乐"隔代沟通加油站夏令营。	2018年7月	5	20小时	8对祖孙（16人）社区志愿者（4人）社区干部（3人）	103
团队建设活动	老年人自组织能力建设。	2016年8月 2017年8月 2018年7月	3	12小时	老年文艺队成员（18人）	52

续表

服务方法	服务内容	服务时间	服务频次	服务时长	受益对象	受益人次
实习基地建设	实习基地挂牌仪式。	2018年8月	1	2小时	云南大学民族学与社会学学院社会工作系负责人（2人） XZ街道办事处领导（3人） S社区居委会负责人及社区干部（6人） 社区居养老服务中心负责人（1人） S社区老年人代表（4人） 社会工作实习生（6人）	22
合计			102	176小时		1332人次

三、服务成效

服务成效是指通过资源的"投入"、活动/服务的"输出"，相应地将为服务对象带来的获益，可分为短期、中期和长期三个维度。根据程序逻辑模式，在本次行动研究中，项目团队投放了足够的人力和物力开展以助力老年人应对城市化挑战为目标的老年文化服务。基于实务，初步形成了"扎根文化—观念调适—能力提升—支持网络构建"的转型社区老年文化服务策略和"系统的需求评估与跟踪机制—政府主导多元参与供给格局—多层次服务内容"老年文化服务模式，体现了"资产为本"社区发展理念，在一定程度上改变了老年人的无力形象，发挥了社会力量供给老年文化服务和推动转型社区居家养老服务发展的功能。老年文化服务行动研究的个体增能效益、老年福利再造效益和社区发展促进效益均比较显著。

（一）短期成效

所谓短期，通常为数天至数月。短期成效指服务对象通过学习在知识和感觉层面获得的提升。在S社区开展的助力老年人应对城市化挑战的文化服务行动研究主要取得了三个方面的短期成效。

1. 加深对S社区老年人群体的了解

运用问卷调查、个别访谈等资料收集技术，项目团队完成对S社区半数老年人的信息收集任务，社区居委会和社区居家养老服务中心能够更加全面深入地掌握本社区老年人的情况，尤其值得一提的是加深了对老年人具有的技能与专长情况的了解。

2. 隔代沟通与共融得到促进

"代际互动好时光"系列主题活动通过鼓励老人和孙辈共同完成作品，增加了祖孙之间的互动与合作，让双方看到彼此的能力，让孙辈从心底生发出对祖辈尊重的情感。在"白族扎染祖孙体验活动"中，孩子们表示能参加这样的活动很有趣，虽然经常看见家里的老人绣花，但是这次更觉得奶奶的手如此灵巧，对老人更加敬佩。"SL传说故事会"则成为一个"桥梁"，让老人和孩子聚在一起，讲述和聆听传说故事，共同体验传统文化的精髓和魅力。SL传说故事会活动的参加人数超出项目团队预期，老人和孩子们积极参与，有老人讲也有孩子讲。在每讲完一个故事的补充和提问环节，孩子和老人之间互动热烈，有效地促进了代际交流。老人给孩子讲的是当地过去关于"孝"的故事，孩子则给大家讲述自己学到的关于孝敬老人、感恩老人的故事和诗词，祖孙双方都得到"孝"文化的熏陶。

"文化传承与儿童成长"夏令营活动设置了儿童倾听老人的生命故事，学习老人的手工技艺，学习敬老歌，回忆祖辈最让自己感动的事，讨论如何孝敬老人等环节，儿童与老人的隔代关系在互动中升温，祖孙双方的相互了解更加深入，儿童能够在生动有趣的体验中接纳、吸收尊老、敬老、爱老思想。夏令营结束后，根据老人们的反馈，儿童对祖辈不理睬、不尊重现象减少，主动和老人打招呼、问好，关心老人的行为增加。

以促进祖孙沟通为主旨的"隔代沟通加油站"夏令营既为农村隔代教养家庭中的老年人提供了社会参与的平台，又改善和密切了祖孙间的关系，促进了隔代共融和相互支持。小营员们对于将来如何与祖辈积极沟通有了明确的想法。例如，"如果我和爷爷奶奶吵架了，我想先把事情弄清楚，然后看看是谁错了。自从来到这个夏令营，我就会用合理的语言和爷爷奶奶解释。""如果有一天我和奶奶吵架，我会先弄清楚我做错了什么，然后让奶奶教我正确的做法，这样问题就解决了。""如果奶奶和我吵架了，我想先把事情弄清楚，然后看看谁错了。如果是我错了，我就向奶奶认错。"一名中学生志愿者谈及自己的收获时说："原来社区里的爷爷奶奶们个个'身怀绝技'，他们有那么多值得我们学习的地方。只是简单的互动就能让老人开心和快乐，我今后要多花时间陪陪家里的老人。"参加夏令营的老年营员则谈道："以前和孙女发生矛盾，只知道去骂她，根本不会和她讲道理。现在我知道了其实孩子们都有自己的想法，要解决矛盾不能只是骂，还要听听孙女的想法，和她好好沟通，告诉她错在哪里。"社区文化专干ZGQ认为："孙辈能够跟着奶奶来参加活动就是最大的孝。现在的娃娃整天拿着手机玩，爹妈都喊不动，能够带孙子来参加活动，就已经说明娃娃对老人很孝顺了。孝道能够传承，家风就会比较好。"

3. 老年人的多层次需要得到满足

从马斯洛的需要层次理论来看，行动研究中多样化的老年文化服务内容能够较好地满足S社区老年人的多层次需要。

在安全需要的满足方面，健康讲座、太极拳学习班与习练小组、老年文艺队舞蹈习练等活动对老年人的身心健康有所促进；老年人防跌教育、防骗教育等主题活动的开展提高了老年人的安全意识和自我保护能力；传统手艺开发与推广服务通过增加经济收入提高老年人的自我保障能力。在两个月的时间里，该项服务协助S社区老手艺人售出手工纳底绣花布鞋七双，共收入831元。

S社区老年人的归属需求通常表现为希望家庭和睦、子女孝顺、有小伴一起玩等。在文化服务助力老年人应对城市化挑战行动研究中，守护"小伴文化"、助力社区老年组织增能、促进老年人的社会交往、拓展社会支持网络等服务增强了老年人的归属感，让他们感到被关爱、被支持。老年妇女在参加兴趣小组活动和回忆传统文化、体验传统技艺等活动中增进了彼此间的交流互动，与更多的老人建立了友谊。"代际互动好时光"系列主题活动通过邀请老人及孙辈共同参与，合作完成作品，为老人与孙辈之间的交流互动提供了平台。"文化传承与身心成长"儿童夏令营的开展促进了隔代共融，改善了祖孙关系。这些服务都在一定程度上满足了老年人在归属与爱方面的需求。在2018年8月为评估项目成效而进行的访谈中，8位老人对文化服务满足归属与爱的需要给予积极反馈，"感谢你们，让我们聚在一起""很好玩""合作很开心"。

对于老年人来说，尊重的需要主要体现在两个方面。一方面，他们希望别人按自己所期待的那样接受并认可自己；另一方面，他们希望别人能通过了解自己的能力从而对自己给予尊重、信赖以及积极评价。通过参加老年文化服务与活动，S 社区中社会地位相对较低、以往在社区中常常被忽视的老年人也感受到被支持和受尊重，平等参与文化服务与活动的权利得到维护，需求得到满足。LSY 大妈（女，78 岁）谈道，平常那些家庭条件好的老人很少和自己一起活动，但通过参加老年文化服务与活动，她觉得自己得到了平等对待。她说："那几个老人过路你问人家'你去整哪样'，人家不说。人家就几个最合法①的约约，一般的人她们不约，就怕人家晓得……你们这个就最好了，通知大家都可以参加。""代际互动好时光"系列主题活动结束后，老人们谈道，最深刻的感受之一就是得到了孙辈的尊重，体会到了孙辈的孝敬。在"SL 传说故事会"活动中，一位参加活动的小朋友背诵了《游子吟》，并告诉所有人这首诗的意思是"子女是报答不了母亲的恩情的"。带这个孩子来参加活动的老人觉得很欣慰，说孙辈已经懂得要孝敬老人。

在自我实现的需求满足方面，手工制作兴趣小组和老年人手机使用技巧培训都让老人们在丰富闲暇生活的同时学习、掌握了新技能，既锻炼了老人的手眼协调能力，也提升了他们的自我效能感。即使是微不足道的进步，老人们也能从中体会到自我实现和自我超越的快乐。在"草墩传承坊"活动中，LGC 大妈（女，75 岁）的出色表现得到活动带领者的高度评价，她一直为此感到高兴。老人表示："参加那次活动很高兴，你们还夸我手巧。"在老年手工作品展上，当老人们看到自己的作品参加展出都很开心，听到别人夸赞自己作品的时候自豪之情更是溢于言表。通过传授传统手工艺、推广销售手工作品、教儿童下象棋、借助花灯表演对儿童开展孝道教育等活动，S 社区老年人的自我实现需求得到满足。他们不仅可以获得直接的指导费用，还能够在参与文化服务与活动的过程中提升自我效能感和自我价值感，有利于晚年生活质量的提高和幸福感的增强。

（二）中期成效

"中期"的时间通常在数月至半年之间。中期成效指通过学习提高认识和进行行为训练后服务对象不良行为习惯的改变。助力应对城市化挑战的老年

---

① 注：S 社区方言，意为合得来、喜欢相处。

文化服务给 S 社区老年人带来的中期成效主要体现在四个方面。

1. 促进老年人的社会参与

在入户探访服务开展前，LSY 大妈（女，78 岁）比较被动，认为自己一个人在家，和周围人的关系不是很好，担心被别人嘲笑。社工师生对老人的消极认知和不合理信念进行澄清，增强其自信，鼓励老人外出与人交流，并推动其女儿、孙女增加探望频率，轮流陪伴老人。渐渐地，老人也会偶尔外出参加社会交往，比如到离家稍微有点距离的小伴聚会点坐一会儿，和那里的老人聊聊天。S 社区居家养老服务中心 ZYQ 主任谈道："入户探访还是比较好的，老人也喜欢社工去坐坐、聊聊天。""隔代沟通加油站"夏令营的目标是以寓教于乐的方式提供祖孙沟通的平台，协助营员学习改善沟通的技巧。老年人在夏令营活动中与孙辈共同学习沟通知识与技巧，改善了其与孙辈之间的关系，还将这些知识和技巧运用到与同辈群体及其他年龄群体的交往互动中，改善自己的人际关系。

老年文艺队自组织能力建设则有力地推动了 S 社区活跃老年人的社会参与。首先，老年文艺队成员的民主协商和通过集体行动解决问题的能力得到提升。成员们经过内部协商和民主决策选出协助者以减轻领队的压力，把领队继续留在老年文艺队以避免人才流失，这些都是老年人自主解决问题的能力得到提升的体现。这个变化一方面增强了老年文艺队成员社会参与的信心，增进其社会参与的意愿，形成良性循环；另一方面推动了老年文艺队的可持续发展。其次，在项目团队的协助下，老年文艺队的活动制度和激励机制得以建立，成员们通过自我组织、自我管理和自我服务实现社会参与有了更加完善的制度保障。例如，老年文艺队每次开展活动都会组织签到、统计人数；组织内有奖励制度，坚持参加活动可以获得相应的小礼物；每年进行团建活动，对该年度开展的活动进行总结，并对今后的发展进行筹划，等等。组织的制度化、规范化发展为老年文艺队成员提供了可持续的社会参与平台，使老年人获得更高水平的社会参与体验。再次，项目团队协助开展的团队建设活动使老年文艺队成员们的社会参与效果更好，更能看到自己的才华和成就，因此也有了更强的满足感，参加舞蹈习练活动时更加投入。S 社区居家养老服务中心 ZYQ 主任谈道，每年春节老年文艺队都会在 S 社区联欢会上表演节目，看的人多，大家也开心。每年的社区联欢会持续四天，每天都有 100 多人前来观看。项目实施后，老年文艺队开展活动和参与表演的积极性有了明显提高，排练更努力，表演的节目也更精彩了。

2. 老年人自我照护、自我保护的意识和能力得到增强

通过入户探访和社区老年教育两项服务的开展，S社区老年人自我照护、自我保护的意识和能力得到增强。

(1) 老年人自我照护的意识和能力增强

通过六次入户探访和个案工作服务，LSY大妈了解到自己在平时的饮食中应该注意的问题，清楚地知道一天要吃哪几种药、吃几次、一次吃几颗等，也能够比较熟练地使用便携式播放器。自我照护能力的增强让LSY大妈的晚年生活质量得到提高。

在"老年人食疗与保健"专题讲座上，云南省中医学院中医专业研究生通过一对一现场指导帮助老人了解自己的体质，找到适合的保健方式。BXM大妈（女，82岁）谈道："今天老师来给我们讲的课，让我们收获很多。讲的内容我们也都很容易记住，很感谢老师！"YCY大妈（女，72岁）认为："老师讲得很好，很明白，感觉很好。"老人们纷纷表示，希望以后有更多类似的活动。讲座结束后，老人们主动向授课老师请教养生方法，希望在此后的生活中照着做。在昆明十方缘老人心灵呵护中心为S社区老年人开展的"爱与陪伴一堂课"暨按摩培训中，四位老师的精彩讲授和用心陪伴不仅受到小朋友和老人们的喜爱，还让社会工作实习生获益颇多。

过去S社区老年人的体育锻炼方式单一且缺少组织和培训。项目团队在S社区开办的太极拳学习班获得老人们的喜爱，开办头三天就有54人次参与。开办期间平均每天的参与人数为16人左右。老人们热情高涨，学习和锻炼积极、用心，进步很快。在太极拳学习班开展教学的过程中，项目团队同时进行骨干培养和建立激励机制等工作，增强老年人参与的动力，以便在学习班结束后推动老年人继续进行有组织的太极拳锻炼。为期一个月的太极拳学习班结束后，习练小组产生，太极拳习练骨干继续带领老人们坚持练习太极拳，保持良好的锻炼习惯。太极拳学习班和习练小组让从没学过太极拳的S社区老年人学会了太极拳，推动了老人们的身体锻炼，也是自我照护能力提升的体现。

高龄、失能老人入户探访中的自我照护能力提升服务和老年健康教育等健康促进活动，让S社区老年人有机会学习自我照护技能，这些服务得到大家的广泛认可和积极参与，老人们希望以后有更多类似的服务。

（2）老年人自我保护的意识和能力得到增强

防骗教育和防跌教育两次主题活动增加了老年人对城市化进程中潜在风险的认识，增强了他们的自我保护能力。因为有遭遇诈骗的亲身经历，或者对于诈骗行为的应对策略很有心得，老人们在整个活动过程中踊跃参与，纷纷发表自己的看法，并与活动带领者积极互动。在防骗教育主题活动中，活动带领者首先介绍针对老年人的常见诈骗类型，然后组织观看央视拍摄的老年人防骗视频，最后和老人们一起探讨各种类型诈骗的防范应对策略。在最后的讨论环节，由于存在"被骗可耻"的心理，起初老人们参与不积极，于是活动带领者通过分享大学生被骗、周围人被骗等案例来带动现场讨论。在活动带领者的耐心讲解和引导下，老人们慢慢转变了想法，认识到被骗并不可耻，应该感到可耻的是那些骗子，于是开始分享自己或相识者被骗的经历。在防骗教育主题活动结束前，活动带领者对培训内容进行简单提问，参与的老人基本能够分辨常见诈骗类型并回答防范应对策略。参加防骗教育主题活动后，老人们基本掌握了教育活动中介绍的内容，并表示今后会提高防范意识，保护好自己。对此次老年人防骗教育主题活动进行参与观察的社区干部ZJX认为："近年来针对老年人的诈骗案件时有发生，农村更是高发地区，所以开展老年人防骗教育活动很有必要。"在防跌教育主题活动中，老人们感同身受、讨论热烈、互动积极，也收到很好的成效。活动结束后老人们反馈："这样的活动很有意义，并且让人印象深刻，学到了很多有用的东西。"

3. 老年人的潜能得到发掘，视野得到拓展

在白族扎染祖孙体验活动中，老人们表示很喜欢动手的活动，通过活动能学习到新的东西，自己动手非常开心。YSY大妈（女，63岁）谈道，她听说过白族的扎染，但是没有见过也没有亲自制作过，很高兴有机会来学习。ZLM大妈（女，75岁）说她年轻时曾经制作过扎染，但是只负责前期的绣花，没有接触过染制的过程，这次活动让她了解了扎染的后续步骤，有很大的收获。当"文化传承与儿童成长"夏令营活动结束时，老年志愿者们纷纷问道，"以后还有这样的活动吗？""这样的活动很有意义，以后可以多组织，我们也愿意参加！"可以看到，通过参加老年文化服务与活动，老年人的潜能得到发掘和运用，视野得到拓展，为应对城市化挑战奠定了良好的能力基础。

4. 推动社区干部确立积极老龄化理念

在老年文化展示联谊会上，项目团队以新颖独特的方式展示了老年文化

服务与活动的成果和 S 社区老年人的手工作品,得到前来参观的社区居民的高度评价。社区居委会负责人和工作人员应邀参加活动,通过参观老年人手工作品展、致辞、拍照录像、讨论等环节与老年人有了更多交流与互动。作品显示出的卓越才华让他们钦佩和赞叹,更深刻地感受到老年人群体蕴藏的潜能和积极的生活信念,这对社区干部和社区居家养老服务中心员工在今后工作中确立积极老龄化理念具有推动作用。

(三)长期成效

长期成效指服务对象的问题得到基本解决,状况改善,是项目所追求的终极目标。从长期成效来看,助力应对城市化挑战的老年文化服务行动研究让老年人群体的精神面貌得到改善,增强了自我发展能力,使转型社区居家养老服务的发展得到推动和深化,对社区文化建设产生积极影响,并使社会工作实习学生获得明显的成长。

1. 改善老年人精神面貌,增强自我发展能力

(1) 改善精神面貌

接受入户探访与个案工作服务的高龄、失能老人,其精神文化生活得到改善。在社工师生介入前,LSY 大妈(女,78 岁)自摔伤后基本不出门,平时在家也没有什么文化娱乐活动和社会交往,觉得生活空虚、烦闷无助。入户探访和个案工作服务对老人而言也是一种陪伴,在与社工师生互动的过程中,老人渐渐打开了话匣子,越来越愿意表达自己。服务结束后,老人的自我照护能力增强,消极的自我认知得到改善,与周围小伴的交往得到促进,女儿和孙女的探望及陪伴增加,老人烦闷、无助的消极情绪明显减少。社区文化专干 ZGQ 谈道:"我遇到的一些老人也向我反映这个事情,说入户探访活动能改善他们的心情。"

在与老年文艺队成员的接触中,项目团队成员有个共同的发现:老人们总是呈现出开朗、热情、积极向上的精神面貌。然而在加入老年文艺队之前,老人们自述常常情绪压抑,心情沮丧,不能很好地调节身心健康,只能消极地面对生活压力。"那时候生活困难,条件也不好,还要养娃娃,负担重,心情不好""比起以前,现在生活得更舒服了",老人们感慨道。2018 年 8 月项目团队使用一般自我效能感量表(GSES)对 11 位老年文艺队成员进行测量,GSES 得分均在 2.5 分以上,说明成员们的自我效能感处于中上水平。

表25 老年文艺队成员自我效能感得分

编号	得分	编号	得分
YCY	3.3	ZSF	3.1
ZHL	2.7	XXL	2.6
ZYZ	3.4	ZFM	2.7
ZLZ	2.9	BXM	3.4
ZZQ	2.6	HCL	3.5
ZMH	2.9		
平均得分：3.01			

当问及是什么让老人们保持积极乐观的精神面貌时，大家不约而同地提到老年文艺队。首先，参加老年文艺队的活动促进老人们的身心健康，并让他们对自己的健康状况持有积极看法。HCL大妈（女，67岁）觉得："我跳跳舞很高兴。不去跳舞，这个脚、身子都不舒服。去跳舞以后，做活计的时候身体也舒服，心情也好了。"其次，一起学习跳舞的过程培养了积极的人生态度，让老人们能够以积极的心态面对生活中的各种挑战。BXM大妈（女，82岁）谈道："生活得更开心了。"ZYZ大妈（女，72岁）谈道："跳舞就没烦恼，一烦恼我的心脏就不好。跳舞保持健康，对生活也好嘞。"YCY大妈（女，72岁）觉得："我有不高兴的事情，跳跳舞就都忘记了，跳舞回来我的心情很好。"ZMH大妈（女，69岁）说道："去整着有些事情就忘记了，心头就好过点。"可以看出，老人们觉得跳舞可以促进身体健康，排解压力，宣泄负面情绪，让自己保持心情愉悦。再次，参加老年文艺队增进了老人们的人际交往，使他们能够拥有和谐的人际关系。

（2）发掘潜能

项目通过发掘老年人的专长，帮助社区梳理文化资源，并借助不同类型文化资源的形式与特点开展一系列由老年人群体或祖孙两代人共同参与的活动，让参与者有机会看到自身的潜能，更加积极、自信地面对城市化挑战。

无论是运用传统文化元素开展的白族扎染祖孙体验活动、草墩传承坊、SL传说故事会、老年手工作品展、手工纳底绣花布鞋开发推广与销售、白族文化城市亲子体验活动，还是运用现代文化元素开展的二手物品手工创作、

"老年人的食疗与保健"讲座、老年人手机使用技巧培训、老年安全教育主题活动,都在动手、动脑、学习和展示的过程中发掘老年人的潜能。在"隔代沟通加油站"夏令营活动中,老年营员变化显著。刚开始参加活动时,很多老年营员缺乏自信,不愿意在小组中分享自己的想法和感受。经过几次活动,在活动带领者不断地鼓励和支持下,到夏令营活动结束时,所有老年营员都可以比较从容地在众人面前表达自己的感受和看法。老年营员表示自己在夏令营中学到了许多沟通技巧,并希望以后能够多多开展类似的活动。在S社区居家养老服务中心ZYQ主任看来,2017年暑假开展的以促进儿童成长、传承传统文化为主题的夏令营活动和2018年暑假开展的以促进隔代沟通为主旨的夏令营活动都比较成功,受到社区居民的高度认可,让老年人社区参与的积极性得到增强,视野也开阔了。"多组织活动,提供的参与机会也多。和其他邻近社区相比,我们这边组织个什么活动,老年人都会积极得多,能够发挥主动性。活动参加得多了,视野也就开阔了。邻近社区的老人没有我们这边的老人开阔。"ZYQ主任谈道。

(3) 增强自我价值感

在老年文化服务与活动中,即便是微小的进步,老人们也能从中体会到自我实现和自我超越的快乐。在白族扎染祖孙体验活动结束后,社区文化专干ZGQ谈道:"参加活动的老人是有成就感的,觉得有这么一个活动来展示自己的这些本事,内心还是高兴、自豪的。"在"回忆传统手工艺"之"草鞋编织体验"活动中,老人们回忆起曾经的往事,体验到自身经验的积极价值,感受到自己还有能力完成很多事情,也意识到自己身边蕴藏着丰富的传统文化资源,这些都增强了老年人的自我效能感和自我价值感。技术最为熟练的LGC大妈(女,75岁)和LCXA大妈(女,74岁)因为效率高、制作的草鞋质量好而得到大家的赞赏。她们虽然没有说什么,但笑脸上洋溢着自信的神情。在老年文化展示联谊会上,27位老人的手工作品参加展出。当介绍自己的作品以及听到别人夸赞自己作品的时候,老人们都非常开心。对于S社区的老年人,夏令营也是一个自我展示的平台。传统手工技艺、丰富的人生阅历、与苦难抗争的故事等老年人的个人"资产"都是为儿童开展生命教育的宝贵资源。在"文化传承与儿童成长"夏令营活动中,S社区的8位老人作为志愿者参与教授儿童下象棋、绣花,讲述生命故事,丰富了其晚年生活,增强了自我价值感,乐在其中。老人们纷纷表示:"这样的活动很有意义，以后可以多组织，我们也愿意参加！"手工纳底绣花鞋线上推广服务的开展得到 S 社区老年妇女的积极支持，并踊跃参与。老年人代表 BXM 大妈（女，82 岁）在实习基地挂牌仪式的发言中谈道，社工师生对老年人以及 S 社区居家养老服务中心都有很大的帮助。在针线活、刺绣方面，老年人原来都是会做的，但总是觉得没有多大用处。社工师生来了以后，组织老人们开展活动，老人做好鞋由社工师生帮忙拿去出售，都是很好的事情。BXM 大妈表示："参与这个事情，我们做的东西能得到展示并能够卖出去，我们很有成就感。"

(4) 同辈群体交往增加、支持增强

文化服务与活动把 S 社区里的老年人聚集到一起。在此过程中，老年人的互动交流增加，相互间的友谊加深。在"回忆传统手工艺"之"草鞋编织体验"活动中，在会编草鞋的老人的教授和指导下，大家共同体验草鞋编织的传统技艺。老人们投入地参加活动，一边密切合作，一边热络地聊天。老人们反馈道："感谢你们，让我们聚在一起，很好玩，开心。"S 社区居家养老服务中心 ZYQ 主任也发现："你们来组织了活动，特别是组织手工制作活动以后，你会一样、我会一样，互相交流。老人们之间的关系更加亲密了，因为你们组织的活动让他们经常在一起沟通嘛。"

在增进老年人交往的同时，文化服务与活动还增强了老年人的同辈支持。回忆、体验草鞋和草墩制作手艺，老年文化展示联谊会等活动让老年妇女找到同路人，看到了彼此的优势和长处。在"草墩传承坊"活动中，老人们觉得，"很高兴，因为锻炼了身体，也让我们回忆起原来的一些事情""合作很开心""参加这个活动让我们想起了当年大家一起干活的情景"。"隔代沟通加油站"夏令营的报名条件是儿童必须在一位祖辈的陪同下才可以报名参加活动，因此营员包括儿童和祖辈两个群体。对于老年营员来说，夏令营为他们与其他隔代教养家庭中的祖辈提供了交流、合作和相互学习的平台。老人们在隔代教养中遇到的困惑有人理解，喜悦有人分享，有机会彼此交流隔代沟通的经验，实现共同成长。同辈群体的交往增加和支持增强使老年文化服务与活动能够更好地维护老年人的文化权利，改变其无资源、无组织、无能力的游离状态。

(5) 增强自组织能力

项目实施前，S 社区有两支老年文艺队，在节日期间或举办红白喜事时接受邀请偶尔进行表演。文艺队成员在表演前会学习和练习舞蹈，自发组织活动。但是两支老年文艺队都面临缺少支持、成员流失、资源不足、凝聚力不够、活动持续性难以保障等问题。自组织能力建设使老年文艺队获得更多支持和资源，增加了组织的吸引力和凝聚力，提升了成员的自信心，使老年文艺队的自我组织、自我服务、自我管理、自我发展能力得到提高，活动更加规范和可持续。在此过程中，以 HCL 大妈（女，67 岁）和 BXM 大妈（女，82 岁）为代表的老年文化骨干以自己的组织协调能力和影响力有效地发挥着凝聚和引导作用。

在 2018 年 7 月的项目推进会上，S 社区老龄专干 ZHQ 介绍道，自 2017 年 7 月项目团队协助 S 社区组建、培育老年人太极拳习练小组和开展老年文艺队自组织能力建设后，社区居委会、社区居家养老服务中心提供场地、设备等物质基础保障和建立激励机制，两个老年人团体一直通过自我组织、自我服务、自我管理每周开展活动，至今已持续一年。太极拳习练小组和老年文艺队在社工师生撤出后仍能继续自行组织开展常规习练活动，说明文化服务在提升老年人自组织能力方面可以发挥积极作用，这给项目团队带来莫大的鼓舞。自组织能力的增强有力地推动了 S 社区老年人在社区文化活动中的参与。

2. 促进转型社区居家养老服务的发展与深化

文化服务助力老年人应对城市化挑战行动研究的实施在促进 S 社区居家养老服务发展方面也发挥了重要作用。

（1）增进老年人对社区居家养老服务的了解和认可

在项目实施之初，S 社区居家养老服务中心虽然已经成立一年多，但是社区居民对它的了解很少，大多数老年人认为这里就是老年协会，只有一些男性老人在里面打麻将、下象棋而已。很多老人只是听说过，从未跨进院门。在 2016 年 7 月的老年文化骨干座谈会上，HCL 大妈（女，67 岁）谈道："养老中心办起来一年多，我们村的人甚至不知道这个存在……没人参加过（活动）。"老年文化服务行动研究项目的开展以社区居家养老服务中心为平台，让更多的老年人到这里接受服务和参加活动，一个月后 S 社区很多老年人对社区居家养老服务中心就有了进一步的认识。前期通知大家到社区居家养老服务中心参加活动时，很多老人都说不知道在哪里；后期只要通知参加活动，老人们就会说："地点还是在社区居家养老服务中心吗？"项目的实施使社区居家养老服务中心成为老人们共同认可和愿意参与的公共空间。

（2）为社区居家养老服务的内涵深化提供借鉴

在项目实施之初的团队成员见面沟通会上，社区居家养老服务中心 ZYQ 主任曾谈道："社区居家养老中心在 2015 年 5 月开始运营，还在摸索阶段，有想法但在之前的七个月里存在资金困扰没法运作；2016 年 2 月之后资金到位了，但摸不到头脑①，也是难开展。当然我们也看到每天都是男性老人在这里打牌、喝水，每天二三十人，但女性老人到这边参加活动几乎没有。理事会开了几次会，说女性老人还是应该进来参加一些活动。LYH 老师带领实施的项目就在帮助一起做，我们现在也在调查、摸底。"可见，虽然 S 社区居家养老服务中心已经成立一年多，但是对于发展方向、发展目标、服务内容等并不清楚。项目团队运用社会工作专业知识与方法技术，通过老年文化服务行动研究项目的实施为 S 社区居家养老服务中心此后的机构发展提示了方向，以培育社区老年人自组织、开展老年教育活动、举办隔代沟通与共融夏令营等多样化的方式为转型社区居家养老服务内涵的拓展与深化提供了借鉴。这些探索为老年人提供多样化的方案，让他们可以根据自己的兴趣和喜好自主选择所需的服务，通过参加各种有趣、有意义的活动满足精神文化需求，丰富晚年生活。

（3）为资源整合提供示范

本研究探索了发掘、运用社区文化资源以发展老年文化服务的可能路径。项目团队从老年人需求评估出发，利用文献查阅、个别访谈、参与观察等方法梳理社区资源，然后对可融入老年文化服务的多种社区资源加以运用，包括：邀请擅长写字和绘画的老人参与制作活动宣传海报；从邻村请来老师教授白族扎染；老年人及社区干部自发购买制作草墩所需材料，并上山割来制作草鞋用的两大背篓山草；老人借出自己制作或收藏的手工作品举办"老年人手工作品展"；社区干部协助摄像以记录活动精彩瞬间；社区居委会负责人参与活动并向老年人表达尊敬和赞赏之情；巩固"小伴文化"中同辈群体的互助意识与互惠传统；通过老年文艺队自组织能力建设推动老年人的同辈支持和能力提升；发挥老年人优势促进文化传承和开展儿童成长教育……如果没有相关各方的积极参与和贡献资源，项目的目标无法达成。项目的实施为

---

① 注：意为"没经验、不知道怎么办"。

此后社区居家养老服务中心的资源整合工作提供了示范与参考。

(4) 改善老年人与社区、机构的关系疏离问题

S社区居家养老服务中心管委会成员主要为社区居委会干部。在项目实施前，由于受到自身对老年人群体的刻板印象和行政管理工作模式的影响，社区居委会干部、社区居家养老服务中心工作人员与老年人群体之间的沟通不畅，关系较为疏离，在一定程度上制约着社区居家养老服务的有效推进。

在2016年7月的社区老年文化骨干座谈会上，HCL大妈（女，67岁）对以往社区参与的权利未得到保障表达了不满："养老中心办起来一年多，B村甚至不知道这个存在，有活动通知不到，养老中心开业也没通知到B村，好像B村人被隔绝的感觉。这次得到通知参加这个会议，还得知可以参加以后的活动，很感激。居家养老，B村也有老人，不应该被忽略，要团结友爱、顾全大局。"老年文化服务行动研究项目实施后，通过持续参与老年文化服务供给，S社区老年文化骨干的表达意愿得到尊重，参与社区活动的主动性也显著增强。在共同探讨服务策略与活动方案的过程中，老人们的意见和建议往往能够补充最初方案的不足。与此同时，老人们对社区干部及社区居家养老服务中心工作人员的态度更为积极，相互间的信任得到增强。

(5) 增强机构服务能力

服务能力是服务品质的保障。推动机构工作人员学习社会工作专业知识与方法技术，提升机构服务能力是机构资产建设的重点。

首先，社工师生邀请社区居家养老服务中心工作人员共同参与服务方案的规划及实施。老年文化服务中的社会工作介入行动在服务理念、工作方法等方面潜移默化地影响着参与项目的街道领导、社区干部和机构工作人员；作为社会工作督导教师，笔者的专业指导和发展建议也为机构工作人员提供了学习机会和能力提升途径。

其次，通过实习基地建设，项目团队协助S社区居家养老服务中心提高了专业化水平，为行动研究项目强化了保障机制。在实习基地挂牌仪式上，社工师生整理、汇报服务成果，分享老年文化服务的有益经验，并针对价值伦理、理论工具、工作方法、介入策略等对S社区今后的老年文化服务发展提出对策建议，与会人员展开讨论，这些工作对增强机构服务能力都发挥了积极作用，让社会工作专业在S社区得到更大范围的认可。为了感谢社会工作专业师生做出的贡献，S社区居家养老服务中心向笔者所在学院赠送写有

"关爱老人 学以致用"字样的锦旗。S社区居委会文化专干ZGQ表示："我们热烈欢迎云南大学社会工作专业的老师和同学到S社区传经送宝，希望未来还能进一步合作，学习老年人服务中的社会工作专业知识。"

（6）发挥专业示范效应

助力老年人应对城市化挑战的老年文化服务行动研究丰富了转型社区居家养老服务的内容，探索持续性、系统性的老年文化服务模式，对周边社区也产生了积极的专业示范效应。项目实施期间，XZ街道办事处两次邀请笔者到辖区内的其他"村改居"社区分别为社区干部和社区居民开展老年服务知识培训，分享转型社区居家养老服务的发展路径和服务模式，培训对象达100多人次。此外，XZ街道办事处所辖的另一个"村改居"社区——P社区专程邀请项目团队前往该社区为老年人和孙辈开展"隔代沟通加油站"夏令营活动，效果显著，项目团队获得P社区居委会、营员和社区居民的好评。

3. 促进社区文化建设

老年文化服务行动研究不仅给老年人群体、孙辈群体、社区自治组织、社区居家养老服务中心带来积极改变，对社区文化建设也产生了促进作用。

（1）倡导尊老敬老爱老观念，改善社区环境

在当今社会经济快速发展和城市化变迁的背景下，人们给予孩子的关爱远多于老年人。S社区文化专干ZGQ认为："现在在农村对老年人的关爱实际不是很多，可能对儿童的关爱要多一些。娃娃是心肝宝贝，老人虽然没有被虐待、遗弃的情况，但是如果拿100分来计算关爱程度的话，可能给娃娃的是六七十分，老年人最多给到四五十分，反正六十分是达不到的。"

项目的开展唤起社区居民尊重、关怀老年人的意识，对尊老、敬老、爱老氛围的形成和社区环境的改善产生了积极影响。项目团队积极动员社区居民作为志愿者参与老年文化服务，使老年人得到更加多元的支持。社区志愿者Z老师认为，夏令营活动为S社区的发展埋下了公益的种子，也在孩子们心中植入了理解、尊重、敬爱祖辈及传承文化的意识。随着以老年人为参与主体和服务对象的文化服务影响力的扩大，越来越多的社区居民意识到关爱老年人的必要性和重要性，也引起成年子女对陪伴老年父母这一问题的反思。在"隔代沟通加油站"夏令营活动举办后，儿童在家庭中对自己父母的影响使成年子女对家中老人的关注和关怀有所增加。有家长反馈道："在参加夏令营之后，孩子回到家里会主动要求增加探望爷爷、奶奶的次数，帮助爷爷、

奶奶分担家务。反倒是自己感到很羞愧，平时把重心都放在工作和抚养孩子身上，对父母的关怀却忽视了。"虽然成年人关注的重心仍然是孩子，但是主动给家中老人打电话关心身体和生活状况、询问生活需求、提供情感支持的行为有所增加。

（2）推动传统文化的发掘与传承

在设计老年文化服务时项目团队有意识地把 S 社区的优秀传统文化元素贯穿其中，通过老年人回忆、展示传统文化，体验、传承传统手工技艺，开发、销售老年人手工纳底绣花鞋等服务，让老年人自己及社区居民了解老年人拥有的技艺和当地传统文化，所以项目的开展对于发掘、整合社区文化资源，促进传统文化传承产生了一定的推动作用。LGC 大妈（女，75 岁）做草鞋的手艺非常好，她的孙女也来参加"草鞋编织"，并表示很喜欢这样的活动，刚听到家人说起，自己就赶来学习。她是一名小学教师，热衷于传统文化的学习。当看到老人们的刺绣展品时，她非常激动，急忙用手机拍照，还向展品主人询问展品的寓意、做法等。LGC 大妈的孙女不仅向老人们请教传统技艺问题，还不断夸赞他们的手艺，老人们都感到非常高兴和自豪。项目团队向老人们收集到手工作品后，制作精美的展板进行展览，吸引上百人前来参观，促进了社区居民对本社区文化资源的了解。老年文化展示联谊会上，HCL 大妈（女，67 岁）介绍了花灯的起源，用花灯歌词说明了花灯的教育作用，鼓励与会者传承这项传统文化。对于"老年文化展示联谊会"活动，S社区文化专干 ZGQ 称赞道："我觉得这次活动搞得比较好，对民俗文化，你们很好地把它挖掘、展示出来。它本身也是存在的，但是像这样系统地整理出来是个很好的事情，活动很有意义。"

（3）增强社区凝聚力

老年人是文化和历史的见证者和传承人。"祖孙扎染体验""SL 传说故事会""草墩传承坊""草鞋编织回顾体验""老年文化展示联谊会"等活动，及老手艺人手工纳底绣花布鞋的开发与线上推广服务，均致力于将老年人服务与 S 社区本土文化传承相结合，在引导老年人回顾传统文化，体验传统技艺，帮助社区梳理、展示、传承、开发社区文化资源，增强老年人和社区居民对社区文化的认同，从而强化社区凝聚力方面产生了较好的促进作用。

4. 实习学生得到成长

社工实习生 LSS 回顾实习生活时谈道，自己实现了从学生到老年社会工作者的角色转换，经历了从理论知识到服务实践的探索。在反复的走访、调查、制定方案、修改、组织开展活动、接受督导、总结的过程中，自己从初到S社区居家养老服务中心的胆怯、青涩逐渐走向成熟和稳重。

老年文化服务行动研究强化了实习生的社会工作专业价值观，让他们懂得以价值观为引领设计、实施专业服务。社工实习生YHR在日志中写道，"我们在开展实务的过程中，必须要结合当地的实际情况，以服务对象为中心，以人为本，以具有文化适应性的方式，以便利服务对象的工作方法，以符合地域特征的服务设计，以社会工作专业价值观为导向开展我们的服务工作。"老年文化服务行动研究还增强了社工实习生的专业认同感。实习学生LSS在日志中写道："我们所开展的服务往往见效慢、周期长，需要较多时间和精力的持续投入才能看到成效。但是我们在服务过程中往往能够发现一些令人感动的瞬间，我们终能看到自己的价值。"

通过参与项目实施，实习生对社会工作专业理念与方法的理解不断深化，对专业技术的运用日臻熟练。LJM在实习日志中写道："在设计服务方案之前，梳理阅读老年社会工作相关文献资料，了解更多的老年学知识是很重要的；同时要了解社区的文化习俗、宗教信仰，因地制宜地确定服务内容，具有文化敏感性，这有利于我们与居民关系的建立以及服务工作的开展。"LSS通过老年文化服务实践发现："信任关系的建立并不是一朝一夕就能够完成，我们需要深入到服务对象的日常生活中去，通过一切可以和他们交流互动的机会，主动打招呼、主动问好。"

老年文化服务行动研究增强了实习学生将理论与实践相结合的能力。他们在日志中写道："必须通过实践加以深化，专业知识才能变成我们真正拥有的东西"，"作为一名社工，我们在看事情，想问题的时候要学会运用系统的视角去加以分析，才能更全面地发现、发掘开展服务和帮助服务对象的资源。""服务过程中要注重老人自信心的培养，采取优势视角，多用鼓励、支持的方法增加老年人的信心以及他们的文化自信"。

社工实习生在老年文化服务行动研究中发现了自己的潜能，并通过服务获得成就感，增强了专业自信。SYM在日志中写道："短短三天时间，老师推动得紧，我们也惊叹于自己的力量，原来真的可以做这么多事。太极拳学习班已经顺利开办起来，服务方案在不断的实践和讨论中也已经日趋完善。第一周实习的最后一天，太极拳学习班已经顺利运行三天。在实习团队所有成员一起参与的每次团体督导和对老人们每个意见的听取中，我不断地探索更适合老年人的教学方法，丰富自己的教学经验。一些老人学习得比较慢，我不断调整教学方式，希望他们都能学会，并增强自我效能感。功夫，是时间堆砌出来的。再有一周的时间，老人们都会有进步，并能通过太极拳的方式，获得内心的成就感。"

第六章

转型社区老年文化服务行动研究反思

一、转型社区老年文化服务的行动原则

老年文化服务在转型社区顺利开展，并对老年人应对城市化挑战有所助益，回顾整个行动过程，项目团队主要遵循了以下行动原则：文化服务拓展养老服务理念与内涵；社会工作介入丰富老年文化服务方略；建立良好专业关系；多渠道宣传发掘潜在服务需求；善用社区资源；发挥老年文化骨干的作用；以志愿服务搭建社区参与平台；为老年人接受服务解除后顾之忧；助力老年人赋权增能；构建社会支持网络。

（一）文化服务拓展养老服务理念与内涵

助力应对城市化挑战的老年文化服务在两个方面拓展了社区居家养老服务的理念与内涵。首先，在传统观念中，人在进入老年期之后身心及社会功能衰退，似乎老年人的能力与价值也随之下降。然而事实上S社区老年人都比较独立，具有强烈的自我责任意识。例如，年轻人外出打工后，田地里的农活都是老年人在承担。因此在开展老年文化服务的过程中项目团队尊重老人们的自立意识，以文化服务为平台，通过引导老年人参与完成他们感兴趣且擅长的文化活动增强其自我效能感，老年人更加自信、更有成就感。老年文化服务实践行动证明，老年人的自立意识需要得到尊重，其能力与价值也可以通过文化服务得到增强。其次，"文化"不仅仅意味着"受教育""识字"等。作为社区文化的承载者，无论是否接受过正规教育，老年人在社区历史、积极文化要素、传统手工艺等的发掘和传承中都能发挥重要作用。项目团队从"大文化"视角理解"文化"，将各类传统文化要素有机融入老年人服务，体现社区文化特色，促进社区文化传承与发展，推动社区文化建设。在此过程中，老年人成为寻找社区文化之根、凝聚社区成员、增强社区认同的重要力量。

(二) 社会工作介入改进老年文化服务方略

S社区原本开展的老年人服务主要有免费体检和棋牌娱乐。项目团队运用需求评估、资源分析、个案工作、小组工作、社区工作等专业方法，整合社区资源开展系列老年文化服务，拓展了老年文化服务的方法与策略。第一，与原有服务相比，社会工作理论与方法技术的运用使老年文化服务更注重老年人主体性的发挥，让他们在活动中拥有更高的参与感与成就感。第二，与原本相对单一的服务方法相比，社会工作介入使老年文化服务能够更加准确地了解老年人的需求，及时调整服务目标、方法与内容，从而更加灵活有效、有针对性地满足老年人的需求。第三，行动研究显示，社会工作能够从老年人的实际需求、价值取向以及社会文化环境出发，通过"文化敏感"的工作策略、方法和技巧满足老年人多样化的精神文化需求，老年文化服务更能契合老年人和社区的实际情况，具有更强的文化适宜性。

(三) 建立良好的专业关系

项目团队在S社区开展老年文化服务探索比较顺利，没有遇到对于项目团队身份合法性、服务合理性等方面的质疑，也没有出现老年人及社区居民不愿参与、社区支持不足等方面的阻碍，首先缘于所开展的服务符合老年人及社区的需求，很大程度上还得益于项目团队在S社区具有良好的专业关系基础。

因为开展博士论文研究，笔者在项目实施前的四年时间里一直在S社区开展田野调查，与社区干部、社区居民尤其是老年人建立了良好的信任关系。所以当笔者提出开展老年文化服务时，社区居委会和老年人欣然接纳，大力支持并积极参与，因为他们相信笔者是从为社区好、为老年人好的立场出发组织大家参与这项工作。与此同时，在实施项目的过程中社工师生非常注重维护和巩固良好的专业关系。每年7月，第一次进入S社区开展实习的社工学生都会深入社区居民的日常生活，利用一切可能的交流互动机会主动打招呼、问好，并从服务对象的立场考虑他们的需求和利益。

得益于良好的专业关系，S社区居委会认可社工师生提出的规划和建议，对行动研究给予高度信任、大力支持和密切配合；老年人非常友好，积极参与老年文化服务与活动，并且时时关心社工师生的生活。当2018年9月初得知社会工作师生即将离开S社区时，老人们约在一起，依依不舍地邀请社工师生一起吃告别饭并打听离开的时间，离别当日早早等候在社区居家养老服务中心为社工师生送行。良好的专业关系为老年文化服务行动研究项目的顺利实施和服务成效的取得奠定了坚实的基础。

（四）多渠道宣传发掘潜在服务需求

老年文化服务对于S社区的居民尤其是老年人是一个新事物，所以招募服务对象是一项艰巨的任务。但是从另一个角度来看这也是一个发掘潜在服务需求，让社区居民了解、理解老年文化服务的必要性和重要性的宣传过程，是老年文化服务行动研究的关键环节。项目团队采用多种方式招募服务对象，包括邀请老年文化骨干共同制作图文并茂的活动宣传海报，然后将海报粘贴在社区居家养老服务中心大门外供过路的社区居民了解；社工实习生主动进入老年活动室，向老年人当面介绍服务与活动并邀请他们参加；请社区干部和老年文化骨干帮忙向自己的亲戚、邻居、朋友介绍相关服务并邀请符合条件的服务对象；社工师生挨家挨户发放介绍服务与活动的小卡片并招募服务对象；在幼儿园门口向社区儿童及其照顾者（父母和祖辈）介绍服务与活动、发放宣传小卡片并招募服务对象；请相识的儿童回家向自己的父母、祖辈介绍服务与活动并邀请他们参加，等等。多种渠道的宣传和多元化的招募方式使社区居民尤其是老年人、儿童都能够通过适合他们的方式了解老年文化服务的信息，为他们决定是否接受服务和参与活动提供参考，因此能够促进潜在服务需求的发掘，从服务宣传与服务对象招募环节增强了服务的可及性。

（五）善用社区资源

充分调动社区资源是转型社区老年文化服务行动研究得以顺利开展并且具有成效的重要原因。项目实施过程中调动的社区资源包括社区文化资源（传统手工技艺、社区互惠习俗、积极精神文化要素等）、人力资源（老年文化骨干、中学生志愿者、教师志愿者）、组织资源（社区居委会、社区居家养老服务中心）、物质资源（社区活动场所与设施设备）、宣传资源（公众号）等。

实践探索显示，丰富的物质、制度及精神文化资源存在于社区的方方面面。文化资源对老年人的日常生活和精神感受都产生着影响，发挥文化资源的福利功能是老年文化服务的核心。将社区文化资源运用于老年人服务中，可以增强服务的文化适宜性。第一，白族谚语、歌谣、花灯、调子、霸王鞭舞等传统艺术形式，草墩、草鞋、绣花等传统手工艺，这些传统文化资源是促进老年人的社会参与，使老年人在文化传承中发挥积极作用，提升老年人自我价值感的老年人服务可资运用的媒介。例如，S社区现存两种代代相传的艺术形式——花灯和调子，在社区老年文艺队日常活动、社区春节联欢会和红白喜事表演中都是必演节目。在"老年文化展示联谊会"和"文化传承与儿童成长"夏令营活动中，老年文化骨干HCL大妈（女，67岁）和BXM大妈（女，82岁）表演了花灯和调子，在一唱一和中把想要讲述的事情和自己的心情表达清楚，包括日常生活、生产劳动和道德观念等，发挥了倡导传统美德的作用。HCL大妈谈道："花灯在现代快失传了。现在只讲热闹，不讲内容，大家都只知道跳得齐、跳得好或者是热闹了。为什么过去一直将花灯传承下来？花灯对家庭、妯娌之间、婆媳之间（的关系处理）都有很大的教育意义，都可以编成花灯来唱。"可以看到，花灯除了具有一般的娱乐功能，还可以作为社区教育的一种途径开展传统美德教育。第二，互惠习俗、小伴文化、老年人自组织等文化资源可以帮助老年人建立和维系社会支持网络，让老年人获得物质、信息和情感支持，减少无处求助、社会孤立、情感孤独的风险。第三，活跃于文体娱乐活动领域的老年文化骨干，只要有可行的激励机制，他们在老年文化服务的需求评估、活动组织、服务实施等诸多环节都能积极参与和提供帮助。发挥老年文化骨干的榜样作用可以带动社区其他老年人实现自我组织、自我服务、自我管理，使社区老年文化服务的人力资源更加充足。第四，老年文艺队、太极拳习练小组等老年人自组织可以成为动员老年人参与社会发展、凝聚老年人力量、发挥老年人自主性、促进老年人针对大家共同面临的问题进行民主协商和采取集体行动加以改善或解决的重要平台。

（六）发挥老年文化骨干的作用

本书中的"老年文化骨干"指的是积极参与社区服务并在传统艺术、传统手工艺等方面具有一定专长和丰富经验的老年人。对于社区来说，社工师生始终是"外人"，更熟悉社区资源与老年人需求的是老年人自己。所以项目团队在S社区发掘和培养了8位老年人骨干，通过鼓励、推动他们参与活动的策划、准备、组织及管理物资和开展志愿服务，不断提高他们的参与意识和组织协调能力。老年文化骨干是社区的"消息灵通人士"，是联络社区老年人的"节点"人物，同时他们对于老年文化服务的发展也有着自己独特的看法和理解。无论在老年文化服务筹备阶段，还是在开展服务的过程中，老年文化骨干都积极参与，发挥了重要作用。

在老年文化骨干座谈会上，他们指出原有社区居家养老服务中存在的不足，如不同自然村的老年人未能平等地获得参加活动的机会和资源等；在梳理 S 社区的文化资源时，他们积极地提供线索和贡献观点；在为"老年手工作品展"收集手工作品时，他们不仅踊跃提供自己的手工作品与收藏品，还协助项目团队向其他老年人进行宣传和收集作品。正如 S 社区居委会文化专干 ZGQ 所言，能够收集、展示如此丰富的老年人手工作品，非常不容易。"老年手工作品展"活动的成功举办，老年文化骨干的参与和作用发挥功不可没。在老年文化服务开展的过程中，老年文化骨干参与绘制活动宣传海报，通知、召集老年人参加活动，开放地展示自己的才华带动其他老年人参与活动，从而保证了活动的顺利开展和较高的参与度。在服务效果的评估环节，老年文化骨干也针对 S 社区老年文化服务中存在的不足和可以改进的地方坦率地发表自己的看法，并对社区居家养老服务的推进和完善提出自己的建议。在老年文化骨干的带领下，S 社区老年人组织的常规活动在项目团队离开后得以延续。

（七）志愿服务搭建社区参与平台

在老年文化服务行动研究过程中，项目团队秉持"资产为本"社区发展理念，注重对社区资产的发掘、联结、整合和运用，发动社区干部、老年人、青少年、小学教师等各个社会群体以志愿者的身份参与老年文化服务供给。志愿者的积极参与不仅增加了人力资源，贡献了个人的生产生活技能、社区工作经验和知识智慧等个人资产，提高了老年文化服务的效率，还增强了社区居民的社区认同，提升了社区凝聚力。搭建志愿服务平台、推动居民社区参与的具体路径包括五步：

第一，基于合作共赢理念开展志愿者招募。单纯依靠行政命令的动员方式缺乏吸引力和感召力，不利于增强社区居民在志愿服务中的参与意愿，难以实现有效社会动员。项目团队招募志愿者采用的方法是让社区居民了解志愿服务的意义，明白参与志愿服务不仅可以让他人受益，志愿者自己也是受益者。对于老年人来说，在服务的同时自己也能得到陪伴，获得他人的认同，增强成就感和自我价值感；对于小学老师而言，在参与志愿服务的过程中，其原有的教学理念、教学经验和社会工作师生的专业理念与方法相互碰撞、互相借鉴、优势互补，可使双方均有新的收获与成长；对于中学生来说，参与志愿服务不仅可以履行社会责任，还能够培养、锻炼人际交往能力，增强组织协调能力，提高综合素质。当社区居民看到自己在志愿服务中的收获与他人的福利增进可以共赢时，志愿者招募的效果更好。

第二，给志愿者安排其能够胜任的工作，明确不同岗位的任务，避免因为没有边界、压力过大而导致志愿者流失。在夏令营活动中，老年志愿者负责教授小营员刺绣、唱花灯、下象棋，给小营员讲述生命故事，传授生活经验等；小学老师协助夏令营活动的设计、组织和带领讨论；作为小营员大哥哥、大姐姐的中学生志愿者则协助带动活动气氛、辅助考勤、进行安全管理和提供活动指引。

第三，以志愿者培训保障服务品质，增强志愿者信心。在开展志愿服务前，项目团队通过介绍服务目标、内容与流程，讲解注意事项，邀请资深志愿者分享志愿服务经验及情景模拟等多种方式对志愿者进行培训，提升志愿者的服务能力。志愿者培训一方面有助于保障服务品质，另一方面也能够增强志愿者开展服务的信心。

第四，以针对性的指导与及时协助增强志愿者的自我效能感。在组织志愿者有序参与志愿服务的过程中，将一名项目团队成员与一至两名志愿者配对，项目团队成员为志愿者提供有针对性的指导和及时协助。首先，项目团队成员保持与志愿者的联络和沟通，及时传达工作任务；其次，当志愿者在完成岗位工作过程中面临困惑和遇到困难时，项目团队成员给予指导和及时提供协助；再次，项目团队成员负责考核志愿者的工作完成情况，及时调整不合适的工作任务。

第五，以督导与激励机制激发参与动力，保障服务品质。为了使志愿者保持参与积极性和获得成就感、价值感，项目团队及时开展督导并通过多种方式激励志愿者，满足他们的多重需求。首先，每次服务或活动结束后开展现场督导，及时分享活动中的感受与收获，肯定志愿者在服务中做得好的地方，总结工作成效、服务经验与个人成长，反思局限并提供情感支持。其次，服务结束后发给志愿者盖有S社区居委会和社区居家养老服务中心印章的志愿服务证明，满足志愿者的认同需求。督导与激励机制让志愿者提升了能力，获得归属感和成就感，激发出继续参与志愿服务的动力，也为志愿服务品质提供了保障。

（八）为老年人接受服务解除后顾之忧

老年妇女常常承担着照料孙辈的责任，而将年幼的孩子独自留在家中不安全，因此老人们常常带着孙子、孙女来社区居家养老服务中心接受服务、参加活动。由于幼儿比较好动，老人免不了要给予很多关注，这导致老人时常游离在文化服务或集体活动之外，无法全身心地投入，制约服务目标的达成。观察到这一现象后，项目团队在服务场地旁设置专门场所供幼儿玩耍，同时分派志愿者专门负责照顾幼儿，安抚他们的情绪、带领他们游戏，从而免除幼儿的奶奶、外婆的后顾之忧，让她们能够全身心地投入服务或活动。采取这一措施后，参与老年文化服务与活动的老人虽然偶尔会朝孙辈玩耍的地方看看，但是在大部分环节都能够更加放心地参与，参加活动的积极性和专注度提高，服务效果也得到保障。

(九) 助力老年人赋权增能

作为社区治理的主体之一，社区社会组织不仅是联结社区居民与社区居委会的纽带，也是社区居民自我组织、自我服务、自我管理的平台；既是社区居民参与社区建设的媒介，也是提供社区服务的重要力量。针对S社区社会组织起步较晚、发展滞后、缺乏培育和支持的特点，项目团队开展老年人太极拳习练小组培育和老年文艺队自组织能力建设工作，促进了S社区老年人的自我组织、自我服务和自我管理，使他们在文化服务供给中的主体性得到发挥，为老年文化服务的开展增加了人力资源支持，让老年人能够为本群体的文化权利保障和福祉增进贡献力量。

(十) 构建社会支持网络

为实现多元主体参与供给老年文化服务的目标，项目团队一方面努力推动正式社会支持网络提供保障，另一方面积极助力非正式社会支持网络供给资源。

1. 推动正式社会支持网络提供保障

XZ街道办事处、S社区居委会和社区居家养老服务中心的大力支持为老年文化服务的顺利开展提供了重要保障。由于在实际工作中意识到如何为老年人群体提供社区居家养老服务将会成为城市化转型中的一大挑战，但是现有政策缺乏针对性强的行动指导，而与实践结合紧密、以解决实际问题为目标导向的行动研究是一种可行的探索策略，因此XZ街道办事处主动为S社区老年文化服务的开展提供指导与支持，S社区居委会和社区居家养老服务中心也愿意投入人力、物力、财力参与合作。在实习基地挂牌仪式上，云南大学社会工作系主任GWH教授指出，社会工作系与S社区合作将社会工作与传统文化相结合,使养老服务和社区文化发展相互配合,有望成为少数民族转型社区居家养老服务发展的一种模式。XZ 街道办事处 CXH 副主任表示,希望这个课题能够形成一个系统性的成果,因为居家养老是大势所趋,而 S 社区是一个试点。现在 XZ 街道有 11 个社区有建设社区居家养老服务中心的想法,如果能够探索出一种模式,就可以慢慢推广到其他社区。希望整个 XZ 街道老年人的生活质量都能够得到提高。XZ 街道办事处社会事务科 CCR 科长对项目给予充分肯定,并表示 XZ 街道会加大力量,在人力、物力、财力等方面给予支持。无论在项目规划阶段,还是在项目实施过程中,或者在反思和再调整阶段,街道办事处、社区居委会和社区居家养老服务中心都给予大力支持和有力保障,并提出有价值的意见。政府相关部门、社区自治组织与社会服务机构在实践中积累的诸多经验都为老年文化服务的开展提供了有益借鉴。

2. 助力非正式社会支持网络供给资源

加强自组织能力建设是助力非正式社会支持网络供给资源的有效策略。一是引导老年人参与老年文化服务的内容设计,让服务更加契合老年人的需求,毕竟老年人更懂老年人。二是协助老年人根据共同的兴趣和爱好组建活动小组,自主开展文体娱乐和自助互助活动,自己管理团体内的人、财、物,节约社区居家养老服务的人力和物资,而服务效果则可以得到增强。三是推动社区主体改善相互间的沟通。针对社区自治组织、社会服务机构与老年人群体沟通不良、关系疏离的问题,在老年文化服务行动研究过程中项目团队积极推动社区居委会和社区居家养老服务中心参与,同时增进社区居民尤其是老年人群体对两个组织的了解和信任。具体策略包括:建议社区居委会和社区居家养老服务中心为老年人太极拳习练小组、老年文艺队等老年人自组织提供物资支持,增进两个组织与社区老年人之间的沟通、交流与合作;在物质资产的管理和配置上,引导社区居委会和社区居家养老服务中心放权、授权,让老年人自行管理活动设备与物资。这些举措使个人资产、社区组织资产、机构服务能力资产、物质资产四大社区资产之间形成良性循环,各项资产的配合与互为促进也更加顺畅。

二、转型社区老年文化服务的局限与制约因素

虽然 S 社区老年文化服务行动得到了社区居民、街道办、社区居委会、社区居家养老服务中心的认可、肯定和积极参与,但回望整个项目的设计和

实施，仍然存在很多局限，从这些局限又能看到在转型社区开展老年文化服务面临的诸多制约。

（一）行动局限

服务覆盖面较小、部分服务难以持续以及社区志愿者尚未得到充分动员是 S 社区老年文化服务行动存在的最主要的局限。

1. 服务覆盖面较小

S 社区位于昆明市郊，社区面积 20.01 平方千米，下辖 10 个自然村。与城市社区的集中居住方式不同，农村老年人居住地点分散，许多老年人的房屋离社区居家养老服务中心较远，为偏远村落老年人提供服务的难度较大，因此老年人居住地的分布特点制约了服务覆盖面的扩大。项目实施期间，老年文化服务主要在 D 村和 B 村两个自然村开展，并辐射到距离 S 社区居家养老服务中心较近的 3 个自然村。由于距离较远，对于 S 社区的另外 5 个自然村，服务难以覆盖，因此老年文化服务的覆盖面还有进一步拓展的空间。

2. 部分服务难以持续

老年文化服务是一个长期的过程，需要在行动—思考—行动的循环中持续推进，在三年项目周期内不易产生较为显著的改变。在为期三年的项目结束后，虽然手工纳底绣花布鞋线上推广服务已经移交给 S 社区的快递老板，太极拳习练小组和老年文艺队的常规习练与表演活动也在继续，但是改善高龄、失能老人精神文化生活的入户探访服务、老年人安全教育和老年人手工纳底绣花布鞋开发推广这三项需求显著的老年文化服务却难以持续、稳定地开展。

每当社工师生到 LSY 大妈家里入户探访和开展个案服务时，老人都会很开心。但是社工师生的入户探访只能是短期的。在项目结束时，因无人承接，该项服务便中断了。社区居家养老服务中心 ZYQ 主任坦言："社区居家养老服务中心的几个管理人员都是兼职，不是专职，没有时间，去不了，并且缺乏经费聘请开展入户探访的专职工作人员。"

在老年人安全教育方面，运动安全、食品药品安全、消防安全和交通安全等多个主题的安全教育都是协助老年人降低晚年生活风险，提高生活质量的老年文化服务内容。因为缺乏服务承接主体，随着项目的结束，老年人安全教育也没再开展。

在两个月时间里，项目团队协助 S 社区 4 位老手艺人售出手工纳底绣花布鞋7双，获得收入831元。交易的完成说明，如果有专人运用现代传媒手段提供宣传、沟通和支付等方面的协助，老年人的传统技艺可以在增加收入、增强自我效能感和价值感、提高生活质量等方面继续发挥作用。鉴于社区居委会和社区居家养老服务中心受其组织性质的约束不便开展此项工作，在S社区又难以找到身份合适并且同时具有公益心和线上营销能力的居民来接手此项服务，经过项目团队的沟通协调，S社区的快递商家答应承接该项业务。但是，由于服务承接者的理念、知识与方法技巧不足，老年人传统手艺开发与推广服务效果不理想。

3. 社区志愿者尚未得到充分动员

虽然老年文化服务行动研究在志愿者动员和使用方面进行了积极探索并积累了宝贵的经验，但是从开展老年文化服务的人力资源需求来看，S社区的志愿者仍未得到充分动员。例如在开展老年人手机使用技巧培训时，如果能够有足够多的志愿者，就可以针对老年人在手机使用中面临问题的差异，根据不同品牌型号手机的特点，适应老年人不同的基础和学习能力进行一对一教学和指导，使手机使用技巧培训更有针对性，老年人学得更快，效果更好。

(二) 制约因素

行动中的局限呈现出S社区老年文化服务供给体系和保障机制中存在的诸多制约因素。

1. 政策与制度制约

行动研究有其特定优势，能够及时反映并解决社会问题，但是在真实的社会情境中，一旦超越特定的时间、空间、地域和政策范围，则往往无能为力。为筹集推动老年文化服务持续发展的资金以便及时帮助有需要的老人，项目团队曾经希望在S社区推动建立社区基金，向社区内的企业和社区居民筹集资金，建立可持续发展机制。然而咨询政府相关业务主管部门后得知，本省发展社区基金的工作还处于政策理念的宣传阶段，关于如何实施尚没有明确的文件出台，因此短期内在S社区无法开展此项工作。除了政策制约导致缺乏资金来源的问题，老年文化服务在S社区的可持续发展还缺少系统的制度保障和足够的推动力量。社区基层组织较为保守的工作观念和制度变迁中的路径依赖使传统工作模式不易改变，社区干部和机构工作人员的创新意识与开拓精神不足，专业素质和工作能力的提高还需要一个过程。老年文化服务在转型社区的持续推进还需要得到民政、文化及民族宗教等业务主管部门的大力支持，提供资源投入和制度保障。

2. 资金制约

在项目实施期间，老年文化服务的开展可以从笔者主持的教育部课题中获得经费支持，但在项目结束后S社区如果继续开展老年文化服务，则需要从其他渠道获得稳定的经费保障。2016年S社区居家养老服务中心向省、市、区有关部门及街道办事处争取到启动经费，此后便没有其他经费来源。按照国家发改委发布的《普惠养老城企联动专项行动实施方案（2019年修订版）》的精神，中央预算内投资将采用差别化补助的方式，按每张养老床位2万元的标准支持居家社区型和医养结合型机构建设；对提供社区养老服务的机构，取得的收入免征增值税。然而，政府对社区居家养老服务中心给予的补贴是针对有老人居住的床位提供的，传统观念的影响使转型社区的老年人不习惯在机构居住，所以S社区居家养老服务中心只能提供日间服务，因此无法获得床位补贴，拿不出更多的资金支持老年文化服务的开展。此外，受到传统观念和老年人生活习惯的影响，社区居家养老服务中心通过提供收费性服务的方式获取资金也不现实。S社区居委会文化专干ZGQ谈道："农村养老金太少，不能从根本上解决养老问题，跟城市社区不能比。农村办个养老院，老人不一定住得进去，为什么？因为城里的老人大部分是有退休金的，只是高低不同而已。有退休金就可以自己解决（养老问题），在农村老人则要靠子女。高收入、有退休金的（老人）养老问题比较容易（解决），比如说居家养老也好，住养老院也好，他自己可以买单；或者子女条件比较好的，子女可以给予支持。但是经济条件不好的老人，不管建了多少养老院他也进不去，因为第一要花钱，第二因为经济条件差，他在家里还要劳动。"S社区居家养老服务中心ZYQ主任谈道，中心开展服务所需要的资金不足，导致很多设想无法实现，只能提供较为简单的开放活动室的日常服务，这使社区居家养老服务中心的发展受到很大制约。

3. 人才制约

持续开展老年文化服务要求工作人员具有扎实的社会工作专业知识和实务能力。例如，老年安全教育、老年人自组织培育等，需要运用社区教育、小组工作等社会工作专业方法与相关知识。但是S社区既缺乏专业人才，志愿者也不足。S社区居家养老服务中心的组织架构是以社区居委会为依托，成立理事会进行决策，日常管理由社区居家养老服务中心ZYQ主任和社区老龄专干 ZHQ 负责，社区居民 ZCJ 负责每日的开关门和卫生打扫工作。三位工作人员均未接受过社会工作和文化服务专业训练。两位社区干部不仅承担着社区居家养老服务中心的日常管理工作，还得完成社区居委会的其他工作，无法全身心投入老年人服务；另一位工作人员 ZCJ 受教育程度较低并且手部有残疾，也无法有效开展老年人服务。所以在社工师生完成项目离开后，S 社区的部分老年文化服务未能持续。

4. 观念制约

S 社区老年文化服务的开展还受到传统文化观念的制约。为改善高龄、失能老人的精神文化生活，项目团队原本想尝试以支付劳务补贴的方式招募和培训本社区的低龄老人作为志愿者，定期为高龄、失能老人开展入户探访和陪伴协助服务。但是受到"不管闲事"传统文化观念的影响，项目团队难以有效调动社区居民参与该项服务，高龄、失能老人入户探访和个案服务中增强社会支持这个维度的目标未能完全实现。一位社区居民本已接受笔者邀请，愿意参与入户探访和陪伴协助服务，第二天却又表示不能参加，原因是担心被老人的儿媳埋怨，说自己插手别人的家务事。

三、转型社区老年文化服务的理论思考

在本研究中，多中心治理理论、赋权增能理论、"资产为本"社区发展模式、文化福利理论和社会支持理论都提供了重要的指导。

（一）多中心治理理论的运用思考

助力应对城市化挑战的老年文化服务行动研究贯彻了多中心治理的理念。街道办、社区自治组织、社会服务机构、老年人、社工师生等多元供给主体既有分权也有整合，自下而上地供给老年文化服务，并且开始产生老年人之间相互支持的收益，使老年人获得学习和发展能力的机会。文化资源的发掘与运用让地方性知识发挥作用成为可能，增加了老年文化服务的灵活性和文化适宜性，使其更贴近老年人的需求，并且能够更加有效地推动老年人参与，发挥老年人的潜能，增强老年人的自我效能感和自我价值感，在一定程度上消解家庭地位边缘化给老年人带来的挫败感和失落感。多中心治理理论在老年文化服务供给中的运用为 S 社区多中心治理框架的搭建提供了理论依据。

（二）关于赋权增能的思考

赋权增能理论要求认识到老年人的潜能。老年人是自己问题的专家，他

们更了解本群体的需要，并且有能力把握环境和改善自己的生活。在本次行动研究中，项目团队赋予老年人更多的权力，邀请他们参与需求评估、文化资源梳理、服务方案设计、服务活动宣传和服务成效评估，作为主体参加各类老年文化服务与活动，并在"文化传承促进儿童成长"和"隔代沟通加油站"两个夏令营和"白族文化亲子体验活动"中担任志愿者，感受为自己、为他人服务的乐趣和成就感。以赋权增能理念为指引推动老年人参与文化服务供给具有多个层面的意义。第一，充分调动了老年人的积极性和创造性，使他们在公共文化生活中的主人翁意识得到激发，对社区的归属感和社会责任感得到增强，同时自我效能感和价值感也得到提高；第二，能够弥补老年文化服务供给中人力资源的不足；第三，改善了转型社区老年文化服务供给模式单一、服务缺乏针对性的问题。

　　赋权的方法与过程在老年文艺队自组织能力建设的案例中得到较为清晰的呈现。HCL大妈风雨无阻地完成为期一年的老年文艺队领队工作，既说明项目团队对其赋权的行动中蕴含的信任和责任要素能够成为老年人参与文化服务供给的巨大动力，也说明社区居委会与社区居家养老服务中心提供的领队补贴和设备场地支持对于推动老年人参与文化服务供给具有重要的保障作用，体现了外部对老年人赋权的过程。老年文艺队成员在团队建设活动中集体表达对领队HCL大妈的需要、信任和支持，自发提出选举协助者、完善团队管理机制以减轻HCL大妈的工作压力，同时承诺在未来的舞蹈习练中积极参与，都让HCL大妈感受到自己参与老年文化服务供给的意义和价值，收获信任，得到鼓励，坚定信心，成为她愿意继续担任老年文艺队领队的坚实后盾，这是一个老年人自我赋权的过程。行动研究表明，将赋权理念贯彻于老年文化服务中，一方面需要搭建平台、提供机会，鼓励老年人承担责任以解决他们自己在老年文化服务供给中遇到的问题；另一方面也应给予物资帮助和情感支持，为老年人依靠自己的力量满足自身精神文化需求提供保障。赋权不仅是老年文化服务供给的介入策略，更是老年文化服务供给的目标，其具有目的和手段的双重价值。

　　（三）"资产为本"社区发展模式的运用思考

　　"资产为本"社区发展模式强调通过发掘和建设社区资产促进社区优势的发挥，实现社区的内部性发展，注重社区居民潜能的发挥和能力提升。就介入过程的顺畅、居民的心理接受程度、服务的实际效果来说，"资产"取向的介入模式优于"问题"取向和"需求"取向。只有能力提升了，才能发掘出更多的可用资产，并更好地运用资产，组织资产建设。本研究以"资产为本"社区发展理念开展老年文化服务，注重通过社区内各种资产的发掘、联结和运作满足老年人的精神文化需求，增强老年人的自我照护、自我保护和自组织能力，在此过程中老年人本身也被看作是一项极其重要的社区资产。这种介入模式改变了老年人是弱势群体的看法，并让老年人看到自身以及社区的优势及资产，有助于提高老年人的参与意愿。因此，"资产为本"社区发展模式以资产发掘、资产建设和资产增值为工作重点，在文化服务助力老年人应对城市化挑战的过程中更能促进老年人群体和社区的潜能增长和优势发挥。

（四）社会支持网络理论的运用思考

依据社会支持网络理论，弱势群体的问题不是其自身原因造成的，而恰是其缺乏必要社会支持的表现。社会支持理论强调通过干预个人的社会网络来改变其在社会生活中的困难境遇（颜宪源等，2010）。在 S 社区，"小伴文化"使居住相近、关系密切的老人们彼此关心，有心事相互倾诉，有困难彼此帮忙出主意，是转型社区老年人社会支持的重要来源。基于构建社会支持网络的考虑，项目团队对"小伴文化"给予特别关注并采取措施加以巩固。老年人自组织发展中必需的合作与协调在老年人群体中增进了交流、信任与互助，提高了老年人护卫共同生活的责任意识与行动能力，所以蕴含着丰富的社会资本，巩固了老年人的社会支持网络。手工制作兴趣小组的开展让老人们聚在一起参加活动，增进交流、相互帮助、分享心得，信任关系得到强化。入户探访与个案辅导增强了高龄、失能老人的家庭照护能力与情感支持。祖孙沟通与共融服务强化了老年人的代际支持。可见，以专业性的正式社会支持巩固和强化以血缘关系、地缘关系、趣缘关系为基础的非正式支持是助力转型社区老年人应对制度层面的城市化挑战的重要途径。

四、作为行动研究者的自我反思

行动研究主张理解社会服务现实情境，将社会服务实践中出现的问题作为行动研究的主要目标，以解决现实中的问题为中心。行动研究者不仅需要对自己在实践情境中遭遇的实际问题进行研究，寻求解决问题的途径和方法，通过实际行动付诸实施，加以评价，还要在行动中对自我的活动做出观察和反思，进行回馈和加以修正。行动研究者进行自我反思会让整个行动研究更有温度，也有助于从个人经验出发，抵达一个更广阔的世界。在 S 社区老年文化服务行动研究中，笔者既是服务者，又是研究者；既是督导者，又是倡导者。于是，笔者一直挣扎于如何成为一名合格的行动研究者，如何在行动研究情境中履行好自己的职责，一趟角色适应的艰难旅程由此开启。

（一）行动研究者的角色适应与职责履行

作为服务者，笔者需要掌握开展老年文化服务的专业理论与方法技术，具有资料收集、问题分析、需求评估、实务介入等较为全面的发现问题、分析问题、解决问题的能力，具备灵活的人际关系处理能力，以高度敬业的精神和符合要求的专业素养在实践中发展富有弹性和具有文化适宜性的服务策略。在实务中，笔者感到自己充满兴趣与活力，乐于也很善于与老年人建立关系，参与他们的活动，倾听他们的声音，和老人们打成一片，得到他们的信任，因此能够有力地推动他们在老年文化服务与活动中的参与。总体而言，在老年文化服务场景中，笔者是一个具有亲和力，善于建立信任关系并且具有较强行动力的服务者。

作为督导者，笔者与项目团队成员同行，共同厘清行动研究的目标，讨论达成目标的方法策略，践行老年文化服务方案，对话与合作贯穿整个行动研究过程。此时笔者并非传统意义上的"老师"，实习学生也并非等待老师灌输知识的"学生"。直面真实的服务情境和现实的问题与需求将实习学生的智慧和求知欲激发出来。在向老年人、社区干部和机构工作人员学习及与他们同行的过程中，推动老年人参与服务和激发社区潜能的好办法时常由实习学生们提出。

作为倡导者，笔者需要与合作方——社区干部、社区居家养老服务中心工作人员及街道办事处领导在行动中建立伙伴关系，在转型社区老年人的精神文化需求满足中寻找双方共同的关注点和合作空间。"社工必然要培养在多层次的社会系统中灵活穿梭的能力，以应对变动的关系与事件"（龚尤倩，2017）。在老年文化服务行动过程中，多方的角色厘定与关系构建是一个微妙而又重要的问题，对此笔者能够进行妥当的处理。

（二）行动研究者的角色困境

然而作为研究者，笔者在老年文化服务实践中的执行力却不见了踪影。2018 年至 2020 年，研究总是徘徊不前，成果一直处于"难产"状态，原因不一而足。

首先，反思意识与能力的不足使研究难以达到预期的深度。行动研究强调研究者的反思和批判，这一取向让笔者意识到一直以来自己就是一个不习惯、不善于进行反思和开展批判的人。"尽力而为，顺其自然"的人生信念使自己乐于接纳理所当然的生活，习惯遵循既有规则。如果遭遇阻碍或困难，笔者首先会想办法克服和应对；但如果阻碍和困难超出自己的能力所及，笔者的思维惯式是接纳现实的不尽如人意、接纳自己的局限，不再强行干预和改变。这样的应对策略固然能够让笔者进行有效的自我调适，避免因为人际冲突或心理冲突而造成伤害，却也反映出笔者更关注策略建构与问题解决等实践层面的问题，而较少在思想层面进行深层次的自我反思。这样的思维惯式其实与自己不愿意或者说不知道如何对既有规则、制度和理论进行批判，习惯于将理论与实践之间的距离正常化有关系。随着对社会工作知识体系与相关理论的熟悉，加之具有一定的社会服务经验，笔者总是要求自己努力将所学专业理论在社会服务中付诸实践，尝试在行动中弥合理论与实践之间的鸿沟，甚至进入一种程式化的状态，却对那些高深的社会科学理论在现实世界中的解释乏力之处和对书本知识指导社会服务实践时存在的局限缺少主动、深入的思考。这样的思维惯式自然难以产出具有思想深度的研究成果。

其次，担心研究缺乏深度阻碍成果的完成。在转型社区推动助力应对城市化挑战的老年文化服务是笔者第一次运用行动研究方式开展服务和进行研究。在实务介入过程中，项目团队能够密切配合，与老年人同行，通过行动与反思的循环较好地推进服务。可是在呈现行动研究成果时，笔者却感到内心充满忐忑。担心自己不知如何反思，担心反思缺乏深度，担心批判性思维能力不足制约行动研究目标的达成。对研究能力的不自信让笔者犹豫、纠结，止步不前。仔细想想，迟迟无法拿出成型的作品，最根本的原因是追求完美的执念以及对自己不够坦诚。研究成果的语言表达总是令笔者感到忧心忡忡和无比沮丧。阅读专业文献后再看看自己的研究成果，便会觉得自己的语言表达与学术话语体系之间仿佛总是隔着一道鸿沟。这种距离感让笔者感到自己写出的作品难登学术大雅之堂，心中充满畏惧情绪。

写下这段话的时候还在问自己：如此口语化的表达，似乎与学术研究、专业规范不搭调的内容，可以成为行动研究成果的一部分吗？可是在一遍又一遍研读行动研究的已有著述后，又感觉如果不写这些内容，或许就不是行动研究了。这是一个充满风险的时代，"怀疑好像正在成为一种日常、普遍的时代心理，对人对事的期待不敢过高，机会都很脆弱，又充满风险，希望经常以各种理由落空，更经常在落空之前自己先放弃"，吴琦（2020：1）在《把自己作为方法——与项飙谈话》一书前言中的内心低语引起笔者的强烈共鸣。在写作的过程中，情绪时而兴奋时而悲观，时而感到这个研究有其特殊价值，时而又觉得这是个四不像的东西，"上不了厅堂"，不会得到认可，更改变不了什么。

脑海里换了无数种理由说服自己，犹豫再三，最终还是把泛滥的情绪安顿下来，直面已经付出的心力及存在的局限，根据自己对行动研究的理解写出内心的真实想法，坦承忧虑。相信开展行动研究会是一个让笔者更加全面地认识自己、不断完善自己的路径。随着行动研究的开展，笔者学着去反思：反思理论、反思行动、反思自己。就像婴儿学步，既有对不可知的前方的忐忑，也有掌控自己的思想、贴近自己内心的喜悦。希望以此作为媒介得到同行的批评和指正，让笔者在行动中领悟，在研究中成长。即便反思不到位、批判很浅显，如果能够迈出坦承自己内心的期待与恐惧的第一步，相信此次行动研究也有其特殊意义。

（三）关于研究伦理的困惑

实验法告诉笔者，为了证明介入效果和基于干预实践开展研究从而丰富学科知识体系，在每一次介入前应该进行前测，服务完成后进行后测。然而进入真实的老年文化服务情境中，这一规范总让笔者感到为难和尴尬。首先，受教育程度较低、长期务农的老年人不太习惯如此烦琐的测量、评估。他们开心地来参加活动，当活动结束时也希望能够尽快返回家中做家务或照顾孙辈。如果每次服务或活动前后都进行测量与评估，则会让老人们感到耽误时间，有些等不及。其次，如果针对每一项服务和活动都进行前测和后测就会占用很多服务时间，服务程序也因此变得烦琐，笔者不免怀疑自己：以这种方式开展服务，究竟是为了完成自己的研究，还是为了增进老年人的福祉？从社会工作专业伦理来看，这样的做法合适吗？是不是从服务对象的利益最大化出发而做出的选择和采取的行动？

第七章

转型社区老年文化服务供给机制构想

转型社区老年文化服务行动研究的项目实践展示了社会工作介入文化服务进而助力老年人应对城市化挑战的基本经验。行动研究的实践成效显示,应对城市化挑战是老年人在社区转型过程中的持续性需求,为提高老年人的生活质量和增进老年人福祉,有必要在转型社区构建老年文化服务供给机制。

一、老年文化服务供给目标

目前,我国尚未针对老年人群体确定专门的文化服务目标,关于为什么协助老年人享用文化成果、参与文化活动、接受教育、参与文化传承与创造的问题,缺乏系统性研究。很多供给者和参与者对老年文化服务供给目标的认识还停留在表层,简单地理解为"组织活动"。转型社区的老年文化服务供给应以赋权、增能和丰富精神文化生活为目标。

（一）赋权

赋权意味着保障老年人的文化权利,激发老年人的主观能动性。老年文化服务的赋权目标应包含国家、社会、社区三个层面的含义。政治层面要求依靠国家的力量尊重、保障老年人的文化权利,包括享受文化成果的权利、参与文化活动的权利、开展文化创新的权利,以及对进行文化艺术创造所产生的精神上和物质上的利益享受保护权。在社会层面,老年文化服务的赋权目标要求市场和社会等外在力量合力推动老年人社会地位的提高。在社区层面,老年文化服务赋权目标的实现要求赋予老年人在老年文化服务与活动中参与决策以及自我组织、自我服务、自我管理的权利。

（二）增能

增能是针对老年人身心功能下降、物质资源不足、社会资本匮乏、对文化变迁适应不良而确定的目标,强调提高老年人的自我发展能力,进而增强自我效能感和自我价值感。范斌（2004）提出,对于弱势群体有"个体主动增能模式"和"外力推动增能模式"两种基本模式。从增能主体来看,文化服务中老年人的增能既有国家、社会、社区对老年人的外力助推增能，也包括老年人的个体主动增能。老年人在文化服务中的自我增能主要是根据他们自身所处的环境主动做出选择、调整和改变，挖掘自身潜力，发挥主观能动性，从而实现自我发展。

（三）丰富精神文化生活

老年文化服务的终极目标是通过丰富精神文化生活、满足精神文化需求进而提高老年人的生活质量。赋权、增能和丰富精神文化生活三个老年文化服务供给的目标是依次递进的关系。首先，赋权使老年人享受文化权利和参与文化服务供给获得合法性，增强信心，这是老年文化服务发展的驱动力。但仅仅强调赋权，一味要求老年人参与决策及自我管理而不考虑老年人自身的能力限制与外部的保障不足，则老年文化服务难以扎根社区和持续发展。因此赋权也需要能量的保障，增能是老年文化服务供给的第二个目标。增能使老年文化服务的主体——老年人自身的潜能和优势得到发掘与释放，自我发展能力得到增强，同时，通过社区服务体系的完善从外部获得足够的资源支持和制度保障，方能具有足够的能量来行使文化权利、履行社会责任。当赋权和增能两个目标得以实现，则"丰富精神文化生活"这个老年文化服务供给的终极目标才能在多中心治理的框架中自下而上地得以实现，老年人的生活质量才能因为高层次需求的满足而切实得到提高。

二、老年文化服务供给策略

基于转型社区老年人的共性需求与社区资源，扎根文化、调适观念、提升能力和构建支持网络是老年文化服务供给的四个重要策略。

（一）扎根文化

扎根文化意味着转型社区老年文化服务供给应具有文化适宜性并且能够充分发掘和运用文化资源。计划经济时期的影响使我国公共文化服务供给的决策权集中在政府文化主管部门，精英文化的传统价值观主导使得公共文化服务的供给存在"信息不对称"，与老年人的精神文化需求之间存在较大差距。具有文化适宜性的老年文化服务不仅关注老年人的总体状况，还关注其内部构成，特别是低龄、中龄和高龄老年人所占比例，以及各年龄段老年人群体的不同身心状况与社会功能特点，有针对性地提供文化服务。扎根文化的老年文化服务还意味着能够从资源的角度认识文化的内涵与价值。资源是社会服务机构生存与发展的基础、开展服务的工具和履行使命的依托,民族文化资源在整合民间资源、贴近服务需求、增加服务亲和力、满足情感归属需求、增强自我价值感、丰富精神文化生活和增强社区凝聚力等方面对于老年福利的增进都具有积极作用。目前无论在学术界还是实务界,对文化资源的福利功能均未给予重视,这使得文化的资源优势无法在老年人服务中得到切实发挥。在国家对老年文化服务供给不足的情况下,积极发掘和充分运用社区文化资源是满足社区需求、促进社区良性发展的有效途径,也是扎根文化的体现。

(二)调适观念

协助老年人调适不合理、适应不良的观念是转型社区老年文化服务的重要供给策略。

S 社区部分老年人每天早晨风雨无阻地参加药酒推销商举办的持续两小时的健康讲座,每天上午 8 点至 9 点准时到社区里的 BQ 路上踊跃排队接受理疗,这些现象都说明他们在健康促进方面的需求巨大。"促进健康和预防疾病要比得病或残疾后再提供健康护理更有效而花费更少。如果老年人保持健康,他们就会更少地需要昂贵的干预,生理、心理、社会功能更好,而且有更高的生活满意度和更高的生活质量感。"(威廉·J. 霍耶等,2008:190)。科学研究证实,健康生活方式的保持——不吸烟、饮酒适量、减少高胆固醇食物的摄入、定期锻炼、消除紧张的环境刺激等可以延长生活自理期和健康寿命。相关研究还提示,妇女卫生保健知识的拥有程度直接影响一家人的健康水平(杨萍等,2013)。也就是说,掌握医疗保健知识、保持健康生活方式对老年人个体的健康状况具有促进作用。为实现这一目标,增强自我保护和自我照护意识,培养正确的健康观念必须先行。因此探索成本低、成效好,能够融入在地文化样式的健康教育模式,从而更有效地应对城市化对老年人固有知识与观念的挑战是转型社区老年文化服务的重要供给策略。

(三)提升能力

能力的提升一方面使老年人能够更好地应对城市化带来的技能挑战,另一方面可为精神层面的挑战应对奠定基础。

一是提升老年人应对城市化带来的技能挑战的能力。城市化的推进使传统文化向现代文化学习、乡村生活方式向都市生活方式转变成为发展趋势。当代科技与信息的发展使服务行业的工作更加高效,人们的生活更为便利,但是受教育水平与身心适应能力的限制令老年人难以将现代科技与信息转化为增强生活便利、提高生活质量的积极资源，反而在通信工具与家用电器使用、公共服务获取等方面面临更多新的阻碍。技术进步和社会现代化固然可以是人们追求的目标，但它们最终只属于工具性范畴，是为人的发展、人的福利服务的。因此协助转型社区老年人应对"现代化困局"的技术挑战，实现以现代科技的发展增进老年人福祉是老年文化服务的重要任务之一。教授老年人使用手机、电脑、便携式播放器、家用电器等电子产品和生活用具，协助老年人处理医疗、通信、银行、交通、文化娱乐、购物等服务场域的电子业务，提高老年人适应现代生活的能力是缩小"数字鸿沟"，增强社会服务的可及性，最终协助老年人应对城市化技能挑战的重要策略。

二是协助老年人增强自我效能感和自我价值感。一方面，应避免"弱势""唠叨""什么也不懂""什么也做不了"等负面标签对老年人群体的影响，以优势视角为理念指导，推动老年人在文化服务与活动中的参与和主体性发挥，增强老年人的自我效能感和自我价值感。另一方面，应引导和鼓励老年人建立自组织和互助团体，通过集体意识的觉醒与共同努力，减少疏离、孤立与无权感。加强对老年人自组织的经费支持与服务督导，扩展和深化老年人的互惠互助应该成为老年文化服务发展的重要抓手。在这方面，新西兰毛利人推动的"能力建构"方案可以提供理念借鉴。该方案"以毛利人的部落或组织为对象，运用经费支持诱因，引导毛利人组织或毛利人社区来规划为族人服务的方案，并且在持续的支持与督导条件下去实行，达到毛利人为毛利人服务的实效"（李明政，2003：216-217）。

（四）构建支持网络

社区是一个民众守望相助的平台，推动转型社区老年文化服务的发展仅靠老年人群体的参与远远不够，构建支持网络是转型社区老年文化服务发展的环境营造策略。发掘、巩固社区互惠习俗，增强同辈支持，加强老年人自组织能力建设，促进代际沟通共融与文化反哺都是老年文化服务中构建支持网络的可行举措。

俗话说"远亲不如近邻"，在社区里老年人从邻居和同辈群体均可获得实质性的帮助以及情感方面的支持，这使他们每天都可以生活在自己熟悉并且具有支持性的环境中。所以除了继续鼓励家人对老年人给予支持和照顾，也需要发掘、巩固社区互惠习俗，营造具有较高支持性的社区文化氛围。招募社区居民成为志愿者入户探访和陪伴高龄、失能、独居老人的志愿服务就是延续社区互惠习俗精髓，培育社区互惠机制的重要策略。老年文化服务的受益者不能仅仅局限于社区中的活跃、健康老人，行动不便的高龄、失能、独居老人同样存在精神文化需求。定期入户探访，提供陪伴交流、情感支持和力所能及的生活协助有助于排解他们的孤独感，强化社会支持网络，改善弱势老年人的精神文化生活。

同辈支持是指通过平等的个体给予的帮助支持和鼓励（Dennis C L, 2003），是非正式的社会支持的重要组成部分。田野经验表明，由于老年人对晚年生活的掌控日渐弱化，因此来自同辈群体的友谊、支持与亲密感对他们而言格外重要。在面临物质、人际、心理等方面的问题或困难时，斋奶会、老年文艺团队、小伴群体等既是 S 社区老年人的物质支持载体，更发挥着重要的情感支持功能，有助于增加老年人克服困难的资源，增强应对压力的能力。因此，增强同辈支持是应对制度层面的城市化挑战的重要策略，转型社区的"小伴文化"需要得到巩固，老年人群体的自组织能力应该得到增强。

代际互助与"文化反哺"也是在老年文化服务中构建老年人社会支持网络的重要策略。在转型社区，代际间的互相依赖与互惠互助可以通过家庭内部的代际互助、年轻人的文化反哺与老年人的代际学习加以实现。代际间的相互关心与支持能够提高老年人与家庭的整合度，在一定程度上缓解城市化带来的负面影响。倡导家庭内部的代际互助，推动年轻人进行"文化反哺"对于解决老年人面临的"现代化困局"和"精神空巢"问题，提升其晚年生活质量均具有极为重要的意义。老年文化服务应推动年轻人进行文化反哺，帮助老年人消除智能时代的数字障碍，应对现代社会的技能挑战，让老年人可以和年轻人一样享受生活便利。

三、老年文化服务供给模式

转型社区老年文化服务的供给模式应该包括系统的需求评估与跟踪机制、多元的供给主体和多层次的服务内容。在转型社区公共文化服务体系建设的各个环节、各个领域，需要在原有基础上加载老年人这一群体的特殊需求、服务特点以及具有针对性的保障。

（一）系统的需求评估与跟踪机制

提高面向老年人的文化服务能力，让老年人获得具有适宜性的文化服务，首先需要设置需求评估机制，以实地调查等方式了解、掌握老年人精神文化需求的独特性，从而有针对性地提供老年文化服务。老年文化服务与活动的内容应根据老年人的需求不断调整，从中找到老年人喜闻乐见、参与度高的活动，切实有效满足老年人的精神文化需求。

（二）政府主导多元参与供给格局

供给主体方面，依据多中心治理理论，应强化政府主体责任，培育社会组织，运用市场机制，构建"政府主导、社会组织承接、市场参与"的多元老年文化服务供给机制。

老年文化服务属于准公共文化服务的范畴，是政府公共文化服务的构成部分，理应成为各级政府的工作内容。但是多年来面向老年人的公共文化服务扮演的一直是"拾遗补缺"的角色，未能列入各级地方政府的事业发展规划，缺乏必要的经费投入机制和人才队伍保障，未形成系统的老年文化服务供给体系，行政管理责任分散甚至没有明确的主管部门，管理机制不顺。老年文化服务的第一责任人——政府需要寻求与社会组织、市场的合作供给和协同治理。在老年文化服务的供给中，政府应扮演合作发起者、掌舵者、支持者、推动者和监督者角色，而非老年文化服务的直接供给者。

社区居家养老服务中心等社会服务机构应安排社会工作者或文化工作者承担相应的老年文化服务工作，并打造社区老年人之家，面向整个社区开放，通过动员、参与和组织的过程，构建社区老年人自我组织、自我服务、自我管理的自助互助平台。政府相关部门、社区自治组织以及社会服务机构应在登记备案、资金支持、技术和场地保障等方面对老年人自组织给予扶持和帮助，同时加强管理和监督，提高其内部的制度化和规范化水平，为老年人有序参与文化服务供给提供更多渠道。

经营主体也可以成为老年文化服务的承接主体之一，如民间文艺团体开展商业演出、民办培训机构开展老年教育、心理咨询服务机构提供心理健康促进服务等，在老年文化服务供给中发挥补充作用。市场在老年文化服务供给中的特性在于通过供求机制来满足老年人的精神文化需求，政府可以通过税收减免或直接补贴老年人的途径协助他们以支付市场价格的方式实现文化产品和服务的消费，即"创造"一个老年文化服务市场。因此，政府花钱，通过购买经营主体的文化产品与服务，再提供给有需要的老年人是市场供给老年文化服务的可行模式。转型社区老年人的文化教育、心理调适、行为辅导等精神文化需求均可通过市场机制获得满足。

以政府为责任主体，以社区自治组织为实施主导，以社区为实施平台，协同社会组织、市场主体参与，是老年文化服务均等、普惠、持续推进的制度化设计与安排。政府部门可以吸引社会组织、市场主体参与运营社区居家养老服务中心，立足辖区老年人实际，推动其将老年文化服务融入社区居家养老服务。

（三）多层次服务内容

经济发展、生活水平提高和城市化进程的加速使转型社区老年人的需求愈发多元。他们不仅需要经济保障，还需要满足生理、心理、社会、精神多层次需求的社会服务。转型社区老年文化服务的核心内容应该是以文化服务促进"老有所养、老有所医、老有所为、老有所学、老有所乐"五个目标的实现。促进"老有所养"的文化服务即运用传统养老模式、社区互惠习俗以及非正式支持网络等传统文化优势，因地制宜，更有效地解决老年人的养老问题。促进"老有所医"的文化服务，一方面意味着挖掘优秀传统文化理念、策略和疗愈方法促进老年人的身心健康；另一方面意味着通过开展培训、一对一指导或直接提供针对性服务的方式协助老年人跨越智能时代的"数字鸿沟"，增加医疗服务的可及性，不让陌生的二维码、怎么招手都不停的网约车等成为老年人获取医疗服务的障碍。促进"老有所为"的文化服务就是让老年人在传统文化传承与创造中发挥积极作用，以及运用传统文化要素为老年人参与社会发展构建平台、提供机会，促进老年人的自我实现。促进"老有所学"的文化服务即开展老年教育，协助老年人改善身心健康、丰富精神文化生活、探索人生意义、促进自我接纳、推动自我超越。促进"老有所乐"的文化服务即根据社区内不同类型老年人群体的生理、心理、社会功能特点，定期设计和开展丰富多彩、形式多样的老年文化、娱乐、体育活动，通过文化成果享用、开展文化娱乐活动等方式丰富老年人的精神文化生活，愉悦身心；同时打造老年人能够参与，具有便利性，可以聚集人气、凝聚人心的公共空间，培养老年人进入公共空间开展活动的习惯。例如，定期组织喜爱歌舞的老年人聚在一起尽情唱歌和跳舞；让不擅长但喜爱观看歌舞表演的老年人有机会在社区里免费观赏文艺节目；节假日组织老年人外出踏青或旅游，丰富他们的精神世界；开展针对老年人的健身项目或"趣味运动会"等竞赛项目，推动老年人在体育锻炼中的参与。形式多样的文化娱乐活动一方面可以丰富老年人的精神文化生活，另一方面也为社区公共空间的打造提供了契机。

四、老年文化服务供给的保障机制

转型社区的老年文化服务供给尚处于探索阶段，同时面临政策支持力度不够、人才缺乏、资源投入不足等问题，服务的覆盖面和品质都难以得到保证。推动老年文化服务的长足发展，需要针对转型社区的特点，构建完善的老年文化服务保障机制，包括有力的政策保障、合理的人才保障、充足的资源保障和有效的品质保障。

（一）政策保障

目前我国关于老年文化服务的政策缺乏系统性，相关政策散见于各部门的规章制度中，没有形成统一的文件，而且在内容上存在局限性，覆盖面较小。一方面，关于如何满足老年人的发展性需求和价值性需求，缺乏具有实质性突破的政策文件。例如在《中华人民共和国老年人权益保障法》中，关于老年人精神赡养义务的规定缺乏可操作性。另一方面，关于如何开展公共文化服务以保障老年人的基本文化权利，目前也缺乏系统规划。政府需要加强基层调研，根据城市社区、转型社区和乡村社区三种不同类型社区的实际情况制定有针对性的老年文化服务发展政策；相关部门应在各自职责范围内为老年文化服务发展提供政策支持。民政部门有必要在文化服务促进老有所养方面完善相关政策，卫健部门有必要在文化服务促进老有所医方面完善相关政策，文化部门则需要在文化服务促进老有所为、老有所学、老有所乐方面完善相关政策。

（二）人才保障

助力应对城市化挑战的老年文化服务行动研究成果显示，社会工作作为一种专业的助人活动和一个助人的专业，具有自身的服务理念和多样的工作方法，擅长整合资源，在提供老年文化服务方面具有独特优势。引入和转化社会工作专业人才，增强老年文化服务项目的开发与实施能力，提高老年服务机构的服务能力与管理水平是为老年文化服务提供人才保障的可行路径。转型社区可以从三个方面促进社会工作专业人才的引入及转化。第一，通过政府购买服务等方式在社区居家养老服务中心引入社工机构，基于本地需求与优势资源开展服务。第二，邀请高校教师和相关领域实务专家为社区干部及社区居家养老服务中心工作人员开展社会工作专业知识培训。在我国，目前大多数从事社区居家养老服务的人员可能具有丰富的服务经验，但缺乏足够的专业知识储备，所以通过社会工作价值观、专业理论和方法技巧的学习，可以增强其开展老年文化服务的能力。第三，安排老年文化服务工作者参加养老论坛、养老行业交流会、人才交流项目等，引导他们拓宽视野，了解行业发展，学习同行经验，交流自身实践心得，掌握更多有效的方法。

（三）资源保障

目前转型社区老年文化服务的多元供给机制尚未形成，经费主要来源于政府拨款且"杯水车薪"，企业和社会组织的作用未能有效发挥，老年文化服务的资源保障机制有待健全。在各级政府逐年加大文化资金转移支付的过程中，有必要健全基层政府对老年文化服务经费投入的保障机制。区级政府在编制公共文化服务预算时，应充分考虑辖区老年人的精神文化需要，将老年文化服务日常经费纳入该区公共文化服务总体经费中，统筹考虑、合理规划；街道作为区级政府的派出机构，则需要在社区内修建公共文化服务设施，制定公共文化设施管理办法，加强软件建设，推动设施的免费开放和充分利用，提高公共文化服务的可及性。社区自治组织、社会服务机构应积极拓展外部合作，获取外部资源，包括争取政府部门的政策支持与资源投入，寻求基金会、企业的资源支持，多渠道寻求与其他社会服务机构、医院、学校的合作交流以获取更多的社会资源。

当然，单纯依靠外来机构提供服务无法保证转型社区老年文化服务的可持续发展，只有通过社区治理和服务能力提升进行社区资产的全方位建设、发掘、联结、运作，才能让老年文化服务发展在社区获得内部动力。社区积聚着各种物质资源、文化资源和人才资源，有着丰富的社会资本，但是一直以来这些资源未得到应有的重视，利用率不高。一方面，社区可以通过新建、扩建、租用等多种方法加强对老年文化娱乐基础设施的建设，充分开发社区原有的公共空间等资源，确保基础设施和配套设施都能为老年人所用，避免闲置。另一方面，社区应提高资源发掘意识，善用社区文化资源。文化资源是社区文化的集合，具体包括：积极价值观、宗教信仰、民风民俗、传统节日、建筑文化、饮食文化、歌舞文化、传统技艺等。对社区内文化资源的发掘与运用可以促成传统文化回顾、体验、传承等活动，引导老年人老有所为、老有所乐；以传统文体娱乐活动形式为媒介可以培育老年人自组织；以文化教育与传统技艺传承为载体可以丰富老年人的精神文化生活，协助老年人自我实现、自我超越。

（四）品质保障

转型社区老年文化服务的品质保障有赖于普遍信任的价值重建和质量保障体系的构建。

首先，城市化进程中老年文化服务的品质保障要求老年人转变信任方式，从传统礼俗社会的亲人之间、熟人之间的特殊信任转变为现代法理社会的普遍信任尤其是对陌生人的信任，重建价值。只有如此，老年文化服务才能在转型社区落地生根并发挥作用，老年人方能切实得到社会力量的支持和帮助，从而更加有效地应对城市化挑战。

其次，老年文化服务的品质需要通过建立质量保证体系得到保障。老年文化服务的质量保证体系包括：第一，以老年文化服务供给为核心，建立质量管理组织机构；第二，社区自治组织和社会服务机构规范老年文化服务供给流程，完善评估体系，强化管理制度；第三，政府相关部门建立质量评价监督机制和激励机制；第四，社会工作专业、公共文化服务与管理专业高校教师通过实践教学和行动研究等方式给予指导和协助，带动老年文化服务工作者在行动中学习专业知识，提高服务能力。

结　语

一、研究结论

本研究探讨以"资产为本"社区发展模式为指导开展老年文化服务的路径与策略，回答如何通过文化服务的开展助力"村改居"社区老年人应对城市化挑战，让他们在生活上不孤立、情感上不孤独、社会地位上不边缘化、精神上不失落，从而在城市化变迁中保持良好的晚年生活质量。

在助力应对城市化挑战的老年文化服务行动研究中，由社会工作教师、实习学生、社区居委会、社区居家养老服务中心和街道办事处组成的项目团队对实践过程不断总结和反思，检视过程目标达成情况，同时反思"资产为本"社区发展模式的运用与适宜性，以"行动—反思—再行动"的思路不断改进服务方案、改善服务效果。随着服务的进行，社工师生动于撰写发生在老年文化服务实践中的案例故事，在社区田野中求变致知。如此循环往复，以期实现行动与研究的互为促进，最终以实践为基础达成对理论适用性的反思与调整，提炼出"扎根文化""观念调适""能力提升"和"支持网络构建"四个老年文化服务的供给策略，并从"系统的需求评估与跟踪机制""政府主导多元参与供给格局"和"多层次服务内容"三个维度构建符合老年人需求并且具有文化适宜性的转型社区老年文化服务供给模式，以中国本土经验的阐释推动老年文化服务研究向深层次发展，丰富老年福利学知识。最后对这套实务模式进行反思和修正，以期在下一阶段的实践中获得更好的效果。

在本研究中，通过多种渠道整合社区文化资源，提供老年文化服务，培育老年文化服务人才，探索转型社区老年文化服务的发展路径与策略，助力老年人应对城市化挑战的目标基本达成，无论是对于老年人精神文化需求的满足，社区文化建设的推进，抑或是社区居家服务的发展都产生了积极影响。本研究有助于拓宽视野、厘清思路，是丰富老年文化服务知识体系的有益尝试。

二、研究局限

S社区老年文化服务行动研究存在两方面局限，一是老年文化服务的传播手段有待创新，二是老年文化服务效果的量化评估应进一步规范。

本研究以"资产为本"社区发展理念为指导在转型社区开展老年文化服务，同时融入社会工作专业价值观、理论知识与方法技术，推动了老年文化服务的理念创新、内涵的丰富和形式的拓展。但是行动研究成果要对现实社会和实际工作产生积极影响不仅仅取决于理念、内容和形式是否具有独特性，还取决于传播能力的强弱。项目团队仅仅通过创办微信公众号开展老年文化服务的介绍和宣传，受众面小。在当今全球化的大背景下，数字化、信息化、网络化传播趋势愈演愈烈，应该充分利用手机、网络电视、数字出版、动漫游戏等高新技术和新兴媒体，使老年文化服务更具吸引力和影响力，从而更加有效地发挥服务推广与政策倡导的作用。传播手段创新对于增加老年文化服务的魅力，获得老年人及社区民众的认同，推动多元主体在老年文化服务供给中的参与，促进老年文化服务有效模式的推广均具有重要意义。

由于物质资产以外的各项社区资产难以量化，加之转型社区老年人受教育程度较低，不习惯一次次填写问卷或重复受访，为了不影响老年人参加文化服务与活动的积极性和愉悦情绪，本研究未能针对每一项服务和每一次活动都开展规范、严格的前测和后测，难以对所有服务与活动的效果都进行全面、精准的量化分析，只能通过老年人、社区居民、社区居家养老服务中心工作人员和社区干部关于感觉、观念、行为改变情况的反馈来对老年文化服务效果进行评估和呈现。缺少具体的评估指标与数据信息制约了老年文化服务效果的量化评价。

三、研究展望

S社区的老年文化服务发展尚处于起步阶段，本研究把"资产为本"社区发展模式运用于老年文化服务供给只是一次探索和尝试。在行动研究过程中，对文化资源和社区资产的发掘也只是冰山一角，希望将来的研究能够发掘更多的可用内容，在老年文化服务中充分发挥文化资源与社区资产的优势与功能。此外，城市化变迁中文化的转型以及由此带来的观念转变、生活方式调整让老年人的晚年生活质量面临挑战。应对挑战、适应城市化转型既要求老年人自身做出积极回应，也需要一个支持性的环境。老年服务工作者有义务自己理解并且协助老年人理解城市化进程中的晚年生活挑战，同时"让一种地方性的知识像鲜花盛开一样，真正使得民间的智慧可以任情地表达和自我重生"（赵旭东，2014），从中发现应对城市化挑战的有效路径与策略。本研究构建的老年文化服务供给路径与策略模式，也仅仅是众多选项中的一种，还有诸多模式有待在今后的服务实践中加以探索。总之，如何发掘社区文化资源、完善转型社区的文化服务以助力老年人应对城市化挑战是一个艰巨的问题，需要我们在实践中不断总结、反思，然后不断突破重重实践的考验才能得出答案。

附录一

城市化转型中老年人面临的挑战访谈提纲

访谈人：_____   访谈日期：_____   编号：_____

尊敬的受访人：

您好！

我们是云南大学的教师和学生。为了解"村改居"社区老年人在城市化进程中面临的挑战，为此后开展老年人服务、提高老年人的晚年生活质量提供借鉴，想对您进行访谈，恳请您给予支持。回答没有对错之分，请您按照实际情况把真实想法告诉我们即可。所获资料仅供研究使用，对您的个人信息，我们会严格保密，请放心回答。谢谢！

一、个人基本情况

姓名：   性别：   年龄：   健康状况：
民族：   婚姻状况：   居住方式：   受教育程度：

二、技能层面的城市化挑战

1. 基本生活自理能力（ADL）与应用社会设施的生活自理能力（IADL）评估：

项目 （7天内IADL的表现，3天内ADL的表现）	不费力	有些困难	做不了
基本生活自理能力（ADL） 进食（吃饭）			
床上翻身、转动			
身体坐姿、位置移动			
行走			
上下楼梯			
穿脱上、下身衣服			

续表

项　目 (7天内 IADL 的表现，3天内 ADL 的表现)		不费力	有些困难	做不了
基本生活自理能力（ADL）	如厕（包括如何使用厕所等）			
	上下床			
	个人卫生护理（如洗脸、刷牙等，不包括洗澡）			
	洗澡			
	耐力			
	外出			
	体力活动			
应用社会设施的生活自理能力（IADL）	处理普通家务（如扫地等）			
	日常购物（食物及家庭用品）			
	膳食准备（做饭）			
	洗衣			
	提起20斤重物			
	管理财务			
	财务管理（平衡账目及日常开支）			
	药物管理（按时、定量服药等）			
	使用电话			
	使用交通工具			
	使用家用电器			
	办理银行、通信业务			

2. "村改居"以后，在生计方式转换方面，您觉得是否有困难？如果有，是什么困难？

3. "村改居"以后，在生活方式转换方面，您觉得是否有困难？如果有，是什么困难？

4. 您有没有被骗或差点被骗的经历？如果有，具体是什么？

5. 您在看病买药方面有没有遇到过问题？如果遇到过，具体是什么？

三、制度层面的城市化挑战

1. "村改居"以后您的居住方式有什么变化？
2. "村改居"以后家人、邻里、小伴间的经济互助、生活照料和情感支持有没有变化？如果有，变化是什么？
3. 目前在人际关系（亲子关系、祖孙关系、小伴关系、邻里关系等）方面，有没有让您觉得头疼的问题？如果有，具体是什么？
4. 您觉得影响亲子关系最主要的因素是什么？
5. 您希望参加哪些社会活动？有没有可能实现？如果不能，阻碍是什么？
6. 您觉得自己在家庭中的地位如何？
7. 您是否能够参与家庭的决策？为什么？
8. 如果本村老人受到不好的对待，是否有人管？

四、精神层面的城市化挑战

1. 在知识观念方面，您有没有不适应的情况？如果有，具体是什么？
2. 您认为老年人是否应当受到尊重？怎样才算是受到尊重？
3. 您觉得自己有没有得到尊重？为什么？
4. 您会不会感到寂寞？
5. 心情不好时您会跟谁说？
6. 闲暇时间您喜欢做什么？
7. 让您感到最自豪的事情是什么？
8. 您有哪些爱好和专长？
9. 您是否愿意参加社区组织的文化娱乐活动？为什么？
10. 您对自己的晚年生活有什么期望？
11. 您对晚年生活的期望能不能实现，为什么？

附录二

S 社区老年文化服务状况与需求调查问卷

访问员：＿＿＿＿＿＿＿

尊敬的受访人：

您好！为了解 S 社区的老年文化服务状况和老年人对文化服务的需求，有针对性地提高老年人的精神文化生活质量，我们实施此次"S 社区老年文化服务状况与需求"问卷调查。本次调查所获信息与数据仅用于开展研究和丰富 S 社区老年文化服务内容，提高服务质量，不做其他用途，请您放心回答。衷心感谢您的支持与配合！

云南大学民族学与社会学学院社会工作系
S 社区居家养老服务中心

一、基本信息

1. 性别：①男（ ）　　②女（ ）
2. 年龄：①60—69 岁　②70—79 岁　③80—89 岁　④90 岁及以上
3. 月收入：①1000 元及以下　②1001—2000 元　③2001—3000 元
   　　　　④3001—4000 元　⑤4001—5000 元
   　　　　⑤5001 元及以上
4. 文化程度：
①未接受正规教育　②小学　③初中　④高中及中专　⑤大学（本科、大专）及以上
5. 居住方式（目前与谁共同居住）：
①配偶　②子女　③配偶和子女　④单独居住　⑤其他：＿＿＿＿＿＿
6. 是否患有以下疾病（多选）：
①骨关节疾病　②高血压　③心脑血管疾病　④慢性呼吸系统疾病
⑤糖尿病　⑥高血脂　⑦其他：＿＿＿＿＿＿

二、老年文化服务参与状况

1. 您平时参加文化服务与活动的场所主要有哪些?
①家里　②社区　③居家养老服务中心　④其他:＿＿＿＿＿＿＿
2. 您参与以下活动的频率是怎样的?（请在合适的选项框中打√）

（1）职业活动参与状况

职业活动	①每天	②经常	③有时	④偶尔	⑤从不
有收入的工作					
做农活					
家务劳动					

（2）体育锻炼参与状况

体育锻炼	①每天	②经常	③有时	④偶尔	⑤从不
球类					
游泳					
登山					
跑步					
散步					
跳舞					
太极拳					
其他:＿＿＿＿					

（3）文娱兴趣活动参与状况

文娱兴趣	①每天	②经常	③有时	④偶尔	⑤从不
打麻将					
看花灯					
听滇戏					
听山歌					

续表

文娱兴趣	①每天	②经常	③有时	④偶尔	⑤从不
参加文艺演出					
诵经					
聊天					
看电视					
下象棋					
看书					
其他：＿＿＿＿					

（4）学习活动参与状况

学习活动	①每天	②经常	③有时	④偶尔	⑤从不
自学					
专门学校学习					
电视广播学习					
其他：＿＿＿＿					

（5）公益活动参与状况

公益活动	①每天	②经常	③有时	④偶尔	⑤从不
捐款捐物					
专长知识助人					
公益活动志愿者					
维护社区环境					
其他：＿＿＿＿					

（6）社区工作参与状况

社区工作	①每天	②经常	③有时	④偶尔	⑤从不
居委会评议活动					
协助社区开展工作					

续表

社区工作	①每天	②经常	③有时	④偶尔	⑤从不
政策知识学习宣传或讨论					
社区公共事务决策					
其他：_____					

（7）旅行游玩参与状况

旅行游玩	①每天	②经常	③有时	④偶尔	⑤从不
当日往返的游玩					
时间较长的旅行					
其他：_____					

3. 您觉得参加文化服务与活动对您是否有帮助？如果有，具体是什么？

4. 您觉得参加文化服务与活动对您是否有不利影响？如果有，具体是什么？

三、老年文化服务与活动的参与意愿

1. 今后您是否愿意参加社区或机构组织的老年文化服务与活动？

①愿意，原因是：_____；②不愿意，原因是：_____。

2. 如果社区居家养老服务中心无偿或低偿提供服务或组织活动，以下内容中您需要哪些？（多选）

①健康促进服务　②体育活动　③民间文艺活动（歌舞戏剧等）

④手工制作　⑤电影赏析　⑥俱乐部活动（如兴趣小组等）

⑦代际（亲子、祖孙）互动活动　⑧读书、听书　⑨知识培训

⑩社会服务资源介绍

⑪发挥个人优势帮助他人、参与社会服务等贡献社会的活动

⑫老年服务热线　⑬其他：_____

四、对完善老年文化服务的建议

1. 在满足老年人精神文化需求方面,您还希望社区居家养老服务中心提供哪些服务?

2. 关于今后社区开展老年文化服务与活动,您有什么建议?

附录三

家长告知书

尊敬的家长：

您好！很高兴地通知您，您为孩子申请的S社区"文化传承与身心成长"儿童公益夏令营已经报名成功，现将注意事项告知您。

地点：XZ街道S社区居家养老服务中心

时间：2017年8月7日（周一）— 2017年8月11日（周五）14：00-17：00

注意事项：

1. 请提醒孩子穿着舒适、适合运动的服装参加夏令营。
2. 请提醒孩子携带暑假作业以及当天活动需要自备的物品。
3. 请您交代孩子：在活动期间服从社工的安排，如有不适及时向社工反应。
4. 夏令营活动期间，请您保持手机畅通，并留下紧急联系电话，以防您的孩子有突发状况。
5. 夏令营活动期间，请家长每天准时接送孩子；到夏令营活动现场签到签离，签离后社工不再负责孩子的安全问题。

我已仔细阅读《2017年S社区"文化传承与身心成长"儿童公益夏令营家长告知书》，已完全理解和同意告知书内容，自愿遵守以上内容，并承诺愿意承担相应的责任。

孩子姓名：

监护人（签字）：

监护人联系电话：

年 月 日

附录四

服务满意度评估表

尊敬的服务（活动）参与者：

　　感谢您参加本次_____服务（活动）。这是关于本次服务（活动）的满意度评估表，请您根据自己对本次服务（活动）的体验和感受在各类满意程度中选择一项打"√"。此评估采用不记名方式进行，请您放心填写。感谢您的支持！

年　　月　　日

序号	项　目	非常满意	满意	一般	不满意	非常不满意
1	服务（活动）主题					
2	服务（活动）内容					
3	服务（活动）气氛					
4	服务（活动）时间长短					
5	活动带领者表现					
6	工作人员的态度					
7	您的收获					
8	您的整体感觉					

1. 本次服务（活动），您最喜欢哪个环节？请举例说明。
2. 本次服务（活动），您最不满意的地方是什么？请举例说明。
3. 如果今后有类似的老年文化服务（活动），您还愿意参加吗？
4. 如果今后有类似的老年文化服务（活动），您会带其他同伴参加吗？
5. 关于改进服务（活动），您的建议是：_____。

附录五

项目效果评估访谈提纲

受访人姓名：_____   性别：_____   年龄：_____

1. 您是否参加过我们开展的老年文化服务与活动？如果参加过，请列举您参加过的服务与活动。
2. 您对我们开展的老年文化服务与活动的整体满意度如何？（如果100分为满分，请给我们的服务与活动打分）
3. 您觉得我们开展这些老年文化服务与活动有必要吗？为什么？
4. 您觉得自己参加老年文化服务与活动是否积极？为什么？
5. 我们开展的老年文化服务与活动中，让您印象最深刻的是哪一次？为什么？
6. 有没有抱着期待来参加，却失望地回去的情况？如果有，是哪一次？发生了什么？为什么觉得失望？
7. 我们开展的老年文化服务与活动对您有帮助吗？如果有，帮助是什么？如果没有，原因是什么？
8. 参加老年文化服务与活动后，您有没有学到新知识？如果有，是什么？
9. 参加老年文化服务与活动后，您有没有开阔眼界？如果有，请举例说明。
10. 参加老年文化服务与活动后，您的能力有没有得到增强？如果有，请举例说明。
11. 参加老年文化服务与活动后，您对S社区的文化有没有新的认识？如果有，具体是什么？
12. 参加夏令营后，您和孙辈之间的关系有没有变化？如果有，体现在哪些方面？
13. 参加老年文化服务与活动后，您有没有认识新的朋友？
14. 参加老年文化服务与活动后，您与其他老年人的关系有没有变化？如果有，具体是什么？

16. 现在您通常以什么方式进行体育锻炼？锻炼的频率是怎样的？

锻炼方式＼频率	①每天	②经常	③有时	④偶尔	⑤从不
散步					
登山					
太极拳					
跑步					
跳舞					
球类					
游泳					
其他					

感谢您接受访谈。

祝您身体健康、心情愉快！

附录六

项目实施图片

2016年项目实施团队　　2017年项目实施团队　　　　2018年项目实施团队

社工师生、社区居委会干部、社区居家养老服务中心员工项目沟通协调会

访谈老年文化骨干　　　老年文化骨干焦点小组　　　老手艺人焦点小组

助力应对城市化挑战：转型社区老年文化服务行动研究 >>>

开展社区文化资源调查

老人带领社工师生摘山草准备活动材料 　　团体督导

老年文化骨干参与制作活动海报

SL 传说故事会

<<< 附录六 项目实施图片

白族扎染传统手艺体验

草墩制作回顾与体验

塑料瓶工艺品制作兴趣小组

213

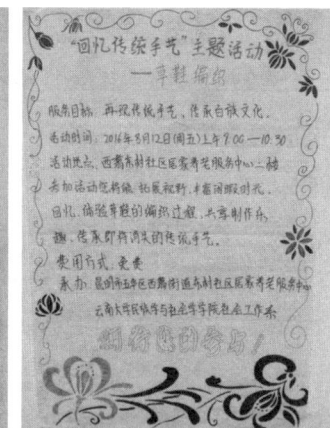

草鞋编织回顾与体验

中国结编织兴趣小组

老年人手机使用技能培训

<<< 附录六 项目实施图片

老年人食疗与保健讲座

老年人手工作品收集

215

老年人手工作品展

2016 年的两个老年文艺队

2018 年整合后的 S 社区老年文艺队

<<< 附录六 项目实施图片

老年文艺队自组织能力建设

老年人防骗教育主题活动　　　　社区青少年志愿者培训

老年人防跌教育主题活动

社会工作专业实习基地挂牌

助力应对城市化挑战：转型社区老年文化服务行动研究　>>>

太极拳学习班

"文化传承与身心成长"社区儿童夏令营

附录六 项目实施图片

老年人健康促进日常服务　　对高龄、失能老人的入户探访与精神文化生活改善服务

S社区老年志愿者在亲子文化体验活动中教授刺绣技艺

十方缘"爱与陪伴一堂课"给老人带来心灵呵护和按摩培训

助力应对城市化挑战：转型社区老年文化服务行动研究　>>>

"隔代沟通加油站"夏令营

参考文献

1. 专著

[1] 陈锦棠. 香港社会服务评估与审核[M]. 北京：北京大学出版社, 2008.

[2] 党俊武, 李晶. 中国老年人生活质量发展报告（2019）[M]. 北京：社会科学文献出版社, 2019.

[3] 李明政. 文化福利权[M]. 台北：松慧有限公司, 2003.

[4] 李艳华. 少数民族转型社区老年文化福利发展研究：以昆明沙朗白族社区为例[M]. 北京：九州出版社, 2018.

[5] 齐传钧. 海外老年教育[M]. 上海：同济大学出版社, 2014.

[6] 童敏. 社会工作实务基础：专业服务技巧的综合与运用[M]. 北京：社会科学文献出版社, 2008.

[7] 巫志南. 社区公共文化服务[M]. 北京：北京师范大学出版社, 2012.

[8] 吴文藻. 吴文藻人类学社会学研究文集[M]. 北京：民族出版社, 1990.

[9] 项飙, 吴琦. 把自己作为方法[M]. 上海：上海文艺出版社, 2020.

[10] 庄锡昌. 多维视野中的文化理论[M]. 杭州：浙江人民出版社, 1987.

[11] 阿马蒂亚·森. 以自由看待发展[M]. 任赜, 于真, 译. 北京：中国人民大学出版社, 2002.

[12] 保罗·霍普. 个人主义时代之共同体重建[M]. 杭州：浙江大学出版社, 2010.

[13] L. A. 怀特. 文化的科学：人和文明的研究[M]. 曹锦清, 译. 杭州：浙江人民出版社, 1988.

[14] 罗伯特·帕特南. 独自打保龄: 美国社区的衰落与复兴 [M]. 刘波, 译. 北京: 北京大学出版社, 2011.

[15] 玛格丽特·米德. 文化与承诺: 一项有关代沟问题的研究 [M]. 周晓虹, 周怡, 译. 石家庄: 河北人民出版社, 1987.

[16] 迈克尔·麦金尼斯. 多中心治理体制与地方公共经济 [M]. 毛寿龙, 译, 上海: 上海三联书店, 2000.

[17] 齐格蒙特·鲍曼. 个体化社会 [M]. 欧阳景根, 译. 上海: 上海三联书店, 2002.

[18] 威廉·J. 霍耶, 保罗·A. 路丁. 成人发展与老龄化 (第五版) [M]. 黄辛隐, 译, 南京: 江苏教育出版社, 2008.

[19] MATSUMOTO D, JUANG L. Culture & Psychology [M]. Wadsworth Publishing, 2012.

[20] KRETZMANN J P, MCKNIGHT J L. Building Communities from the Inside Out: A Path Toward Finding and Mobilizing a Community's Assets [M]. Chicago: ACTA Publications, 1993.

2. 连续出版物中的析出文献

[1] 曹钧. "老漂族" 城市社会适应问题及其对策研究 [J]. 内蒙古农业大学学报 (社会科学版), 2017 (5): 128-132.

[2] 陈波, 侯雪言. 公共文化空间与文化参与: 基于文化场景理论的实证研究 [J]. 湖南社会科学, 2017 (2): 168-174.

[3] 陈长平, 夏国锋. 老年文化权益及其实现: 基于湖北的调查与思考 [J]. 西北农林科技大学学报 (社会科学版), 2013 (2): 137-141.

[4] 陈盛淦. 随迁老人城市适应影响因素的实证研究 [J]. 福建农林大学学报 (哲学社会科学版), 2015 (6): 70-73.

[5] 陈树强. 增权: 社会工作理论与实践的新视角 [J]. 社会学研究, 2003 (5): 70-83.

[6] 杜鹏. 动员型组织的日常化: 农村老年人协会的运作逻辑与演变路径: 基于湖北 W 村老年人协会的个案研究 [J]. 南京农业大学学报 (社会科学版), 2016 (4): 30-43.

[7] 范斌. 弱势群体的增权及其模式选择 [J]. 学术研究, 2004 (12): 73-78.

［8］丁志宏．城市退休老人志愿服务参与现状及影响因素研究［J］．兰州学刊，2012（11）：150-155.

［9］方巍．社会福利视野下的文化养老［J］．东岳论丛，2014（8）：22-25.

［10］范盛．失地老年人城市适应问题研究：以苏州青剑湖花园为例［J］．中国集体经济，2014（7）：90-91.

［11］付敏红．增权视角下的进城老人社会适应问题探析［J］．社会工作，2013（2）：77-82.

［12］高丙中．公共文化的概念及服务体系建设的双元主体问题［J］．广西民族大学学报（哲学社会科学版），2016（6）：74-80.

［13］高圆圆，尤瑜，林莎．贵阳市社区老年人精神文化服务现状、问题与改革路径［J］．中国老年学杂志，2018（8）：1990-1993.

［14］龚尤倩，夏林清．行动研究的社会探究之道：以台湾社工专业实践为例［J］．中国农业大学学报（社会科学版），2017（3）：57-66.

［15］何惠婷．代际关系视角下老漂族的城市适应研究［J］．前沿，2014（9）：157-161.

［16］何星亮．李亦园的文化观与文化理论．广西民族学院学报（哲学社会科学版）［J］．1999（3）：6-13.

［17］贺雪峰．中国农民价值观的变迁及对乡村治理的影响：以辽宁大古村调查为例［J］．学习与探索，2007（5）：12-14.

［18］黄晓燕．城市新移民社会融入的行动研究：以天津市华章里社区为例［J］．晋阳学刊，2011（1）：52-56.

［19］黎文普，龚正伟．"文化养老"视域下社区体育文化养老路径探析［J］．体育学刊，2014（4）：46-49.

［20］李兵园，唐鸣．村民参与公共文化服务供给：角色、空间与路径［J］．社会科学家，2016（5）：39-43.

［21］李东光．丰富老年人精神文化生活是文化大繁荣不可忽视的组成部分［J］．中央民族大学学报（哲学社会科学版），2013（2）：63-68.

［22］李珊．影响移居老年人社会适应因素的研究［J］．中国老年学杂志，2011（12）：2301-2303.

［23］刘继同．人类灵性概念框架范围内容、结构层次与中国本土灵性社会工作服务体系建构［J］．人文杂志，2015（2）：110-115.

[24] 刘庆. "老漂族"的城市社会适应问题研究：社会工作的介入策略 [J]. 西北人口, 2012 (4)：23-26.

[25] 马惠娣, 邓蕊, 成素梅. 中国老龄化社会进程中的休闲问题 [J]. 自然辩证法研究, 2002 (5)：58-62.

[26] 穆光宗. "文化养老"之我见 [J]. 社会科学论坛, 2009 (6)：132-138.

[27] 穆光宗. 论社区文化养老 [J]. 人口与计划生育, 2015 (10)：21-21.

[28] 欧阳忠明, 葛晓彤. 澳大利亚第三年龄大学发展的个案研究 [J]. 中国职业技术教育, 2019 (3)：60-68.

[29] 彭小兵, 王雪燕. 关注价值、重拾信任：再论社会工作本土化 [J]. 云南社会科学, 2018 (1)：141-148, 156.

[30] 钱宁. 文化建设与西部民族地区的内源发展 [J]. 云南大学学报（社会科学版）, 2004 (1)：38-46.

[31] 覃元林. 地区发展模式下"老漂族"城市社会适应问题的策略：基于淮南市社区的调研 [J]. 人口与健康, 2019 (12)：50-51.

[32] 邵庆祥. 传统文化资源的系统整合与民族精神的培育 [J]. 学术论坛, 2007 (9)：176-180.

[33] 唐丹, 邹君, 申继亮, 等. 老年人主观幸福感的影响因素 [J]. 中国心理卫生杂志, 2006 (3)：160-162.

[34] 唐晓英. 传统文化视阈下我国社区文化养老方式探究 [J]. 西北工业大学学报（社会科学版）, 2011 (2)：44-48.

[35] 陶裕春, 李卫国. 休闲活动、健康自评对老年人主观幸福感的影响研究 [J]. 西华大学学报（哲学社会科学版）, 2017 (6)：71-79.

[36] 王迪. 从国家包揽到多方参与：公共文化服务体系建设中的社会治理理念与实践 [J]. 学术论坛, 2017 (1)：35-41.

[37] 王建平, 叶锦涛. 大都市老漂族生存和社会适应现状初探：一项来自上海的实证研究 [J], 华中科技大学学报（社会科学版）, 2018 (2)：8-15.

[38] 王兴伦. 多中心治理：一种新的公共管理理论 [J]. 江苏行政学院学报, 2005 (1)：96-100.

[39] 王萍, 李树茁. 代际支持对农村老年人生活满意度影响的纵向分析

[J]．人口研究，2011（1）：44－52．

[40] 王秋惠，王家庭，段艳红．城市老年公共文化设施构建体系与发展模式探讨：以天津为例［J］．天津科技，2016（12）：56－60．

[41] 王秋惠．拿什么来满足老年人精神文化需求［J］．人民论坛，2017（26）：78－79．

[42] 王伟平，赵彩杰，邓飞．社区老年人自我价值感及对生存质量影响[J]．社区医学杂志，2019（11）：623－626．

[43] 王英，谭琳．"非正规"老年教育与老年人社会参与［J］．人口学刊，2009（4）：41－46．

[44] 王瑜，谢巧玲．澳大利亚新南威尔士州公共图书馆的老年人服务与启示［J］．图书与情报，2014（4）：34－37．

[45] 韦庆辛．"文化养老"初探［J］．黑河学刊，2012（9）：182－183．

[46] 魏国芳，曹海娟．城市化对老年人生活质量影响的研究进展与展望[J]．护理学报，2015（3）：27－29．

[47] 文军，黄锐．论资产为本的社区发展模式及其对中国的启示［J］．湖南师范大学学报，2008（6）：74－78．

[48] 吴理财．把治理引入公共文化服务［J］，探索与争鸣，2012（6）：51－54．

[49] 吴燕．教育养老：一条提升农村老年人精神生活质量的新路径［J］．兰州学刊，2014（4）：116－120．

[50] 伍小兰．农村老年人精神文化生活的现状分析和政策思考［J］．人口与发展，2009（4）：70－75．

[51] 肖群忠．"孝道"养老的文化效力分析．理论视野［J］，2009（1）：51－54．

[52] 许加明．"老漂族"的城市适应问题及社会工作介入探析［J］．社会工作，2017（4）：96－107．

[53] 闫小斌．农村图书馆建设：公共空间与社会伦理的双重建构［J］．图书馆论坛，2017（11）：84－91．

[54] 颜宪源，东波．论农村老年弱势群体社会支持网络的建构［J］．学术交流，2010（6）：153－156．

[55] 杨楠．美国社区文化治理及其经验借鉴［J］．甘肃行政学院学报，2016（6）：75－85．

[56] 杨萍, 赵曼. 现代健康观对我国医改的启示 [J]. 湖北经济学院学报, 2013 (4): 74-79.

[57] 杨庆芳, 邬沧萍. 老年教育是中国积极应对人口老龄化不可或缺的 [J]. 兰州学刊, 2014 (1): 68-72.

[58] 叶继红. 城郊失地农民的集中居住与移民文化适应 [J]. 思想战线, 2010 (2): 61-65.

[59] 叶忠海. 老年教育若干基本理论问题 [J]. 现代远程教育研究, 2013 (6): 11-23.

[60] 余晓慧, 王国爱. 解读文化认同的和谐意蕴 [J]. 云南社会科学, 2014 (6): 181-185.

[61] 张和清, 杨锡聪, 古学斌. 优势视角下的农村社会工作: 以能力建设和资产建立为核心的农村社会工作实践模式 [J]. 社会学研究, 2008 (6): 174-193.

[62] 张鹤, 刘海珍. 民族地区老年教育服务供给体系建构 [J]. 贵州民族研究, 2019 (3): 60-64.

[63] 张红娟, 张桂香. 大力发展健康向上的老年文化 [J]. 中共山西省委党校学报, 2012 (4): 67-71.

[64] 张霁雪. 城乡结合部"撤村建居"型社区的文化转型与再生产 [J]. 社会科学战线, 2014 (8): 174-181.

[65] 张良. 乡村公共空间的衰败与重建: 兼论乡村社会整合 [J]. 学习与实践, 2013 (10): 91-100.

[66] 赵旭东. 原生态、现代世界与文化自觉之后 [J]. 原生态民族文化学刊, 2014 (3): 63-74.

[67] 郑新, 韩伟, 于维洋. 精神文化养老服务产业: 老年教育供给困境及对策研究 [J]. 河北经贸大学学报, 2018 (4): 95-99.

[68] 周晨虹. 内生的社区发展: "资产为本"的社区发展理论与实践路径 [J]. 社会工作, 2014 (4): 41-49.

[69] 周伟文. 老年人精神文化生活需求与公共政策选择 [J]. 浙江学刊, 2000 (3): 53-54.

[70] 周献德, 沈新坤. 老年人社会适应的社会工作介入方法操作技巧 [J]. 社会工作, 2009 (9): 28-30.

[71] 周晓丽, 毛寿龙. 论我国公共文化服务及其模式选择 [J]. 江苏

社会科学, 2008 (1): 90-95.

[72] CARLSON J E, JUNK V W, FOX L K, et al. Factors Affecting Retirement Migration to Idaho: An Adaptation of the Amenity Retirement Migration Model [J]. The Gerontologist, 1998, 38 (1): 18-24.

[73] DENNIS C L. Peer Support Within a Health Care Context: A Concept Analysis [J]. International Journal of Nursing Studies, 2003, 40 (3): 321-332.

[74] DIEPEN A, MULDER C H. Distance to Family Members and Relocations of Older Adults [J]. Journal of Housing and the Built Environment, 2009, 24 (1): 31-46.

[75] DUELUND P. Nordic Cultural Policies: A Critical View [J], International Journal of Cultural Policy, 2008, 14 (1): 7-24.

[76] ELLIS B J. University and Seniors Working Together: Engagement in a Regional Community [J]. Australasian Journal of University - Community Engagement, 2009, 4 (2): 6-19.

[77] FASTAME M C, PENNA M P, ROSSETTI E S, et al. The Effect of Age and Socio - Cultural Factors on Self - Rated Well - Being and Metacognitive and Mnestic Efficiency Among Healthy Elderly People [J]. Applied Research in Quality of Life, 2014, 9 (2): 325-334.

[78] HARPHAM T. Urbanization and Mental Health in Developing Countries: A Research Role for Social Scientists, Public Health Professionals and Social Psychiatrists [J]. Social Science & Medicine, 1994, 39 (2): 233-245.

[79] HELLER K, THOMPSON M G, TRUEBA P E, et al. Peer Support Telephone Dyads for Elderly Women: Was This the Wrong Intervention? [J]. American Journal of Community Psychology, 1991, 19 (1): 53-74.

[80] HERSEN M, HASSELT V, SEGAL D L. Social Adaptation in Older Visually Impaired Adults: Some Comments. International Journal of Rehabilitation and Health, 1995, 1 (1): 49-60.

[81] INEICHEN B. The Influence of Religion on the Suicide Rate: Islam and Hinduism compared. Mental Health, Religion & Culture, 1998, 1 (1): 31 - 36.

[82] JOSEPH M. Active, Engaged, Valued: Older People and NSW Public Library in New South Wales [J]. Australasian Public Libraries and Information Services, 2006, 19 (3): 9-35.

[83] KITAYAMA S, PARK H. Cultural Shaping of Self, Emotion, and Well-Being: How Does It Work? [J] Social and Personality Psychology Compass, 2007, 1 (1): 202-222.

[84] KODZI I A, GYIMAH S O, EMINA J B, et al. Understanding Ageing in Sub-Saharan Africa: Exploring the Contributions of Religious and Secular Social Involvement to Life Satisfaction [J]. Ageing and Society, 2011, n3 (31): 455-474.

[85] LEE S, SOBAL J, FRONGILLO E A. Comparison of Models of Acculturation: the Case of Korean Americans [J]. Journal of cross-cultural psychology, 2003, 34 (3): 282-296.

[86] SIMICH L, BEISER M, MAWANI F N. Social Support and the Significance of Shared Experience in Refugee Migration and Resettlement [J]. Western Journal of Nursing Research, 2003, 25 (7): 872-891.

[87] SOLOMON S, GREENBERG J, PYSZCZYNSKI T. A Terror Management Theory of Social Behavior: The Psychological Functions of Self-Esteem and Cultural Worldview. Advances in Experimental Social Psychology [J]. 1991, 24: 93-159.

[88] TALMAGE C A, LACHER R G, PSTROSS M, et al. Captivating Lifelong Learners in the Third Age: Lessons Learned From a University-Based Institute [J]. Adult Education Quarterly, 2015, 65 (3): 232-249.

[89] TRIVEDI J, SAREEN H, DHYANI D, et al. Rapid Urbanization-Its Impact on Mental Health: A South Asian Perspective [J]. Indian journal of psychiatry, 2008, 50 (3): 161-165.

[90] TURAN M, BESIRLI A. Impacts of Urbanization Process on Mental health [J]. Anadolu Psikiyatri Dergisi, 2008, 9 (4): 238-243.

[91] WALKER J, BISBEE C, PORTER R, et al. Increasing Practitioners' Knowledge of Participation Among Elderly Adults in Senior Center Activities [J]. Educational gerontology, 2004, 30 (5): 353-366.

[92] YEATTS D E, CROW T, FOLTS E. Service Use Among Low-Income Minority Elderly: Strategies for Overcoming Barriers [J]. The Gerontologist, 1992, 32 (1): 24-32.

后　记

助力应对城市化挑战的老年文化服务行动研究历时三年，首先感谢昆明市五华区西翥街道办事处、东村社区居委会、东村社区居家养老服务中心的支持、指导和东村社区老年人的接纳、爱护和参与；其次感谢云南大学民族学与社会学学院钱宁教授、马居里教授、高万红教授和厦门大学社会与人类学院童敏教授、复旦大学社会发展与公共政策学院赵芳教授、贵州大学公共管理学院马良灿教授、宜宾学院法学院陈世海教授给予的点拨和启发；再次感谢参与行动研究的实习学生，包括云南大学民族学与社会学学院社会工作专业本科学生董毅、喻雅贤、邵禹铭、李尚生、李金美、张云凤、贾浩强、李兴荣、周园和社会工作专业硕士研究生杨惠茹、赵静谊。本次行动研究的经费主要来自教育部人文社会科学研究西部和边疆地区青年基金项目"城市化背景下少数民族社区的晚年生活挑战与文化福利发展"（15XJC850001），昆明市五华区西翥街道办事处为社工师生提供了餐食保障，东村社区居委会和东村社区居家养老服务中心提供部分经费和服务场地、设备，并为社工师生免费提供住宿保障。

回顾三年时光，行动研究让我有机会与社区、机构、实习生、老年人相伴而行，感受参与的乐趣、服务改进的欣慰、价值反思的意义和理论思考的魅力，何其幸运！与街道办事处、社区居委会和社区居家养老中心的密切合作，与实习学生的热烈讨论和协力探索，老人们的高度信任和积极参与，点点滴滴都弥足珍贵。相信所有参与者都因此而拥有丰盛的收获和独特的成长。关于老年文化服务的研究在学界是"人迹罕至"的领域，但是每每想到入户探访时高龄、失能老人期盼的眼神，文化娱乐活动中老人们焕发的活力，展示、介绍、售出自己手工作品时老人们自豪的神情，文化传承及祖孙沟通夏令营活动中老人、儿童、家长参与的热情，我又深深感到老年文化服务行动及其研究有着特殊的意义。在增进老年文化福利的道路上，我愿继续前行。

  行动即研究，书写即思考。严格说，这是我第一次尽力遵循行动研究原则开展的系统研究。或许显得稚嫩而笨拙，或许依葫芦画的瓢依然不是太像，但我告诉自己不要退缩，至少要勇敢地迈出第一步。接下来要做的，就是把自己对行动研究的学习、实践与体悟成果展示出来，接受学界、实务界的审视和批判。书中还有许多不成熟的地方，包括调查方法的运用比较简单、效果评估不够精确、资料分析不够深入、理论提炼也不够成熟。不当之处，恳请同行批评指正，让我能够更加全面、清晰地"看见"自己。

李艳华

2021年3月于云南大学熙苑